Şengül Obinger

Löwinnenherz

Das Buch

Şengül Obingers Biografie enthält alle Elemente der gesellschaftspolitischen Diskussionen rund um Migration, Integration, Parallelwelten und Frauenrechte. Die junge Frau erfährt früh, was diese Schlagworte in der Realität bedeuten können. Mit 18 Jahren wird sie zwangsverheiratet und lebt in einer von Gewalt geprägten Ehe. Ihr Mann verprügelt auch die gemeinsame Tochter und droht, alle umzubringen, sollte Şengül sich von ihm trennt. Doch sie ist eine starke Frau, die ihr Leben ändern will und reicht die Scheidung ein, was dazu führt, dass ihr Mann einen Racheakt verübt.
Hiervon, und auch von ihrem heutigen Leben – selbstbestimmt und erfolgreich – erzählt Şengül Obinger authentisch und leidenschaftlich. Damit macht sie zweierlei deutlich: Es gibt eine Parallelgesellschaft, die grausam und zerstörerisch ist. Aber es ist auch möglich, sich daraus zu befreien.
Ein Buch, das erschüttert, mitreißt, begeistert und Mut macht.

Die Autorin

Şengül Obinger, geb. 1973, ist in Nürnberg aufgewachsen. Dort lebt sie heute mit ihrem Mann und ihren zwei Kindern. Sie ist Steuerfachangestellte, Personalfachkauffrau und führt ein erfolgreiches Unternehmen.

Şengül Obinger

Löwinnenherz

Wie ich mir meine Freiheit erkämpfte und dabei fast das Leben verlor

HERDER

FREIBURG · BASEL · WIEN

HERDER spektrum Band 6362

MIX
Papier aus verantwortungsvollen Quellen
FSC® C083411

Titel der Originalausgabe: Löwinnenherz.
Wie ich mir meine Freiheit erkämpfte und dabei fast das Leben verlor

www.herder.de

Umschlaggestaltung: Designbüro Gestaltungssaal
Umschlagmotiv: © Jurga Graf, www.photo-graf.de

Aufgezeichnet von Beate Rygiert
Aufnahme „Schwedenhäuschen“ © designarchitektur, www.marian-wild.de
Alle anderen Aufnahmen stammen aus dem Besitz der Autorin
© Şengül Obinger

Satz: Barbara Herrmann, Freiburg
Herstellung: CPI books GmbH, Leck

Printed in Germany

978-3-451-06362-6

Inhalt

Prolog: Ein Wunder geschieht 7

1 **Ein Gefängnis namens Familie** 11
Was mir an die Nieren ging 11
Alles voller Blut 18
Die Anwältin 24
Wie ein Lamm zur Schlachtbank 39
Ein Parkspaziergang mit Folgen 53
„Du wirst unglücklich werden ...“ 69
Hochzeit auf Türkisch 77
Albtraum Ehe 89
Ich lerne um mein Leben 100

2 **Durch die Hölle ans Licht** 110
Die Eskalation 110
Acht Schüsse, die mein Leben verändern 119
Jetzt erst recht! 128
Die Schatten der Vergangenheit 142
Der Sprung nach oben 153
Die Liebe kommt oft unverhofft 165
Was wirklich zählt im Leben 173
Am Ziel meiner Wünsche 179

3 **Was Deutschland dringend braucht** 189
Das Schweigen brechen 189
Wir brauchen eine echte Integration 195
Jeder Mensch verdient eine Chance 200

Danke 213

Hilfe für Betroffene 216

„Leben ohne Freiheit ist wie ein Körper ohne Seele.“
Khalil Gibran

„Ein junger Mensch ist wie ein Rohdiamant.
Er muss nur richtig geschliffen werden;
der Glanz kommt dann von ganz allein.“
Şengül Obinger

Prolog
Ein Wunder geschieht

„Şengül, mein liebes Kind, ich vermisse dich so", sagt meine Mutter.

Ich glaube zu träumen. Meine Hand, die das Telefon hält, zittert. Noch nie in meinem ganzen Leben hat meine Mutter so etwas zu mir gesagt. Meint sie das wirklich ernst? Spielt sie mir etwas vor?

„Weißt du, ich glaube, ich werde sterben."

Ich erkenne ihre Stimme kaum wieder. Immer war sie hart, unbeugsam, voller Ungeduld. Meine Mutter hat mich niemals in die Arme genommen, noch hat sie je ein freundliches Wort zu mir gesagt. Warum das so ist, darüber habe ich mir oft den Kopf zerbrochen. Und jetzt bin ich 37 Jahre alt, meine Mutter ist dreitausend Kilometer von mir entfernt, die Verbindung ist schlecht, ihre Stimme klingt brüchig, und zum ersten Mal in meinem Leben höre ich die Worte, nach denen ich mich so viele Jahre lang gesehnt habe.

„Bitte hilf mir! Du bist so klug. Du bist so stark. Nur du kannst mir helfen."

Der Augenblick könnte nicht ungünstiger sein. Ich befinde mich mitten in einer wichtigen Fortbildung, es geht um Steuerrecht, Abschlussvorbereitung und Bilanzierung, in einer halben Stunde habe ich Prüfung. Und nun dringt das Weinen meiner Mutter an mein Ohr, die weit entfernt in der Türkei in einem Krankenhaus liegt, meine Mutter, die immer so stark war, unbeugsam und dominant. Ich sehe sie wieder vor mir stehen, einen Schuh in der Hand, mit dessen spitzen Absatz sie auf mich einprügelt. Ich höre ihre Stimme, höre, wie sie mich Schlampe nennt und Hure, mit wutverzerrtem Gesicht, nur weil ich zehn Minuten länger weggeblieben war, als ich ihrer Meinung nach fürs Einkaufen hätte brauchen dürfen. Ich sehe ihr unbarmherziges Gesicht, mit dem sie mich zur Schlachtbank führt, indem sie mich zu einer Ehe zwingt, die mich fast das Leben gekostet hätte. Meine Mutter hat alles getan, um mein Leben zu zerstören. Sie hat alles getan, um den herzlosen, sinnlosen Gesetzen ihrer Vorväter Genüge zu tun. Meine Mutter hat ihre Tochter einem Begriff von Ehre geopfert, in dem kein Platz ist für Menschlichkeit. Und jetzt, nachdem sie jahrelang schweigend hingenommen hat, dass ich jede Woche mindestens einmal zusammengeschlagen wurde, weil ich dem Ehemann, den sie für mich ausgesucht hatte, nicht hörig genug war, nachdem sie und mein Vater zusahen, wie ich fast umgebracht wurde und mir in meiner höchsten Not nicht beistanden, jetzt bittet sie ausgerechnet mich, an der sie niemals auch nur ein gutes Haar ließ, mich, die ihrer Meinung nach eigentlich überhaupt nicht mehr auf dieser Welt sein dürfte, um Hilfe.

Ich bin eine Überlebende. Ich habe nicht nur Jahre des Terrors und unbeschreiblicher Gewalt überstanden. Ich habe einen Ehrenmordanschlag überlebt. Acht Schüsse feuerte mein damaliger Ehemann aus nächster Nähe auf mich ab, und wie durch ein Wunder verfehlte jede einzelne Kugel ihr Ziel. Sie verfehlten mich.

Das alles fand mitten in Deutschland statt, in der beschaulichen Stadt Nürnberg. Das alles ist vierzehn Jahre her, und doch erscheint es mir wie gestern. Damals hatte man noch kein Wort für diese Tat, heute sind die Zeitungen voll von „Ehrenmorden“ und „Zwangsehen“. Meine eigene Mutter hat mich zu dieser Ehe gezwungen, mit einem Mann, der zur Heirat direkt aus Anatolien anreiste und den ich nur ein Mal davor gesehen hatte. Er war ein entfernter Cousin. Er sollte mein ärgster Peiniger werden.

Ich höre meine Mutter am anderen Ende der Leitung schluchzen und möchte selbst in Tränen ausbrechen. Ich hatte geglaubt, was auch immer meiner Mutter zustoßen würde, ließe mich kalt. Noch vor wenigen Tagen habe ich zu meiner Schwägerin gesagt: „Eines Tages werden sie kommen. Sie werden kommen und meine Hilfe brauchen. Aber ich werde nicht den kleinsten Finger rühren, das kannst du mir glauben."

Ich will meine Mutter anschreien, ich will ihr wehtun, ihr all das heimzahlen, was sie mir angetan hat. „Soll sie doch verrecken", habe ich erst vor Kurzem noch gesagt. Aber die Worte, die jetzt aus meinem Innern aufsteigen, klingen ganz anders. Denn tief in meinem Herzen fühle ich, wie etwas in mir aufbricht, etwas Weiches, Warmes. Und die Tränen, die mir in die Augen steigen, lösen den alten Groll, die Wut und den Hass, und was übrig bleibt ist Liebe. Eine Liebe, die wir uns beide gegenseitig niemals eingestanden haben.

„Alles wird gut, Mama", höre ich mich sagen. „Ich werde dir helfen. Und wenn es das Letzte ist, was ich tue."

Eine halbe Stunde später bin ich in der Prüfung. Jetzt gibt es nur noch die Fragen für mich, die auf dem Papier vor mir stehen, und die Antworten, die ich niederschreibe. Nach einer Stunde weiß ich, ich werde diese Prüfung bestehen, wie schon so viele andere zuvor. Ich habe vor langer Zeit gelernt, alles andere aus meinem Denken und Fühlen auszuklammern, wenn es um meine Ausbildung und Karriere geht. Den Terror meines ersten Ehemanns, der nicht erfahren durfte, dass ich lernte. Die Schmerzen der Prellungen und Blutergüsse, die er mir vorzugsweise am Kopf zufügte, unter den Haaren, damit andere nicht sehen konnten, wie sehr er mich misshandelte. War er endlich eingeschlafen, stand ich leise auf, holte meine Bücher aus dem Versteck, setzte mich hin und lernte. Jahrelang lernte ich zwischen zwölf und drei Uhr nachts, während ich tagsüber zur Schule ging, den Haushalt verrichtete und meine Tochter versorgte. Lernen war für mich Luxus, und ich stahl mir die Zeit dafür, auch wenn sie eigentlich gar nicht da war. Und deshalb kann ich mich jetzt ausschließlich auf die Prüfung konzentrieren, auch wenn meine Mutter im fernen Anatolien einen Herzinfarkt erlitten hat, und niemand weiß, ob sie den nächsten Tag erleben wird.

Ich gebe die Prüfungsunterlagen ab und gehe hinaus. Wie sich die Dinge doch ändern können! So viele Jahre lang hatte meine Mutter mir täglich zu verstehen gegeben, wie wenig ich ihrer Meinung nach wert war. Und jetzt auf einmal braucht sie ausgerechnet mich.

1 Ein Gefängnis namens Familie

Was mir an die Nieren ging

Ich war von Anfang an ein schwerkrankes Kind, und vielleicht liegt es daran, dass ich nie ein echtes Verhältnis zu meiner Mutter aufbauen konnte. Kaum war ich auf der Welt, fing der ganze Jammer an. Ständig lief ich blau an und hatte hohes Fieber. Mit acht Monaten wurde es so schlimm, dass meine Eltern mich ins Krankenhaus brachten. Was ein kurzer Aufenthalt hätte sein sollen, dauerte Jahre: Meine ersten vier Lebensjahre verbrachte ich fast ausschließlich in der Klinik.

Die Ärzte fanden heraus, dass ich Probleme mit den Nieren hatte, und so war ich noch keine neun Monate alt, als eine große Operation notwendig wurde. Meine Mutter holte mich am Tag

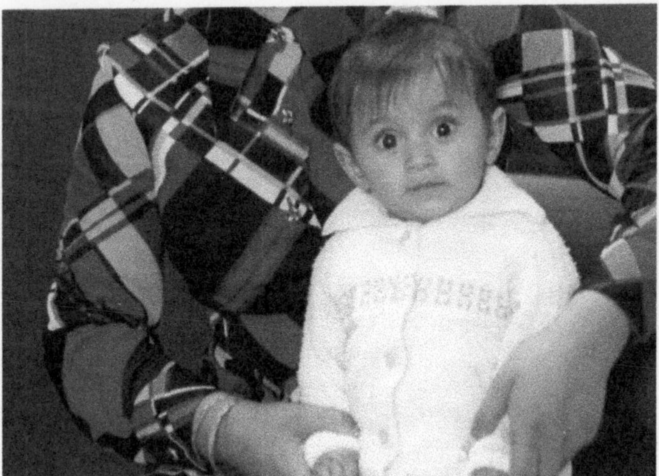

Das Erinnerungsfoto vor der großen OP

vor der Operation aus dem Krankenhaus und brachte mich zu einem Fotografen, denn die Ärzte sagten, dass der Eingriff mit großen Risiken verbunden sei, und meine Mutter befürchtete, ich würde das Ganze nicht überleben. Sollte das Schlimmste eintreten, sollte die Familie wenigstens ein Foto als Erinnerung an ihre Tochter namens Şengül, was auf Deutsch „Fröhliche Rose" bedeutet, bewahren.

Doch ich überlebte diese Operation an meiner kleinen Blase, bei der man mir den Bauch von einer Seite bis zur anderen aufschnitt. Auch wenn ich extrem geschwächt und monatelang an Schläuche angeschlossen war, mich nicht aus dem Bett bewegen konnte und natürlich nicht nach Hause durfte, auch wenn mein Urinzyklus einfach nicht funktionieren wollte, ich hielt durch. Kurz vor meinem zweiten Geburtstag wurde ich erneut operiert, ein äußerst komplizierter und langwieriger Eingriff, und wieder wurde kurz davor ein Foto von mir gemacht. Doch auch dieses Mal wachte ich wieder aus der Narkose auf. Die Ärzte blieben ratlos, denn noch immer wurde ich nicht gesund. Aber Şengül, die „Fröhliche Rose", war zäh.

Nachdem ich mich einigermaßen erholt hatte, durfte ich für ein Wochenende nach Hause, denn Bekannte waren zu Besuch gekommen, und wollten mich gerne sehen. Kaum war ich in der Wohnung meiner Eltern, riss ich eine Tischdecke herunter und mit ihr eine Kanne kochend heißes Wasser, das sich über mich ergoss. Ich erlitt so schwere Verbrennungen, dass ich fürchterlich schreiend mit Blaulicht zurück ins Krankenhaus transportiert werden musste, diesmal auf die Intensivstation. Sechs Monate war ich von der Außenwelt abgeschottet. War mein Nierenleiden schon extrem schmerzhaft, so litt ich nun außerdem unter den Verbrennungen.

Als ich zur Welt kam, lebten meine Eltern mit meinem großen Bruder in Schnaittach, einem kleinen Ort dreißig Kilometer von Nürnberg entfernt. Als sich herausstellte, dass mein Krankenhausaufenthalt von längerer Dauer sein würde, zogen sie in die Stadt, um in meiner Nähe zu sein. Meine eigentliche Familie aber war die Gemeinschaft der Ärzte und Krankenschwestern. Besonders eine Frau kümmerte sich liebevoll um mich: Schwester Marlies, die ich heiß und innig liebte. Ich lief ihr hinterher, wie ein Küken seiner Mutterhenne, sie nahm mich in die Arme, trug mich herum, knuddelte und küsste mich, und wenn es die Zeit erlaubte, las sie mir etwas vor. So ist es nicht verwunderlich, dass ich sehr unglücklich war, als mich meine Eltern schließlich im Alter von knapp fünf Jahren nach Hause holten. Alles war mir fremd, meine Eltern, meine Brüder, das Leben daheim. Ich hatte schreckliches Heimweh nach dem Krankenhaus und vor allem nach Schwester Marlies, sodass meine Eltern in den ersten Monaten immer wieder mit mir ins Krankenhaus fuhren, damit ich sie besuchen konnte. Es war ihre Idee, meinen Eltern weiße Krankenhauskittel mit nach Hause zu geben, damit ich mich besser an sie gewöhnen konnte. Ich sprach ja nicht einmal Türkisch, denn im Krankenhaus hatte ich von Schwester Marlies nur Deutsch gelernt. So konnte ich mich mit meiner Mutter, die nach all den Jahren in Deutschland die Sprache nur notdürftig beherrschte, nicht einmal unterhalten. Und tatsächlich trugen meine Eltern einige Wochen lang diese weißen Kittel, damit ich bei ihnen heimisch wurde. Es dauerte Monate, bis ich mich endlich in diese mir fremde Familie einfügen konnte.

Inzwischen hatte ich noch einen kleinen Bruder, Ilhan, bekommen und alle zusammen wohnten wir in einem winzigen uralten Häuschen, das man „Schwedenhaus“ nannte, weil es aus der Zeit vor dem Dreißigjährigen Krieg stammte, dem sogenannten „Schwedenkrieg“. Was heute wie eine touristische Sehenswürdigkeit klingt, war für mich damals der reinste Albtraum. Das niedrige, katenartige Haus mit dem riesigen Dach duckte sich in einen schäbigen Garten, nachts knarrte es im Jahrhunderte alten Gebälk, und ich war mir sicher, dass in diesen Mauern Gespenster aus und ein gingen. Gemeinsam mit meinen Brüdern bewohnte ich eine Kammer mit Stockbetten. Ich musste oben schlafen, was mir noch mehr Angst einflößte, denn ich glaubte mich den bösen Geistern unter dem Dach nur

Das „Schwedenhäuschen"

umso näher. Ängstlich beobachtete ich die großen Spinnen, die aus allen Ecken gekrochen kamen. Sooft man sie auch entfernte, am nächsten Tag waren sie doch wieder da.

Ich sehe mich noch auf Zehenspitzen am hölzernen Zaun unseres Gartens stehen, um einen Blick auf das Leben da draußen zu erhaschen, denn ein paar Häuser weiter befand sich ein Gasthof, der im Sommer auch draußen Tische stehen hatte. Dort saßen Menschen, lachten, tranken, und ich hatte den Eindruck, dass sie glücklich waren. Dann trat meine Mutter neben mich, die mir erklärte, dass sich dort die deutschen Huren aufhielten, die auf Männerschau waren, und dass die Deutschen ohnehin alle völlig verkommen und verdorben seien.

„Die ficken mit jedem rum", sagte sie mit Abscheu in der Stimme, und obwohl ich damals weder wusste, was eine Hure ist, noch eine Ahnung hatte, was das Wort „ficken" bedeutet, begriff ich, dass diese Menschen offenbar etwas ganz Schreckliches taten. Und trotzdem beschlichen mich schon damals Zweifel, ob das auch wirklich stimmte, denn sooft ich auch über den Zaun spähte, ich konnte dort nie etwas beobachten, was den Abscheu meiner Mutter auch nur im Entferntesten verdient hätte.

Solange ich klein war, bis zu meiner Pubertät, erlaubte mir meine Mutter, mit Nachbarskindern zu spielen, auch wenn es Deutsche waren. Ich werde nie vergessen, wie ich das erste Mal bei unseren Nachbarn eingeladen war und die schöne Wohnung bewunderte, in deren Zimmerecken keine hässlichen Spinnen darauf lauerten, mir Angst einzujagen. Doch noch mehr als alles andere faszinierten mich die Spielsachen meiner kleinen Freunde. Wenngleich sie bescheiden waren, denn auch diese Leute waren nicht besonders reich, war es doch mehr, als ich besaß: nämlich nichts. Am allerschönsten fand ich aber, wie freundlich die Mutter zu uns war. Ich konnte es gar nicht fassen, dass sie uns Saft zu trinken anbot, uns hin und wieder ein Wurstbrot machte oder ein Stück Schokolade brachte. „Kann ich euch noch etwas Gutes tun?", fragte sie uns eines Tages, und ich muss sie mit offenem Mund angestarrt haben, denn sie musste schrecklich lachen. Diesen Satz habe ich nie vergessen, und hin und wieder, wenn meine Mutter gar zu garstig zu mir war, sprach ich ihn mir leise vor: „Kann ich euch noch etwas Gutes tun?", und mein Herz wurde ein wenig leichter.

Die Nachbarsfamilie wohnte nur zwei Minuten von uns entfernt, aber dort herrschte ein anderes Leben. Bei uns gab es kein Bücherregal, keine Gutenachtgeschichte und keine Umarmung.

Meine Mutter hatte mit kleinen Kindern keine Geduld. Sie schlug uns oft, wann immer sie der Meinung war, dass wir irgendetwas falsch gemacht hätten. Bei mir war das leider sehr oft der Fall. Sie prügelte mich mit allem, was ihr gerade in die Hände kam, besonders gern mit den Absätzen ihrer hochhackigen Schuhe. Schon damals lernte ich, meine Blutergüsse zu verstecken, damit mir die Nachbarskinder keine Fragen dazu stellten. Ich genoss die Zeit in den fremden Kinderzimmern so sehr, da wollte ich nicht erklären müssen, was zu Hause geschah.

Und dann geschah etwas Großartiges: Ich wurde eingeschult. Jeden neuen Tag begrüßte ich wie ein Wunder, denn ich wusste, heute darf ich wieder etwas lernen. Wie gerne ging ich morgens los, saß mit den anderen Kindern in den Bänken und sog alles in mich auf wie ein Schwamm. Im Nu lernte ich Lesen, ratterte das Alphabet nur so herunter, saß in der ersten Reihe und hatte den Finger immerzu oben. Ich war ein lebhaftes Kind, der Lehrer sagte oft: „Şengül, ich muss auch mal andere Kinder dran nehmen", und ich konnte mich kaum beherrschen, um nicht vor lauter Begeisterung die Antworten auf seine Fragen laut hinauszuplappern. Ich fand alles wunderbar: den Schulweg, meine Schultasche, mein Federmäppchen, meine Bücher.

Eines Tages nahm mich meine Mutter mit in die Stadt zum Einkaufen und ich sah in einem Geschäft ein wunderschönes Kleid. Es war weiß und hatte bunte Streifen: rot, grün, gelb und blau – ich sehe es noch heute vor mir. Ich bat meine Mutter, mir dieses Kleid zu kaufen, doch natürlich sagte sie Nein.

Ein paar Tage später ging es mir nicht gut. Schmerzen im Unterleib hatte ich eigentlich immer, aber an diesem Tag war es besonders schlimm. Ich wollte unbedingt trotzdem zur Schule gehen, ich gehörte nicht zu den Kindern, die gerne mal zu Hause blieben, krank zu sein war für mich die schrecklichste Strafe.

Ich weiß noch genau, wie ich in meiner Bank in der ersten Reihe sitze und dem Lehrer gespannt zuhöre, der mit seinem Zeigestock auf die Tafel weist. Auf einmal wird mir so schlecht, dass ich denke, ich muss mich gleich übergeben. Ich versuche mich an der Tischkante festzuhalten, denn ich habe ein Gefühl, als stürzte ich aus dem zehnten Stock in die Tiefe. Um mich herum wird alles dunkel.

Was danach geschieht, erfahre ich erst später: wieder einmal werde ich mit Blaulicht ins Krankenhaus eingeliefert und dort sofort notoperiert. Und wieder fürchten alle um mein Leben.

Als ich auf der Station die Augen aufschlage, ist das Erste, was ich sehe, das weiße Kleid mit den bunten Streifen, das ich mir so gewünscht habe. Direkt vor meiner Nase baumelt es an dem Haltegriff, an dem man sich aus dem Bett hochziehen kann. Da ich wieder einmal an zig Schläuche angeschlossen bin, kann ich das Kleid nicht einmal anfassen. Nach und nach dringen die Schmerzen in mein Bewusstsein, und sie sind fürchterlich. Ich weine, flehe meine Mutter an, sie möge mir doch helfen. Doch natürlich kann sie nichts für mich tun. Ich kann einfach nicht mehr. Sterben zu können erscheint mir in diesen Stunden nach der Narkose als das Beste, was mir passieren könnte.

Irgendwann liege ich still in meinem Bett. Ich lasse die Augen nicht von dem hübschen Kleid, und höre, wie sich meine Mutter mit der Mutter des Mädchens unterhält, das mit mir das Zimmer teilt.

„Mein armes Kind wird sicherlich sterben", jammert die andere türkische Frau. „Der Arzt sagt, sie hat Nierenversagen."

„Şengül", antwortet meine Mutter, „wird das hier auch nicht überleben. Seit sie auf der Welt ist, macht sie uns nichts als Kummer. Sie war mehr im Krankenhaus als zu Hause. Lange macht sie das bestimmt nicht mehr mit."

Im Juni 1980 nach der Notoperation

Aber ich sterbe nicht. Nicht dieses Mal und nicht die folgenden Male. Auch wenn ich wieder ein halbes Jahr im Krankenhaus bleiben muss, weil es nach der Operation Komplikationen gibt und ich hohes Fieber bekomme, irgendwann erhole ich mich und gehe wieder zur Schule. Und obwohl ich mehr als die Hälfte der ersten Klasse versäumt habe, erhalte ich am Jahresende eines der besten Zeugnisse.

Was war ich stolz! Ich rannte zu meiner Mutter, um es ihr sofort zu zeigen. Doch sie schenkte dem Zeugnis nicht einmal einen Blick.

„Natürlich", dachte ich, sie spricht ja auch kaum deutsch. Also setzte ich mich hin und übersetzte es ihr von oben bis unten. Aber sie hörte mir überhaupt nicht zu.

„Du bist ein Mädchen", sagte sie. „Schule ist für dich wirklich nicht wichtig."

Das konnte ich nicht verstehen. In der Schule wurde kein Unterschied gemacht zwischen Mädchen und Jungen. Warum sollte das Lernen für mich nicht wichtig sein? Aber auch mein Vater zeigte kaum Interesse an meinen schulischen Erfolgen. Wieder einmal hatte ich das Gefühl, von irgendeinem fernen Stern zu stammen und durch ein fatales Unglück in der falschen Familie gelandet zu sein.

Alles voller Blut

Als ich in der zweiten Klasse war, stellte mich meine Mutter eines Tages auf einen Hocker, denn ich war noch zu klein, um das Spülbecken erreichen zu können. „Du willst lernen?", fragte sie mich. „Dann lernst du jetzt, wie man Geschirr abwäscht."

Ich tat mein Bestes, doch das war nicht gut genug. Ständig schrie meine Mutter mich an, sie sehe noch Seife auf den Tellern, ich solle sie ordentlich abwaschen. So machte Lernen keinen Spaß. Ich wusste zum Glück noch nicht, dass dies der Anfang der „Ausbildung" war, die meine Mutter mir angedeihen ließ, und die für sie die einzig richtige war, viel wichtiger als Schreiben und Lesen, Rechnen und alles andere: Sie wollte, dass ich eine anständige türkische Hausfrau werde.

Denn der Haushalt war ihr eigener Lebensinhalt: Kochen, Waschen, Bügeln, Putzen. Sie war immer schon ungeheuer dick, so als trüge sie Drillinge in sich, und hatte keinen großen Ehrgeiz, die Sprache ihres Gastlandes richtig zu lernen. Sicherlich, mit den Jahren konnte sie sich mit den Nachbarn über einfache Dinge austauschen, doch wenn es komplizierter wurde, dann musste ich übersetzen.

Ich sah sie an und mir war klar, dass ich etwas anderes wollte. Ich war wissbegierig und alles flog mir nur so zu. Sogar Klavier lernte ich spielen, zu Hause hatten wir zwei Keyboards, und da übte ich, manchmal auch gemeinsam mit meinem Bruder, der aus Freude an der Sache einfach mitklimperte. Meine Lehrer hielten mich für musikalisch, und einmal hatte ich sogar einen Auftritt in der Meistersingerhalle. Doch niemals waren meine Eltern auf meine Leistungen stolz, im Gegenteil. Es schien ihnen nicht zu passen, wenn ich gute Noten nach Hause brachte. Für meine Mutter waren gute Noten nur ein weiterer Grund, mich für die Hausarbeit noch strenger ranzunehmen. Lernen war vertane Zeit für sie, und was sie überhaupt nicht verstehen konnte, war meine Leidenschaft für Bücher.

Damals kam ein Mal in der Woche ein Bücherbus in unsere Schule. Jedes Mal lieh ich so viele Bücher aus, wie ich durfte, und eine Woche später hatte ich sie bereits alle wieder ausgelesen.

„Was findest du nur am Lesen?“, jammerte meine Mutter und trug mir eine weitere Hausarbeit auf, damit ich etwas Nützliches tat. Wirklich in Ruhe lesen konnte ich nur in der Schule während der Pausen und abends im Bett. In den Büchern entdeckte ich eine ganz andere Welt als die, in der ich mit meiner Familie lebte. Ich konnte lange nicht verstehen, warum meine Eltern so anders waren als die Menschen in den Büchern, warum sie sich nicht für diese wunderbaren Geschichten interessierten, warum sie nicht die Sprache sprechen wollten, die man um sie herum sprach, warum sie nicht lesen und an dem Leben in Deutschland teilhaben wollten. In unserem Haushalt gab es kein einziges Buch, und meine Mutter tat, als sei so ein Gegenstand etwas ungeheuer Gefährliches.

Meine Eltern stammen aus Ankara, und kamen mit der ersten türkischen Einwanderungswelle nach Deutschland. Sie waren nicht besonders religiös, und meine Mutter trug auch kein Kopftuch. Ja, es gab sogar eine Zeit, in der meine Mutter Miniröcke trug und schicke Frisuren, sich schminkte und sich ganz und gar nicht wie eine traditionelle türkische Frau kleidete. Erst als ich fünfzehn oder sechzehn war, hatte mein Vater eines Nachts einen Traum, in dem ihm angeblich der Prophet erschien und ihn ermahnte, ein gottgefälligeres Leben zu führen. Tatsächlich änderte er damals sein Leben, jedoch hatte das keine Auswirkungen auf den Rest der Familie.

„Der Glaube ist eine sehr private Sache", pflegte er zu sagen, „das muss jeder mit sich selbst ausmachen, da darf ihm keiner hineinreden." Und es lag ihm fern, seiner Frau und seiner Tochter zu befehlen, ein Kopftuch zu tragen.

Wie in vielen Familien war auch bei uns das große Ziel, so viel Geld wie möglich zu verdienen und beiseitezulegen, um später in der Heimat ein Haus bauen zu können, das jedermann vor Neid erblassen ließ. In diesem Haus würde man dann wohnen und sich von allen anderen, die es nicht geschafft hatten, bis ans Lebensende bewundern lassen.

Mein Vater arbeitete auf dem Bau und war ein disziplinierter und fleißiger Mensch, der sieben Tage die Woche schuftete. Der einzige Luxus, den er sich gönnte, waren seine Autos, von denen er immer mehrere gleichzeitig besaß. Sein Heiligtum war der Mercedes-Benz, von dem er sich jedes Jahr das neueste Modell holte, der nur freitags oder samstags gefahren wurde und ansonsten, vor allem bei Regen, in der Garage stand. Zu Hause war mein Vater meist liebenswürdig und friedfertig, da hatte meine Mutter das Sagen, und mein Vater gehorchte ihr blind. Ich habe nie erlebt, dass mein Vater mich aus eigenem Antrieb kontrollierte oder gar schlug. Oft fühlte ich, dass mein Vater mit mir litt, sich aber nicht gegen meine Mutter stellen wollte oder konnte. Außerhalb jedoch war mein Vater dafür bekannt, dass er sich nichts gefallen ließ und durchaus gewalttätig werden konnte. Schuftete er unter der Woche am Bau, so verdiente er sich am Wochenende noch gutes Geld dazu. Denn er wusste genau, wann und wo Sperrmüll abgeholt wurde, und fuhr mit seinem weißen Transit dorthin, um sich die besten Stücke herauszupicken. Am Wochenende verkaufte er die Antiquitäten dann auf Flohmärkten weiter. Und bei diesen Gelegenheiten gab es immer irgendwo Streit.

Hatte mein Vater den Eindruck, jemand wollte ihn übers Ohr hauen oder ihn womöglich in seiner Ehre kränken, verwandelte er sich in einen gefürchteten Gegner. Sogar während seiner Pilgerreise nach Mekka, die er nach jenem Traum mit dem Propheten antrat, geriet er in eine Schlägerei, die solche Ausmaße annahm, dass das türkische Fernsehen darüber berichtete.

„Bestimmt ist Vater da mittendrin", sagten wir, und zu unserer Belustigung erschienen tatsächlich gleich darauf Bilder, die meinen Vater zeigten, wie er sich wacker schlug.

Es gehörte für uns einfach dazu, dass der Vater immer wieder in eine Prügelei verwickelt war. Kein Wunder also, dass sich mein Vater immer wieder vor Gericht verantworten musste, manchmal als Zeuge, meist aber als Angeklagter. Für uns war das nichts Besonderes, und meine Mutter behandelte ihn ohnehin wie einen Helden. Jedes Mal musste ich ihn begleiten, weil ich die Einzige in der Familie war, die – Schwester Marlies sei Dank – richtig deutsch sprechen konnte. So kam es, dass ich von klein auf vor Gericht die Dolmetscherin meines Vaters war. Eines Tages, ich war neun Jahre alt, sah ich mit eigenen Augen, zu welcher Brutalität mein Vater fähig war.

Im Nachbarhaus wohnte ein Türke namens Ugur mit seiner Frau Fatma. Die beiden hatten keine Kinder und waren berufstätig, Ugur arbeitete im Schichtdienst und musste deshalb oft tagsüber schlafen. Und damit begann die ganze Sache. Denn immer wenn wir mit den Nachbarskindern draußen im Hof oder auf der Straße spielten, riss Ugur sein Fenster auf und brüllte heraus: „Könnt ihr nicht leise sein? Wie soll ich da schlafen! Verschwindet, oder ich komm raus und verpass euch eine ordentliche Tracht Prügel!"

Ugur war ein kräftiger Mann mit dichtem Bart, er war unberechenbar, und wir Kinder fürchteten uns vor ihm. Wenn er uns wieder einmal anschrie und bedrohte, dann liefen wir weinend nach Hause. Meiner Mutter aber war das gar nicht recht, sie wollte uns aus der Wohnung haben, damit sie ihre Hausarbeit in Ruhe erledigen konnte. Ungeduldig jagte sie uns wieder hinaus.

„Aber wir haben solche Angst vor Ugur!“, erklärten wir ihr eines Tages, „der hat gesagt, er verprügelt uns, wenn wir nicht verschwinden.“

Da wurde es meiner Mutter zu bunt. Sie ging hinaus und stellte den Nachbarn zur Rede. „Wenn du meinen Kindern noch einmal Angst einjagst“, schrie sie, „dann erzähle ich es meinem Mann.“

Ugur lachte sie nur aus.

„Ich scheiß auf deinen Mann und deine Kinder, du Nutte“, sagte er und ließ meine Mutter einfach stehen.

„Du wirst was erleben!“

Ihre Stimme überschlug sich fast vor Wut. Doch Ugur war bereits im Haus verschwunden.

Noch am selben Abend erzählte sie meinem Vater, was passiert war. Der ließ sofort sein Essen stehen und ging in den Garten, von wo aus es nur drei Schritte bis zum Küchenfenster der Nachbarn waren. Natürlich rannten wir ihm alle hinterher, das konnten wir uns nicht entgehen lassen. Mein Vater klopfte ans Küchenfenster und brüllte: „Mach das Fenster auf, du Arschloch! Ich fick dich und deine Alte auch! Komm raus!“ In Ugurs Haus brannte jedoch kein Licht, offenbar waren er und Fatma nicht zu Hause. Zum Glück, dachte ich bei mir. Mein Vater aber lauerte noch die halbe Nacht vergeblich auf Ugur.

Am nächsten Abend, das Essen war bereits fertig, warteten wir auf meinen Vater. Um uns die Zeit zu vertreiben, gingen meine Brüder und ich noch einmal nach draußen zum Spielen. Da kam Ugur mit seinem Motorrad nach Hause und wollte in seine Hofeinfahrt einbiegen. Er sah meinen jüngeren Bruder Ilhan, fuhr auf ihn zu und drängte ihn mit dem Motorrad gegen die Hauswand. Ilhan, der gerade mal sechs Jahre alt war, fing an zu heulen und zu schreien. Ugur aber lachte und hatte sichtlich Spaß daran, meinen Bruder weinen zu sehen. Er drängte Ilhan immer dichter gegen die Wand, und fuhr mit seinem Vorderreifen zwischen die Beine meines Bruders. Mir war klar, dass er ihn verletzen oder vielleicht sogar töten würde, wenn nicht irgendetwas geschah. Meine Mutter kam schreiend aus dem Haus gerannt und im gleichen Moment tauchte auch der Wagen meines Vaters auf. Er hielt direkt hinter dem Motorrad, stürmte heraus, riss Ugur vom Sitz und warf ihn mit aller Kraft auf den Asphalt. Noch heute höre ich das dumpfe Geräusch, mit dem Ugurs Kopf, zum Glück noch durch seinen Helm geschützt, auf den Boden prallte. Mein Vater stürzte sich nun auf ihn, zerrte ihm den Helm vom Kopf und begann, wie verrückt auf ihn einzuprügeln. Ugur wollte sich wehren, aber er hatte keine Chance gegen meinen Vater, und irgendwann blieb er reglos am Boden liegen.

Ich hatte beide Hände vor den Mund geschlagen und schluchzte. Überall war Blut, es sah gar nicht gut aus für Ugur. Doch mein Vater hatte noch nicht genug. Er ging zurück zu seinem Wagen und holte einen spitzen Hammer aus seinem Transit. Ugur versuchte verzweifelt aufzustehen, aber dazu fehlte ihm die Kraft. Ich war zwar erst neun Jahre alt, aber ich wusste, dass dieser Mann am Ende war. „Lass ihn in Ruhe! Bitte!", hörten wir Fatma schreien. Verzweifelt versuchte sie sich zwischen meinen Vater und ihren Mann zu stellen. Doch mein Vater holte aus, und der Hammer flog mitten in Ugurs Brust. Stumm sackte er in sich zusammen.

Da erst merkte ich, dass ich mir vor lauter Angst in die Hosen gepinkelt hatte. Meine beiden Brüder und ich zitterten und weinten, auch meine Mutter schrie hysterisch. Es dauerte nicht lange und wir hörten Sirenen, und ein Notarztwagen bog in unsere Straße ein, gleich darauf die Polizei. Mit Blaulicht wurde Ugur ins Krankenhaus gebracht; wie durch ein Wunder überlebte er. Mein Vater wurde verhaftet und auf die Polizeiwache gebracht.

Wir schliefen schon, als er nach Hause kam. Ugur jedoch musste monatelang im Krankenhaus bleiben und konnte nach diesem Vorfall seiner Arbeit nicht mehr nachgehen. Er wurde erwerbsunfähig und ging in Frührente. Ugur und Fatma wohnten noch ein halbes Jahr in dem Haus nebenan, dann zogen sie weg.

Meinem Vater wurde der Prozess gemacht, und ich musste ihn wieder einmal begleiten. Wie immer nahm sich mein Vater den besten und teuersten Anwalt und ließ sich eingehend beraten. Auch dieses Mal scheute er keine Kosten. „Dann zahle ich eben Schmerzensgeld", sagte er stolz, „aber so etwas macht man nicht mit meinem Sohn."

Mein Vater erhielt eine Bewährungsstrafe, musste für die Prozesskosten aufkommen und Ugur ein hohes Schmerzensgeld bezahlen. Aber das störte ihn überhaupt nicht. Denn es ging hier um seinen jüngsten Sohn, der sein Ein und Alles war. Und ausgerechnet seinem Liebling hatte der Nachbar Angst eingejagt. Da kannte mein Vater keine Gnade. Ich habe mich oft gefragt, ob er auch bei meinem älteren Bruder und mir so gehandelt hätte. Vermutlich hätte er Ugur eine gescheuert, und damit wäre es gut gewesen. Meinem ältesten Bruder und mir hat er nie so viel Liebe und Aufmerksamkeit geschenkt wie Ilhan.

Die Anwältin

Am Ende der vierten Klasse stand die Entscheidung an, auf welche Schule ich nach der Grundschule gehen würde. Meine Noten reichten locker fürs Gymnasium, meine Eltern aber waren der Meinung, dass ich kein Abitur brauchen würde. Und so kam es, dass ich mich plötzlich in der Hauptschule wiederfand.

Schon in der Grundschule hatte es rein türkische Klassen gegeben, und so blieb es auch in der Hauptschule. Selbst unser Klassenlehrer war Türke. Was aus meinen Schulfreunden von damals geworden ist, weiß ich bis heute nicht – mit einer Ausnahme. Bei einer Lesung in Nürnberg traf ich vor Kurzem eine Frau und wusste sofort, dass sie eine alte Schulfreundin aus der Grundschule war.

„Bist du nicht die Zehra?", fragte ich sie. Sie bejahte meine Frage ein wenig verlegen und erzählte mir, dass sie Volkswirtschaftslehre studiert habe. Sie ist mir deshalb so deutlich in Erinnerung geblieben, weil sie in der Grundschule Ärztin werden wollte und ihre Familie so anders gewesen war als meine, viel moderner und weltoffener. Ihre Eltern hatten nichts dagegen gehabt, als ihre Tochter studieren wollte. Bei mir war das etwas ganz anderes.

Aus der Hauptschule wollte ich so schnell wie möglich weg. Der Unterricht langweilte mich zu Tode, und ohne große Mühe bekam ich am Ende der 5. Klasse das beste Zeugnis von allen. Mein türkischer Klassenlehrer, an dessen Namen ich mich bis heute erinnere, Salih Torbali, war ein toller Pädagoge. Eines Tages sprach er mich an: „Şengül“, wollte er wissen, „was machst du eigentlich hier auf der Hauptschule?“

Ich erzählte ihm, dass meine Eltern es so wollten, und dass ich mit meinen Versuchen, sie davon zu überzeugen, mich auf das Gymnasium zu schicken, bisher gescheitert war. Er sah mich an und sagte: „Ich werde deinen Vater zu einem Gespräch einladen. Es kann ja wohl nicht sein, dass eine so tolle Schülerin wie du hier ihre Zeit vergeudet!“ Meine Augen wurden vor lauter Freude ganz groß. Ich hatte wieder etwas, worauf ich hoffen konnte. Ich wollte mir natürlich nichts entgehen lassen und war beim folgenden Elterngespräch mit dabei.

„Şengül ist eine hervorragende Schülerin“, sagte der Lehrer zu meinem Vater, „sie hat ein Hirn wie ein Magnet, alles Wissen zieht sie nur so an. Sie sollte aufs Gymnasium. Wenn Sie möchten, dann helfen wir Ihnen gerne, die Formalitäten zu erledigen, damit das Mädchen überwechseln kann.“

Was war ich stolz! Meine Ohren wurden ganz rot, so viel Lob zu hören. Und ich wollte nichts lieber, als aufs Gymnasium zu wechseln, denn in der Hauptschule war es mir einfach zu langweilig. Mein Vater allerdings schien alles andere als begeistert. „Das ist nicht nötig“, sagte er. „Şengül braucht nicht aufs Gymnasium zu gehen.“ „Aber warum denn nicht?“, wollte mein Lehrer wissen. „Sie ist ein Mädchen. Sie braucht das nicht. Sie wird heiraten, und dann ist diese ganze Schulausbildung sowieso für die Katz.“

Salih Torbali sah das ganz anders und versuchte, meinen Vater davon zu überzeugen, was für eine gute Sache es wäre, wenn auch ein türkisches Mädchen wie ich eine gute Schulausbildung erhalten würde. Mein Vater blieb während des ganzen Gesprächs sehr höflich, aber ich merkte ihm an, dass er im Stillen die Geduld verlor und mit so einem „Schwachsinn" seine Zeit nicht verplempern wollte. Er wollte so schnell wie möglich wieder gehen und blockte alles ab. Ich schwitzte und gleichzeitig war mir kalt. Hier ging es um meine Zukunft, das war mir, obwohl ich gerade mal zwölf Jahre alt war, durchaus bewusst.

„Wir gehen nächstes Jahr ohnehin zurück in die Türkei", sagte mein Vater. „Dort braucht sie kein Abitur. Sie wird heiraten und eine gute Hausfrau sein. Das lernt sie am besten bei ihrer Mutter, bestimmt nicht auf dem Gymnasium."

Ich war wie vor den Kopf gestoßen. In die Türkei? Schon nächstes Jahr? Davon hatte nie jemand etwas gesagt.

Daraufhin bat mich mein Lehrer, für ein paar Minuten vor die Tür zu gehen, damit er sich mit meinem Vater allein unterhalten könne. Für mich war das eine unerträgliche Qual. Wenn es ihm ein Landsmann sagt, dachte ich verzweifelt, dann muss mein Vater das doch einsehen. Aber da irrte ich mich gewaltig, mein Vater blieb hart. Salih Torbali blieb nichts anderes übrig, als den Kopf zu schütteln. „Wie schade", sagte er zu mir. „Ich fürchte, da kann ich nichts mehr tun."

An diesem Abend flehte ich meinen Vater an, mich auf das Gymnasium zu lassen. Ich bettelte geradezu darum, doch er schrie mich nur an und befahl mir, nie wieder davon anzufangen.

Die folgenden Tage waren ein Albtraum aus Enttäuschung und Furcht vor der Zukunft. Ich kannte die Türkei lediglich aus unseren allsommerlichen Urlaubsbesuchen in der anatolischen Heimat meiner Eltern. Nie hatte ich daran gedacht, dass ich eines Tages selbst dort leben würde. Und auch jetzt konnte ich mir das überhaupt nicht vorstellen. Was sollte ich in der Türkei? Dahin fuhr man während der Sommerferien, das Auto vollgepackt bis über den Dachgepäckträger. In der Türkei besuchte man Tanten, Onkel, Cousinen und andere Verwandte, mein Vater baute an dem riesigen Haus weiter, das er ein Jahr vor meiner Geburt begonnen hatte, und wir Kinder langweilten uns zu Tode. Ich war jedes Mal froh, wenn es wieder nach Hause ging. Denn mein Zuhause war Deutschland. In Anatolien würde ich lebendig begraben sein.

„Du bist sowieso mehr tot als lebendig", sagte ich mir, als die Blasenentzündungen, die pochenden Schmerzen in der Niere, das Brennen beim Wasserlassen wiederkehrten. Wer je ein Nierenleiden hatte, der weiß, wie unerträglich diese Beschwerden sind: Schmerzen an der Niere gehören zu den schlimmsten. Immer wieder staute sich der Urin in meinen Nieren, ich bekam hohes Fieber und musste ins Krankenhaus, wo ich an Infusionen angeschlossen wurde. All das und der ständige Streit mit meiner Mutter zermürbten mich und machten mich müde und schwach. Irgendwann glaubte ich sogar selbst daran, dass es meine Eltern gut mit mir meinten. Ich versuchte mir einzureden, dass es tatsächlich unsinnig sei, für die Schule zu lernen, dass es besser für mich sei, stattdessen immer mehr Aufgaben im Haus zu übernehmen und für meinen Vater die Dolmetscherin bei Anwälten und vor Gericht zu spielen. Durch meine Krankheit versäumte ich viel Unterricht, und nach und nach erlahmte mein Interesse am Lernen. Wenn meine Mutter der Meinung war, dass sie mich im Haushalt brauchte, dann verbot sie mir ohnehin, in die Schule zu gehen.

Ich war zwölf Jahre alt, als mein Vater wieder einmal wegen einer Schlägerei vor Gericht kam. Und wieder war ich es, die kleine Şengül, die zur Verhandlung mitkommen und zwischen meinem Vater und dem Anwalt übersetzen musste. Mein Vater wollte, dass ich seine Worte so authentisch wie möglich seinem Anwalt vortrug, damit der sie dann genauso wiedergeben konnte.

Am Tag der Verhandlung, alle waren schon versammelt, ging die Tür ganz hinten im Gerichtssaal auf und ich hörte das entschlossene Klack-Klack-Klack von Absätzen. Ich konnte spüren, wie sich die Stimmung im Raum schlagartig wandelte. Alle, auch ich, drehten sich nach dem Geräusch um. Und da sah ich sie: Eine wunderschöne, große, stolze Frau in einem grauen Hosenanzug und mit schicker Aktentasche hatte den Raum betreten. Sie strahlte so viel Souveränität aus, so viel Kompetenz, dass es mir den Atem verschlug. Sogar mein Vater schien von ihr beeindruckt. Und als sie zu reden begann – ruhig, sachlich, aber auf eine Art und Weise, dass man ihr nicht zu widersprechen wagte –, da stieß er mich in die Seite und sagte immer wieder: „Hör genau zu, Şengül, so musst du sprechen, so wie diese Frau! Hörst du? So!"

Aber ich war doch nur die kleine, kranke Şengül! Ich war nicht groß, stark und schön wie diese Anwältin, ich war ziemlich genau ihr Gegenteil. Als ich übersetzen musste, was mein Vater sagte, merkte ich, wie meine Stimme immer höher wurde und ich vor Aufregung keine Luft mehr bekam. Wieder stieß mich mein Vater in die Seite, bis ich wütend wurde und dachte, verdammt nochmal, warum lernst du nicht einfach selber Deutsch?!

Doch meine Augen hingen an der Anwältin, an ihren starken, dunklen Augenbrauen, ihren schwarzen Augen, ihren gepflegten Händen. Und noch heute höre ich ihre ruhige, samtene Stimme, die so entschlossen war, so als sei das, was sie sagte, Gesetz. Und für mich war es das auch.

An diesem Tag schalt mich mein Vater auf dem Nachhauseweg. „Hast du nicht diese Frau gesehen? Gehört, wie sie gesprochen hat? Genau so hättest du das machen sollen."

Im Stillen gab ich ihm in allem recht. Diese Frau war unglaublich gewesen. Dass es so etwas gab! Von nun an hatte ich einen Gegenstand zum Träumen gefunden: Ich wollte sein, wie diese Anwältin. Schön und stark, ruhig und souverän. Wie sie wollte ich mit einem Zucken meiner Augenbraue zu verstehen geben, was richtig ist und was falsch. Ich wollte einen grauen Hosenanzug wie sie und eine schicke Aktentasche. Denn diese Aktentasche war für mich ein Zeichen der Macht. Darin befanden sich mächtige Dokumente. Unterlagen, die über das Schicksal von Menschen entschieden. Papiere, auf denen haufenweise geheimnisvolle Zeichen standen, und Dinge, die in einer Sprache formuliert waren, die ein Normalsterblicher nicht verstehen konnte. Auch ich wollte Räume betreten, in denen sich langsam die Köpfe nach mir umwandten, bewundernd, voller Respekt. Dann würde ich ein eigenes Leben führen, ein Leben, das von dem meiner Mutter Lichtjahre weit entfernt lag. Und sie würde mich nicht mehr mit ihrer schrillen Stimme mitten in meiner Arbeit stören, damit ich Kartoffeln schälte oder Petersilie klein schnitt. Nie wieder würde ich Geschirr spülen oder staubsaugen, denn in einem eleganten Hosenanzug geht das nun mal nicht. Ich würde hinter Schreibtischen sitzen und mich in Bibliotheken, in denen die Regale vom Boden bis in den Himmel reichten, auf die Gerichtsverhandlungen vorbereiten. Ich würde viel Geld verdienen und dafür sorgen, dass die Gerechtigkeit siegte. Abends würde ich in die Meistersingerhalle gehen und mir ein Konzert anhören, in dem nicht etwa die Kinder der Grundschule auftraten, sondern berühmte Pianisten aus der ganzen Welt. Und hinterher würde ich mit Freunden in eleganten Restaurants zu Abend speisen und über wichtige Dinge sprechen, so wichtig, dass ich sie mir nicht einmal ausmalen konnte.

Und jeden Monat würde ich mir eine neue Aktentasche kaufen, aus hartem Leder und aus weichem, in Braun und Schwarz und Grau, passend zu meinem Hosenanzug.

Aber dann rief wieder jemand nach mir, und mein Traum löste sich auf. „Şengül, bügle die Wäsche“, „putz das Badezimmer“, „lauf zum Laden“. Doch wann immer ich meine Gedanken fliegen lassen konnte, befand ich mich in einer anderen Welt. In dieser Welt war ich jene Anwältin, löste schwierige Fälle und bewahrte unschuldige Menschen vor dem Gefängnis. In diese Welt konnte mir niemand folgen, denn sie gehörte mir, mir allein. Und wenn ich auch glaubte, dass ich nie so sein würde wie diese Frau, so gaben mir meine Tagträume doch Kraft und Mut, sogar das Allerschlimmste durchzustehen. Über Jahre hinweg war diese Frau mein guter Engel, meine Quelle der Kraft, mein heimliches Gelobtes Land. Und wenn meine Mutter mich anschrie oder später mein Ehemann mich terrorisierte, so genügte ein Wimpernschlag und ich sah durch sie hindurch, denn dahinter, unsichtbar für andere, war die Anwältin, und ich schlüpfte in ihre Rolle, streifte mein eigenes trauriges Leben ab wie eine lästige Hülle und wurde zu dieser wunderbaren Frau, der alles gelang, die tat, was sie wollte und immer einen Rat für andere Menschen hatte. Und wenn sie auch unerreichbar für mich war, so wusste ich doch, dass sie existierte, ich hatte sie mit eigenen Augen gesehen, so etwas war möglich, und in meinen kühnsten Momenten fragte ich mich: „Wieso eigentlich nicht für mich?"

Zunächst erschien mir das Bild dieser Anwältin nur in meinen Träumen, nachts, wenn ich schlief. Wie einen Schutzengel sah ich sie durch meine Traumwelt spazieren, ihr eigenes Leben leben. Diese Träume taten mir so gut, ja, schienen mich direkt zu stärken, sodass ich nach und nach auch tagsüber dieses Bild in mir wachrief, das mir half, meinem Alltag zu entfliehen. Ich begann darüber nachzudenken, wie ich meinen Traum verwirklichen könnte und mir wurde klar: Anwältin wurde man nicht, indem man lernte, Auberginen auf türkische Art zuzubereiten oder Hühnchen nach dem alten anatolischen Rezept meiner Mutter. Und manchmal gestand ich mir sogar ein, dass ich unglücklich war.

Mit dreizehn fielen mir auf einmal – kein Arzt wusste, warum – die Haare am Kopf büschelweise aus. Ich bekam eine kreisrunde Glatze und war am Boden zerstört. Auch wenn ich versuchte, mein Haar auf der Seite zu scheiteln und sie über die kahle Stelle zu kämmen, so konnte doch nichts darüber hinwegtäuschen, dass ich ein dreizehnjähriges Mädchen mit einer Glatze war.

„Du kannst froh sein", sagte meine Mutter, „wenn dich überhaupt einer nimmt. So, wie du beieinander bist".

„Ich will überhaupt nicht heiraten!", weinte ich, „Ich werde lernen und irgendwann mein eigenes Geld verdienen."

Dieser Satz genügte, um meine Mutter fuchsteufelswild zu machen. „Willst du die größte Hure des Landes werden?“, schrie sie. Nein, das wollte ich nicht. Ich wollte werden wie die Anwältin. Und die war schließlich auch keine Hure, sie war respektabel, sogar mein Vater hatte sie bewundert. Aber es hatte keinen Zweck, mit meinen Eltern zu streiten. Es war völlig sinnlos, ihnen zu erklären, wovon ich tagtäglich träumte. Mein Vater würde nur den Kopf schütteln und meine Mutter mich mit Häme überziehen.

Zu meiner großen Erleichterung wuchs mein Haar nach einigen Monaten wieder nach. Dennoch ist es bis heute schütter und dünn geblieben. Meine Mutter versäumte keine Gelegenheit, mir zu sagen, wie hässlich ich sei. Als müsse sie das irgendwie ausgleichen, war sie entschlossen, ihre Privatausbildung zum Abschluss zu bringen, und übertrug mir mehr und mehr die Verantwortung für den gesamten Haushalt. Wenn ich für die Schule lernte, bestrafte sie mich dafür. Und so gab ich schließlich auf. Es war ohnehin alles umsonst. Ich war so verzweifelt und erschöpft, dass ich schließlich nicht einmal mehr den sogenannten „Qualifizierenden Hauptschulabschluss“ schaffte, der mir die Chance auf eine weiterführende Schule eröffnet hätte. Meine Eltern waren sehr zufrieden.

Als ich vierzehn Jahre alt war, zogen wir endlich aus dem hässlichen kleinen Schwedenhäuschen aus: Meine Eltern hatten ein dreistöckiges Mehrfamilienhaus in derselben Straße ein paar Häuser weiter gekauft, das mein Vater aufwendig von oben bis unten sanierte und zu unserem Familienhaus umbaute. Es hatte dreizehn Zimmer, und so erhielt nun jeder von uns sein eigenes Reich, und als mein älterer Bruder ein paar Jahre später heiratete, zog er mit seiner Frau ins Erdgeschoss. Zu unserem neuen Haus gehörte ein riesiger Garten, den wir bald in ein blühendes Paradies verwandelten. Dieses schöne Haus samt Garten wurde, je älter ich wurde, zu meinem Gefängnis.

In diesen Jahren, in denen ich zur Frau heranwuchs, nahm mir meine Mutter nach und nach und nahezu unmerklich jede noch so kleine Freiheit. In ihren Augen war ich nicht mehr länger ein kleines Mädchen, sondern kam in ein gefährliches Alter, in dem ich in diesem freizügigen Land, von dem meine Mutter nach all den Jahren, die sie hier lebte, noch immer keine genaue Vorstellung hatte, vielen Gefahren ausgesetzt war. Und so wurde aus meiner strengen Mutter eine hysterische Wächterin meiner Jungfräulichkeit. Ihrer Meinung nach war das nämlich alles, was ich zu bieten hatte: meine intakte Unschuld. Denn was war ich anderes als ein chronisch krankes, von meinen vielen Leiden gezeichnetes, hässliches Mädchen mit wirren Ideen im Kopf und einem fatalen Hang zur westlichen Kultur? Meine Mutter hatte nicht verhindern können, dass ich im Krankenhaus die deutsche Sprache so perfekt lernte, wie jedes andere deutsche Kind auch. Und wenn das auch immer wieder praktisch war, wenn man etwas mit den Ämtern zu regeln hatte, so wäre es ihrer Meinung nach doch besser gewesen, wenn ich genauso abgeschottet gelebt hätte wie sie selbst. Dass ich das von nun an tat, dafür sorgte sie. Sie sperrte mich regelrecht ein.

Ich durfte mich nur noch von Haus und Garten entfernen, wenn sie mir etwas auftrug. Mit Argusaugen überwachte sie mein Kommen und Gehen. Brauchte ich einmal fünf Minuten länger für eine Besorgung, dann schlug sie mich. Mehr noch als die Schläge aber traf mich ihr Geschrei: „Hast du wieder um die Ecke gefickt, du Hure! Wo hast du dich herumgetrieben?"

Luden mich meine alten Freunde zu Geburtstagsfeiern ein, erlaubte sie mir selbstverständlich nicht hinzugehen. Ich durfte weder ins Kino noch mit einer Freundin ein Eis essen gehen, und die Innenstadt von Nürnberg sah ich genau zwei Mal im Jahr, wenn meine Mutter mit mir die notwendige Kleidung einkaufen ging. Wollte ich auch nur einen Schritt aus dem Garten heraus tun, musste ich Rechenschaft ablegen. Auch ein einfacher Spaziergang in den nahegelegenen Park war unmöglich. „Willst dich dort womöglich mit einem Mann treffen, du Flittchen", war der einzige Kommentar meiner Mutter. Ich war zu ihrer Gefangenen geworden.

Nach der Schule besorgte mir mein Vater eine Lehrstelle in einem Friseursalon. Ich hasste diese Arbeit, Friseurin war das Letzte, was ich werden wollte. Wenigstens bot mir diese Arbeit die Gelegenheit, der Fuchtel meiner Mutter zu entkommen. Die Arbeit war ein Weg aus meinem Gefängnis heraus, doch wehe, ich kam nur wenige Minuten zu spät nach Hause. Einmal schlug mich sogar mein Vater, der zuvor niemals die Hand gegen uns erhoben hatte. Mit einem einzigen brutalen Fausthieb streckte er mich nieder, ich dachte allen Ernstes, meine letzte Stunde hätte geschlagen, so hart traf mich sein Schlag. Meine Mutter hatte ihn gegen mich aufgehetzt, weil ich ihrer Meinung nach zu spät nach Hause gekommen war. Er schlug mich nur dieses eine Mal, und ich glaubte zu spüren, wie sehr er sich hinterher schämte. Denn seiner Meinung nach schlug ein echter Mann keine Frauen, auch nicht seine Ehefrau oder seine Tochter. In diesen Jahren wuchs in mir die Überzeugung, dass meine Mutter mich hasste, denn sie behandelte mich wie den allerletzten Dreck.

Schon damals war es für mich unfassbar, welche Fantasien meine Mutter entwickelte; dass sie ihrer eigenen Tochter tatsächlich zutraute, sie gehe mal eben einkaufen und habe in dieser Zeit Sex mit irgendeinem Mann! Der Gedanke, meine Jungfräulichkeit zu bewachen, wurde für sie zur fixen Idee. Von einer wenig liebevollen Mutter wurde sie zu einer Art Terrorbeauftragten zur Wahrung meines Hymens. Sie untersagte mir alles, was ihrer Meinung nach auch nur im Entferntesten dazu führen könnte, dass ich meine Jungfräulichkeit verlieren würde. Dazu gehörten auch so sinnlose Verbote wie Sport zu treiben, ganz egal welcher Art, und Kaffee zu trinken. Mein ganzes Leben und mein einziger Lebenszweck bestanden in ihren Augen darin, Jungfrau zu bleiben. Sie überwachte mich wie ein Satellit, nicht den kleinsten Raum für ein eigenes Leben ließ sie mir. Dauernd fing sie Streit mit mir an, schlug und beschimpfte mich. Das Schlimmste aber war, dass meine Mutter mit ihrem hysterischen Benehmen ihre eigene Angst auch auf mich übertrug. So befiel mich zum Beispiel die Sorge, ich könnte schon von Geburt an keine Jungfrau gewesen sein, oder dass da irgendetwas schiefgelaufen war, vielleicht bei einer meiner vielen Operationen. Sogar Bücher besorgte ich mir zum Thema Jungfräulichkeit, in denen geschrieben stand, dass da allerhand passieren könne. Und so kam es, dass ich die Angst, ich könnte auch ohne mein Verschulden keine Jungfrau mehr sein, unterschwellig immer mit mir herumtrug. Ich war sicher, dass der vorzeitige Verlust meiner Jungfräulichkeit mein Todesurteil bedeuten würde: Denn nach der Hochzeitsnacht wird allen Verwandten das blutige Leintuch gezeigt, zum Beweis, dass die Braut vor ihrer Hochzeit noch unberührt war. Wenn das nicht möglich ist, überlebt die Braut diese Nacht häufig nicht.

Ich wusste in all diesen Jahren, dass ich mich irgendwie befreien sollte, dass ich raus musste, weg von meiner Mutter. Doch gleichzeitig war mir klar, dass es unmöglich war, ihr zu entkommen. In der türkischen Kultur ist die Familie alles. Ohne Familie kannst du nicht existieren. So war ich aufgewachsen, das wurde mir täglich eingetrichtert. Du allein bist nichts wert, wenn dich deine Familie verstößt, dann bist du so gut wie tot. Ich habe miterlebt, wie ein Verwandter versuchte sich gegen seine Mutter zu behaupten, als es um seine Heirat ging. Ich habe ihn heimlich weinen hören, als sie seine eigenen Pläne dennoch durchkreuzte und ihn zwang, seine kleine Cousine aus Anatolien zu heiraten, die ihn bis dahin immer nur „Bruder" genannt hatte. Und er war schließlich ein Mann. Wie also sollte ich mich gegen meine Mutter auflehnen können?

Zu meiner großen Erleichterung zogen wir, entgegen der Ankündigung meines Vaters, nicht in die Türkei. Ich weiß bis heute nicht, ob er das nur behauptet hatte, um seinen Frieden zu haben, oder ob er wirklich vorgehabt hatte, zurückzukehren.

Und dann, in den Sommerferien, kurz bevor ich sechzehn wurde, erlebte ich in der Heimat meiner Eltern etwas äußerst Aufregendes: Trotz der Observierungen meiner Mutter hatte ich tatsächlich zum ersten Mal in meinem Leben so etwas wie einen Freund. Selbstverständlich musste das alles in größter Heimlichkeit vor sich gehen. Alles begann, als ich gerade die Wäsche auf dem Balkon aufhängte und ein VW-Bus wieder und wieder an unserem Haus vorüberfuhr. Mir war das gar nicht aufgefallen, bis eine meiner jüngeren Cousinen sagte: „Şengül, hast du den gesehen?“

„Nein“, antwortete ich, „wen denn?“

„Na den mit seinem Bus, der fährt jetzt schon zum fünften Mal an unserem Haus vorbei. Ich glaube, dem gefällst du.“

„Erzähl keinen Quatsch, den kenne ich doch überhaupt nicht.“

In diesem Augenblick kam der VW-Bus schon wieder und dieses Mal hielt er an. Der Fahrer kurbelte sein Fenster herunter und begrüßte uns höflich. Meine Cousinen und ich fanden das alles äußerst spannend, ein Wort gab das andere, und ich erfuhr, dass er normalerweise mit seiner Familie in Kassel lebte, sein Name Yasim war, und er sehr gerne mit mir spazieren gehen würde.

„Das kommt überhaupt nicht infrage“, sagte ich mit gespielter Entrüstung. Doch Gott sei Dank ließ sich Yasim nicht so schnell abschrecken. Er machte mir Komplimente, die mich immens freuten, hatte ich von meiner Mutter doch stets nur gehört, ich sei hässlich, und kein Mann würde mich je auch nur eines Blickes würdigen. Nach langem Hin und Her willigte ich ein, mich mit ihm zu einem Spaziergang zu treffen, aber nur, wenn alle meine Cousinen mitkämen. Denn falls wir erwischt würden, so dachte ich, könnten die Erwachsenen nicht herausfinden, welche von uns das Rendezvous hatte.

Gesagt getan. Yasim gefiel mir sehr, er hatte wunderschöne blaue Augen und er hatte Humor, brachte mich andauernd zum Lachen. Doch dann passierte, was passieren musste: Einer unserer Onkel sah uns, wie wir mit einem wildfremden jungen Mann spazieren gingen. Da behaupteten wir, so wie wir es vereinbart hatten, dass dieser Yasim uns belästigt hätte und dass wir ihn einfach nicht hätten abschütteln können. So kamen wir

Mit 16 Jahren

noch einmal davon. Meine Cousinen und ich, wir hielten zusammen wie Pech und Schwefel. Eine von ihnen wurde später meine Schwägerin, und eine andere wurde nur eine Woche vor mir verheiratet.

Yasim schaffte es trotz allem, mit mir in Kontakt zu bleiben. Kleine Briefchen wurden geschrieben, Botschaften hin und her geschmuggelt. Selbst als der Urlaub zu Ende ging, und wir beide wieder in Deutschland waren, ich in Nürnberg und er in Kassel, hielt unsere Freundschaft noch an. Wann immer es möglich war telefonierten wir heimlich miteinander. Und ich werde nicht vergessen, wie eines Tages die Sekretärin der Berufsschule, die ich neben meiner Friseurinnenlehre besuchte, ihren Kopf zur Tür des Klassenzimmers hereinstreckte, und mich herausrief.

„Ihr Bruder ist da", sagte sie zu mir.

Ich konnte mir zwar nicht vorstellen, dass einer meiner Brüder hier nach mir fragen würde, aber ich folgte ihr trotzdem. Ich fiel fast in Ohnmacht, als ich Yasim vor mir stehen sah. Ich schwindelte der Lehrerin vor, ich müsste sofort nach Hause, da meine Mutter schwer krank geworden sei, und verbrachte den Nachmittag mit Yasim im Park, halb tot vor Angst, es könnte uns jemand sehen. Tatsächlich konnte ich seinen Besuch überhaupt nicht genießen, denn ich befürchtete, dass mich meine Mutter totschlagen würde, wenn sie wüsste, was ich gerade tat.

Fast ein Jahr lang ging das so, wir telefonierten heimlich, und ich hütete dieses Geheimnis wie ein Juwel. Vielleicht gab mir die heimliche Beziehung zu Yasim die Kraft, mich gegenüber meiner Mutter in einer Sache durchzusetzen: Ich brach meine Ausbildung zur Friseurin ab. Stattdessen begann ich als gewöhnliche Arbeiterin in einer Fabrik, die Filzstifte herstellte. Zuerst bohrte ich im Akkord Löcher in die Stifte, und wenn auch diese Arbeit nicht das war, was ich mir erträumt hatte, so nahm ich sie genauso ernst wie alles, was ich anfing und machte meine Sache perfekt. Es dauerte nicht lange, und ich wurde zum Stifteschleifen abgeordnet. Schon bald bemerkten meine Vorgesetzten, dass meine Stifte im Gegensatz zu denen meiner Kollegen stets makellos waren. Keiner schmierte, keiner machte Flecken. Sie fragten mich daraufhin, ob ich Interesse hätte, in der Qualitätssicherung zu arbeiten, und ich sagte begeistert zu. Wie stolz war ich über dieses Lob!

Ich wurde für zwei Tage nach Heidelberg in die Werksleitung geschickt, wo ich in einer Schulung auf meinen neuen Posten vorbereitet wurde. Ich erhielt Einblick in alle Arbeitsschritte der Fertigung und voller Begeisterung sog ich alles in mich auf. Von nun an war es meine Aufgabe, die Stifte der anderen zu prüfen. Ich erhielt weiße Baumwollhandschuhe, und mit ihnen strich ich an den Stiften entlang, um zu sehen, ob sie Spuren hinterließen.

Diese Arbeit machte mir viel Spaß. Ich hatte sehr nette Kollegen, und besonders einer namens Udo gefiel mir sehr. Er war ein großer blonder Deutscher und seine Aufmerksamkeit tat mir gut. Inzwischen hatte ich erfahren, dass Yasims Familie noch sehr viel konservativer war, als meine eigene. Seine Mutter und seine Schwestern trugen alle Kopftücher, und hatten offenbar noch weniger Freiheiten als ich. Ich verliebte mich in Udo und machte mit Yasim Schluss.

Meine Familie bekam von alldem überhaupt nichts mit. Sorgsam hütete ich auch dieses Geheimnis. Meine Familie interessierte sich nicht im Geringsten für meine beruflichen Erfolge, und dass ich von den einfachen Arbeiterinnen in die Qualitätskontrolle aufgestiegen war, bedeutete ihnen nichts. Lediglich über mein höheres Gehalt freuten sie sich, denn wie meine Brüder lieferte auch ich von meinem Lohn jeden Monat tausend Mark meinem Vater ab. Meine Arbeit in der Stiftefabrik endete jeden Tag um halb vier Uhr nachmittags. Schon um fünf Uhr war ich mit meiner Schwägerin in einer Heizungsfirma, um dort zwei Stunden lang täglich zu putzen, und alles, was ich über die tausend Mark hinaus verdiente, kam auf ein Sparkonto. Eines Tages, so hoffte ich, wenn ich volljährig war, würde ich mithilfe meines angesparten Geldes vielleicht doch noch eine bessere Ausbildung machen können.

Udo sah ich nur während der Arbeit, wir verbrachten die Pausen zusammen und nach der Arbeit begleitete er mich zum Bus. Manchmal wagte ich es sogar, einen Bus wegfahren zu lassen und erst den nächsten zu nehmen, und riskierte damit, von meiner Mutter verprügelt zu werden. Ich war siebzehn, und keiner meiner Arbeitskollegen hatte auch nur den leisesten Schimmer davon, wie es bei uns zu Hause zuging. Udos Zuneigung zu mir gab mir die Kraft, neue Pläne für meine Zukunft zu schmieden, und so malte ich mir aus, was ich tun würde, wäre ich erst einmal volljährig.

Aber was ich mir auch ausmalte, es sollte anders kommen. Ich hatte keine Ahnung von den heimlichen Plänen meiner Mutter.

Wie ein Lamm zur Schlachtbank

Vielleicht hätte ich die Zeichen schon früher erkennen können, wäre ich nicht so sehr damit beschäftigt gewesen, meine ersten Erfahrungen mit dem Verliebtsein zu machen. Zwischen Udo und mir konnte es ja nicht mehr geben, als Händchenhalten und hin und wieder einen scheuen Kuss. Das Schwierigste war, unsere Verbindung geheimzuhalten, denn ich traute meiner Mutter alles zu, sollte sie erfahren, dass ich ein Techtelmechtel mit einem Deutschen hatte.

Meine Mutter besaß keinen Führerschein und so kam sie auf die Idee, dass es doch sehr praktisch wäre, wenn ich sie durch die Gegend fahren könnte. Also ließ man mich den Führerschein machen. Eines Tages kam ich von der Fahrstunde nach Hause und meine Mutter rief mich zu sich. Sie wirkte seltsam feierlich, wie sie da in all ihrem Gewicht auf dem Sofa saß.

„Şengül", sagte sie, „du wirst heiraten."

„Nein", gab ich zurück, wie Tausende Male zuvor, „ich will nicht heiraten. Das weißt du doch."

„Oh doch", fuhr meine Mutter fort, „du wirst heiraten, und zwar schon bald."

Ich erstarrte. Bald? Wie bald?

„Du kennst ihn", hörte ich die Stimme meiner Mutter wie aus weiter Ferne. „Du hast ihn gesehen, vorletzten Sommer, er ist der Sohn des Bruders meiner Mutter."

In meinem Kopf drehte sich alles. Heiraten? Einen Verwandten? Welchen? Ich hatte so viele. Und während meine Mutter fortfuhr, mir zu erklären, welcher Sohn welches Bruders ihrer Mutter er war, fühlte ich, wie alle Energie, alle Freude, alle Kraft aus mir wichen. Sie machte Ernst. Von nun an waren ihre Worte nicht mehr nur leere Drohungen, die möglicherweise irgendwann einmal Wirklichkeit werden könnten oder auch nicht.

„Er heißt Refik*. Und ich habe mein Wort gegeben. Du bist ihm schon seit einem Jahr versprochen. Diesen Sommer wird es eine große Hochzeit geben.“ Sie wirkte sehr zufrieden. Ich hätte ihr die Augen auskratzen können, ihr an den Hals fahren. Sie hatte über mich verfügt wie über einen Gegenstand. Ohne mich zu fragen, hatte sie mich einem wildfremden Mann als Ehefrau versprochen.

„Nein“, sagte ich, erst leise, dann immer lauter. „Nein, nein, nein. Ich werde ihn nicht heiraten. Nie und nimmer.“ Ich erwartete, dass sie wütend werden würde, dass sie aufstehen und sich den nächstbesten Gegenstand greifen würde, um auf mich einzuschlagen. Und ich würde mich nicht wehren, denn eine türkische Tochter erhebt nicht die Hand gegen ihre Mutter, das ist undenkbar. Aber meine Mutter blieb sitzen. Ja, sie lächelte sogar.

„Du wirst, Şengül. So sicher, wie morgen früh die Sonne aufgeht, wirst du Refiks Frau. Ich habe es ihm und seinem Vater versprochen. Im August. Es ist alles schon beschlossen.“

In dieser Nacht konnte ich nicht schlafen. Die Gedanken wirbelten mir nur so durch den Kopf. Ich wusste zwar, um wen es ging, kannte den Mann aber überhaupt nicht. Ein einziges Mal hatte ich ihn kurz gesehen, das war alles. Und an ihn hatte mich meine Mutter also verschachert.

Während der nächsten Tage herrschte Krieg. Ich wollte mich nicht geschlagen geben. Nein, ich hatte etwas anderes vor mit meinem Leben. Wer auch immer dieser Refik war, er würde eine andere Frau heiraten müssen. Doch ich hatte die Rechnung ohne meine Eltern gemacht. Hatte ich gehofft, in meinem Vater einen Verbündeten zu finden, sah ich mich gründlich getäuscht. Wie alles, was die Familie betraf, überließ er auch meine Heirat

* Ich habe mich entschieden, nicht seinen richtigen Vornamen zu nennen, um ihm in meinem Buch so wenig eigenen Raum wie möglich einzuräumen.

vollkommen meiner Mutter. Und sie hatte ihre Entscheidung längst getroffen.

In türkischen Familien aus der Gegend, aus der meine Eltern stammen, ist es eine alte Tradition, Hochzeiten zu arrangieren. Auch die Ehe meiner Eltern war auf diese Weise zustande gekommen. Die beiden hatten Glück, denn für sie war es Liebe auf den ersten Blick, und diese Liebe für einander hält bis heute an. Aber die wenigsten arrangierten Ehen sind so glücklich. Und dennoch sind sie ein wichtiger wirtschaftlicher Faktor innerhalb der Großfamilien. Besonders eine Tochter, die in Deutschland aufgewachsen ist und dem Ehemann den Weg in dieses Land des Wohlstandes ebnen kann, ist auf dem Heiratsmarkt viel wert. Will man also als türkische Familie in Deutschland einem armen Verwandten in der Heimat einen Gefallen tun, dann gibt man ihm oder seinem Sohn die Tochter zur Frau. Und genau das hatte auch meine Mutter im Sinn. Auch wenn ich ständig krank war und ihrer Meinung nach nicht besonders attraktiv, so hatte ich doch den Vorteil, einem Ehemann die Aufenthaltsgenehmigung in Deutschland zu ermöglichen. Und so waren sich mein Onkel und meine Mutter handelseinig geworden.

Viele, die nicht mit diesem türkischen Hintergrund aufgewachsen sind, stellen mir heute die Frage, warum ich damals, im Alter von fast achtzehn Jahren, nicht einfach meine Familie verlassen habe, um ein eigenes Leben zu beginnen. Die Antwort darauf ist ganz einfach: das war schlichtweg unmöglich und ist es auch heute oft noch. Eine Tochter, die sich gegen den Willen der Eltern stellt, die womöglich auszieht, sich eine eigene Wohnung nimmt, ein Leben nach ihren eigenen Vorstellungen führt, ist in den Augen vieler Eltern ein gefallenes Wesen. Eine Hure. Eine schlechte Frau, die die Ehre der gesamten Familie in den Schmutz tritt. Auch meine Eltern hätten das nicht geduldet. Mir hätte alles Mögliche zustoßen können: Man hätte mich überall aufgespürt egal, wo ich mich versteckt gehalten hätte. Und dann hätte man mich möglicherweise entführt und nach

Anatolien verschleppt, und dort gegen meinen Willen verheiratet. Oder man hätte gleich zu drastischeren Mitteln gegriffen, hätte mich misshandelt, bis ich gefügig gewesen wäre. Wenn auch das keinen Erfolg gezeigt hätte, dann hätte man mich vielleicht sogar getötet. All das kann jemand, der so etwas nicht selbst erlebt hat, nur schwer verstehen. Und es ist auch nicht leicht zu erklären. Wenngleich mein Vater der Meinung war, dass ein Mann die Hand nicht gegen Frauen erheben sollte, so wäre das im Falle einer Ehrensache etwas anderes gewesen. Das hat mit väterlicher Liebe nichts zu tun. Im Gegenteil. In dieser verqueren Weltanschauung, in der die Ehre über allem anderen steht, ist es sogar ein Zeichen von außergewöhnlicher Liebe, wenn ein Vater seine gefallene Tochter richtet, um dadurch die Ehre wiederherzustellen, und zwar nicht nur die der Familie, sondern auch die Ehre des Mädchens selbst. All diese Dinge schwangen in meiner Erziehung stets mit, ständig sprach mein Vater über die Ehre, die seiner Meinung nach gekränkt worden war, stets riskierte er jede Strafe, um diesem Verständnis von Ehre Genüge zu tun. Die Ehre stand und steht auch über dem Gesetz, vor allem der Rechtsprechung, die in Deutschland gilt. Und darum war es für mich in diesen Wochen, als ich langsam und schmerzlich einsehen musste, dass mir nichts anderes übrig blieb, als jenen Mann zu heiraten, den meine Mutter schon lange für mich ausgesucht hatte, unmöglich, etwas anderes zu tun, als mich meinen Eltern zu beugen.

Man zeigte mir Fotos von Refik. Ich hatte ihn so flüchtig gesehen, dass ich mich kaum an sein Gesicht erinnerte. Damals hatte er vielleicht zehn Minuten lang bei uns vorbeigeschaut, ich hatte nicht auf ihn geachtet. Niemals wäre mir in den Sinn gekommen, dass er mein zukünftiger Ehemann sein könnte.

Bei der Arbeit traf ich Udo, der Pläne für unsere Zukunft machte, und mein Herz wurde mir unendlich schwer, weil mir kein Ausweg einfiel, wie ich der Katastrophe entgehen könnte. Zu Hause schrie und tobte meine Mutter, weil ich noch immer stur blieb und stets wiederholte, eine Heirat mit Refik käme für mich nicht infrage. Endlich errang ich einen kleinen Sieg. Ich hatte immer wieder darauf bestanden, dass ich unmöglich einen Mann heiraten könnte, den ich vorher nicht kennengelernt hatte. Und so willigte meine Mutter ein, dass Refik vor der großen Hochzeit in der Türkei zu uns nach Deutschland kommen sollte, damit ich ihn kennenlernen könnte. Sie ging sogar so weit, mir zuzugestehen, dass ich ihn ablehnen durfte, falls er mir völlig zuwider war. Ich klammerte mich an diese Hoffnung. Selbstverständlich würde ich ihn ablehnen. Und dann hätte ich endlich die Freiheit, zu tun und zu lassen, was ich wollte.

Tief im Inneren wusste ich schon damals, dass das eine Illusion war. Ich würde mich nie gegen meine Mutter durchsetzen können. Trotzdem klammerte ich mich an diese Hoffnung, so klein sie auch war. Und so setzte ich mich hin und schrieb Refik einen Brief, in dem ich ihn einlud, zu uns zu kommen, damit wir uns kennenlernen könnten.

Ich weiß nicht mehr, welche Fantasien mir damals durch den Kopf jagten. Eine davon war, dass ich heiraten könnte, um mich gleich danach wieder scheiden zu lassen. Ich war wie besessen von dieser Idee: Ich würde heiraten und dann, als verheiratete Frau, der meine Mutter nichts mehr sagen konnte, würde ich umgehend die Scheidung einreichen. Heiraten, scheiden lassen – das schien mir der geniale Ausweg zu sein. Noch nicht einmal meine Mutter hatte an dieses Schlupfloch gedacht. Was war ich doch naiv.

Während all dieser Zeit begleitete mich das Bild jener Anwältin. In einem Paralleluniversum, das mit meinem durch nichts verbunden war, durchlebte ich die Karriere einer erfolgreichen Frau, die ihre Entscheidungen alleine trifft, sich an keinen Partner bindet, sondern selbstbestimmt und souverän durch ihr Leben schreitet. Diese Frau hatte viele Freunde, die sie treffen konnte, wann immer es ihr gefiel. Und wenn ich mich auch im wirklichen Leben immer mehr von all diesen Freiheiten entfernte, so hatte ich doch in meiner Fantasiewelt an dieser Art zu leben teil.

Die bittere Realität holte mich rasch ein. Refik nimmt meine Einladung an. Auf einmal gibt es ein Datum. Am 12. April 1992 soll er bei uns eintreffen. Meine Zeit läuft ab. Wie lange kann ich es verantworten, Udo von den Heiratsplänen meiner Mutter nichts zu erzählen? Aber noch immer habe ich ja die Möglichkeit, Refik wieder nach Hause zu schicken. Das hat meine Mutter in einem schwachen Augenblick gesagt. Aber war es tatsächlich Schwäche, oder ließ ich mich vielleicht nur zu leicht täuschen?

In meinem Kopf kreisen die Gedanken. Und so vergeht die Zeit, der 12. April 1992 rückt näher. Und dann ist es so weit. Es ist ein schöner Frühlingstag, die Sonne scheint und Vögel zwitschern, der erste laue Wind weht durch Nürnberg. Ein Tag wie aus dem Bilderbuch. Was könnte heute nicht alles Wunderbares geschehen. Stattdessen fühle ich mich, als würde ich zur Schlachtbank geführt.

An diesem Tag gehe ich nicht zur Arbeit, ich habe um Urlaub gebeten, keiner meiner Kollegen weiß, warum. Ich bin gerade im Garten, als meine Mutter mich ruft. „Şengül!", wie immer klingt es wie ein Befehl. Ich springe auf. Und bemerke selbst, dass ich mich wie ein dressierter kleiner Hund benehme. Und hasse mich dafür.

Als ich vor meiner Mutter stehe, mustert sie mich mit zusammengekniffenen Augen.

„Wie siehst du denn wieder aus?", sagt sie unwirsch. „Mach dich gefälligst hübsch. In ein paar Stunden ist er da."

Na und, will ich patzig antworten, wen interessiert das schon? Soll er doch kommen oder fortbleiben, mir ist das egal. Aber das stimmt nicht. Ich habe eine Riesenangst. Denn ich weiß, ist er einmal da, wird es nie mehr so sein wie zuvor. Ganz deutlich fühle ich, dass sich ein großes Unglück auf mich zubewegt.

Ich will meiner Mutter in diesem Augenblick so viel sagen. Wie verzweifelt ich bin, dass sie mir das antut. Wie sehr ich mir wünsche, dass sie doch ein kleines bisschen Verständnis für mich hat. Doch zwischen uns ist keine Verständigung mehr möglich. Ein hilflos-trotziges „Ich bin doch schon hübsch“, ist alles, was über meine Lippen kommt.

Und trotzdem gehorche ich und gehe ins Badezimmer. Sehe in den Spiegel und betrachte diese blasse, magere junge Frau mit den riesigen, ängstlichen Augen hinter der Brille. Meine Nase ist krumm, seit ich beim Eislaufen unglücklich stürzte und sie mir brach. Damals war ich fünfzehn und wir machten einen Klassenausflug. Eigentlich hätte ich sie operieren lassen müssen, doch dazu war keine Zeit, weil wir zu der Verlobung eines Bekannten fahren mussten, die in einer anderen Stadt gefeiert wurde. Als wir nach einer Woche zurückkamen, war es zu spät, und meine Nase blieb krumm. Und diese Verlobung, denke ich traurig, während ich mein dünnes Haar bürste und versuche, es in Form zu bringen, hat die Mutter des Bräutigams gnadenlos zerstört, als sie erfuhr, dass die Braut viele Jahre zuvor vergewaltigt worden war. Eine solche Frau kam für ihren Sohn nicht infrage. Stattdessen wurde auf die Schnelle eine andere Braut gesucht und mit ihr die Hochzeit arrangiert. Türkische Mütter sind allmächtig, und auch ich werde den Plänen der meinen nicht entgehen.

Ich krame Wimperntusche und Kajal hervor und betone meine Augen, die das Schönste an mir sind. Während ich mich schminke, dreht sich mir der Magen um, mir wird schlecht, und in meinem Bauch direkt unter dem Rippenbogen fühle ich einen Druck, wie nie zuvor. Ich habe Angst.

„Komm“, sage ich zu meinem Spiegelbild, „so schlimm wird es schon nicht werden. Du sagst ihm einfach, er soll wieder verschwinden.“ Ich war dreizehn, als ich Refik das erste und einzige Mal gesehen habe. Ich habe damals nicht wirklich auf ihn geachtet. Auch wenn man mir inzwischen Fotografien von ihm gezeigt hat: Diese zweidimensionalen Bilder sagen mir nicht, ob er aus dem Mund riecht oder unter den Achseln stinkt. Sie sagen mir nicht, ob er humorvoll ist oder ernst, locker oder spießig, mutig oder ängstlich, sanft oder brutal, die Bilder sagen mir nichts über seine Stimme, nichts darüber, ob er beim Essen schlürft und im Schlaf schnarcht, ob er gebildet ist oder schlichtweg dumm. Glaubt meine Mutter wirklich, dass diese Abzüge auf Papier mit ein paar Kratzern und Fingerabdrücken darauf eine Grundlage für meine Zukunft bilden können?

„Also ist es gut, dass er kommt", sage ich zu mir, denn immer, wenn ich mich fürchte, führe ich Selbstgespräche. „Da kannst du dann sehen, was er für einer ist. Vielleicht ist er ja ganz nett. Vielleicht verliebst du dich sogar in ihn. Wie gut, dass du das durchgesetzt hast, Şengül!"

Die Augen sind fertig geschminkt. Lippenstift ist verboten, nach Meinung meiner Mutter tragen ihn nur die deutschen Huren, und sie würde ausrasten, käme ich auf die Idee, meine Lippen zu schminken. Nun bleibt mir nichts anderes übrig, als zu warten. Ich gehe wieder hinaus auf die üppig bepflanzte Terrasse. Und wiege mich auf meinem Stuhl hin und her, den Blick auf den Boden gerichtet, alles um mich herum versinkt, und ich bin wieder in einer anderen Welt. Ich bin Anwältin. Und selbstverständlich habe ich keine Angst vor einem dahergelaufenen Türken, der sich einbildet, er könnte mein Ehemann werden.

Der Schrei meiner Mutter aus dem Haus reißt mich aus meinen Träumen. „Şengül", ruft sie, „was machst du da draußen? Komm sofort rein! Wir müssen das Essen vorbereiten, in drei Stunden ist er da."

Noch drei Stunden, denke ich, und gehe gehorsam ins Haus.

Als ich das tote Huhn vor mir liegen sehe, könnte ich weinen. Und als ich es mit dem schärfsten Messer meiner Mutter zerteile, genau so, wie sie es mir beigebracht hat, kommt es mir vor, als zerstückelte ich gerade meine eigene Zukunft.

Danach nehme ich die Kartoffeln aus dem Gemüsefach und nehme sie zum Schälen mit nach draußen auf die Terrasse. Ich will noch ein bisschen diesen wunderbaren ersten Frühlingstag genießen und dem Geschwätz meiner Mutter entkommen. Doch sie folgt mir. Ich verabscheue sie. Sie ist so dick, dass ihr das wabbelige Kinn direkt in die Brust übergeht, so als hätte sie gar keinen Hals, ihr Leib ist eine aufgeblähte Tonne. Und diese Frau will mich zwingen, so zu werden wie sie.

„Benimm dich, wenn er da ist. Ich meine das ernst, hörst du? Zeig ihm, dass du ihn magst. Er ist mein Verwandter, und wehe du blamierst mich. Wir können uns keine Peinlichkeit erlauben. Du bist schon achtzehn. Du musst heiraten. Und dieser Mann ist gut für dich. Şengül, hörst du mir überhaupt zu?"

Da wallt mein alter Trotz in mir auf.

„Ich will nicht heiraten, das weißt du genau", fahre ich sie an. „Ich will studieren und Anwältin werden, verstehst du?"

Ich beiße mir auf die Lippen. Welcher Teufel reitet mich, ihr mein Geheimnis zu verraten? Sie schreit und tobt und macht mir die größten Vorwürfe. „Studieren? Du bist wohl von Sinnen. Du bist krank. Heirate, bekomm Kinder und lass deinen Mann für dich arbeiten. Was hab ich nur getan, damit ich so mit dir gestraft werde. Wo hast du nur diese verrückten Ideen her?" Und so geht es weiter. Am liebsten würde ich sie in diesem Moment erschlagen. Stattdessen schäle ich die Kartoffeln, dass die Schalen nur so davonspritzen.

Das Essen ist fertig, alles ist vorbereitet, jetzt kann ich nur noch warten. Ich sehe auf die Uhr. Es ist drei. Um diese Zeit, hieß es, kommt er nach einer langen Fahrt im Bus am Bahnhof in Nürnberg an. Mir bleiben vielleicht noch zwanzig Minuten. Dann wird das Taxi mit meinem zukünftigen Ehemann vor unserem Haus halten. Ich schalte den Fernseher ein, ohne zu sehen, was läuft.

Auf einmal entsteht Bewegung im Haus, meine Mutter rennt für ihr Gewicht überraschend behände zur Tür, gefolgt von meiner Schwägerin. Ich weiß, jetzt ist er da.

Ich schalte den Fernseher aus und gehe ebenfalls zur Tür. So, wie es mir meine Mutter befohlen hat.

Ich sehe ihn gerade noch aus dem Taxi steigen, etwa zwanzig Meter von mir entfernt. Er ist ein abgemagerter, spirreliger Typ, und als er sich umdreht und zu uns herübersieht, bemerke ich als Erstes seinen merkwürdigen Blick. Er sieht mich an und weiß offenbar sofort, wer ich bin. Dann sieht er meine Mutter, geht auf sie zu und küsst ihr die Hand, so wie es in türkischen

Familien üblich ist: die Jüngeren küssen den Älteren die Hand, egal ob Mann oder Frau. Dann begrüßt er Gülay, meine Schwägerin. Schließlich wendet er sich mir zu. Er schaut mir kurz in die Augen und drückt meine Hand. Eine eisige Kälte durchfließt meinen Körper. Nein. In diesen Mann werde ich mich nie verlieben können. Dieser Refik mit dem seltsamen Blick ist ein furchtbarer Mensch. Das weiß ich vom allerersten Augenblick an. In jener kurzen Sekunde, in der er mir das erste Mal in die Augen sieht, ist es, als liefe rasend schnell ein Film in meinem Innern ab. So als könnte ich für den Bruchteil einer Sekunde alles voraussehen, was kommen wird. So schnell, dass ich keine einzelnen Bilder erhaschen kann, und dann ist es auch schon wieder vorbei. Meine Mutter stößt mich in die Seite, zischt mir etwas zu. Nein, denke ich, das kann nicht sein, das bilde ich mir nur ein, und dann habe ich diese kurze Vision auch schon verdrängt. Erst viele Jahre später werde ich mich daran erinnern, dass ich im Grunde vom ersten Augenblick an schon alles wusste, so wie unsere Intuition uns vieles verraten würde, wenn wir nur mehr auf sie achteten. Aber das war damals nicht möglich. Und es hätte mir auch nicht viel genutzt.

In der großen, gemütlichen Wohnküche meiner Eltern, in der viele Menschen Platz haben auf dem riesigen Sofa und den Stühlen um den Esstisch, sind an diesem Frühlingstag viel zu wenige Leute: nur dieser Eindringling, meine Mutter und ich. Die beiden nehmen auf dem Sofa Platz, ich setze mich auf einen Stuhl weit genug von ihm entfernt, so, dass er mich nicht direkt ansehen kann.

„Wie war die Reise?“, beginnt meine Mutter die Konversation. Gespannt spitze ich die Ohren, auch wenn ich es mir nicht anmerken lassen will. „Gut“, antwortet er. „Ich war drei Tage unterwegs. War interessant, das alles mal zu sehen.“

Er spricht langsam. Seine Blicke wandern durchs Zimmer. Immer wieder treffen sich unsere Augen, doch ich schlage sie jedes Mal sofort nieder. Es fühlt sich an, als ob er mich mit seinen Augen durchleuchten wollte. Auch ich beobachte ihn genau von der Seite, versuche jedoch jeden Blickkontakt zu vermeiden. Ich finde ihn schrecklich. Er hat dürre, hässliche Hände, auf denen die Adern heraustreten wie Schnüre. Seine Zähne sind kurz und fleckig. Ich könnte einfach sagen: „Weißt du, Refik, ich glaube, wir passen nicht zueinander. Am besten fährst du mit dem nächsten Bus wieder nach Hause."

Aber ich weiß, dass das unmöglich ist. Allein schon der Gedanke jagt kalte Schauer über meinen Rücken. Das Theater, das meine Mutter vollführen würde. Wahrscheinlich würde sogar mein Vater alle seine Grundsätze einmal mehr vergessen und mich schlagen. Möglicherweise würde ich eine Familienfehde heraufbeschwören, Refik oder sein Vater sähen sich zutiefst in ihrer Ehre gekränkt, und am Ende würde noch Blut fließen. Ich sehe wieder Ugur vor mir, wie er reglos am Boden liegt.

Dann betritt meine Schwägerin mit ihrer neun Monate alten Tochter Ebru die Küche. Die Kleine juchzt und meine Mutter nimmt sie in ihre Arme. „Schau, Refik", sagt sie, „was für eine süße Zuckerwatte wir hier haben." Und dabei sieht sie ihn an, als wollte sie ihm sagen: „Bald habt ihr auch so eines!"

Ich zucke auf meinem Stuhl zusammen, als hätte sie mich geschlagen. Nein, denke ich verzweifelt, das darf nicht sein, ich will kein Kind von diesem Mann dort auf dem Sofa. Er ist mir jetzt schon zuwider. Am Blick meiner Mutter aber kann ich auch ablesen, dass alles Sträuben vergeblich sein wird. Es ist beschlossene Sache, Vertrag ist Vertrag. Und von diesem hier gibt es kein Rücktrittsrecht. Ihre Versprechungen, ich könnte mich frei entscheiden, ob ich Refiks Frau werden wollte, sobald ich ihn kennengelernt hätte, waren nichts als Sand, den sie mir in die Augen gestreut hatte. Ich versuche, meinen magischen Traum hervorzurufen, den Traum, in dem ich ein Leben führe wie jene Anwältin. Doch hier in der Wohnküche meiner Eltern will es mir einfach nicht gelingen. So, denke ich, muss sich eine zum Tode Verurteilte fühlen.

Als mein Vater nach Hause kommt, begrüßt er Refik herzlich. Für mich hat er keine Augen. Dafür gibt mir meine Mutter

Im Oktober 1991 mit meiner kleinen Nichte

ein herrisches Zeichen, dass es Zeit ist, das Essen zu servieren. Ich stehe auf wie eine ferngesteuerte Puppe und decke rasch den Tisch, trage Hähnchen und Reis auf. Ich kann seine Blicke auf mir fühlen, und sie sind mir unangenehm. Er beobachtet mich. Wahrscheinlich will er herausfinden, wie es um meine hausfraulichen Qualitäten bestellt ist. Ich glaube, seine Gedanken lesen zu können. „Aha", denkt er jetzt sicher, „wenn sie das gekocht hat, dann ist sie schon mal eine gute Hausfrau."

„Klar", denke ich resigniert und wie als Antwort darauf. „Was hast du denn gedacht? Darauf wurde ich schließlich dressiert."

Während des Essens finde ich Trost in meiner „genialen" Idee, die mich während der vergangenen Wochen am Leben erhalten hat. Ich werde ihn nur heiraten, um mich dann wieder scheiden zu lassen. Ich muss herausfinden, überlege ich, wie schnell das möglich ist. Da bemerke ich, dass mich nicht nur der von mir so wenig willkommene Gast, sondern auch meine Mutter beobachtet. Kann auch sie meine Gedanken lesen? Es scheint fast so, denn ihr starrer Blick maßregelt mich und scheint zu sagen: „Wage es ja nicht, etwas Falsches zu machen. Das würdest du bitter bereuen."

All diese unausgesprochenen Gedanken lasten auf unserem Küchentisch und machen mir das Herz schwer. Mein Vater stellt Refik Fragen, auf die der in seiner langsamen und bedächtigen Art antwortet. Ansonsten essen wir schweigend, ich bringe kaum einen Bissen hinunter. Dann kocht meine Mutter Tee, während Gülay und ich das Geschirr abräumen.

Ich nutze die kleine Pause, flüchte auf die Toilette und setze mich erschöpft und verzweifelt auf den geschlossenen Klodeckel. Was muss ich jetzt als Nächstes tun? Mit ihm in Kontakt treten, hat meine Mutter gesagt. Aber wie? Was soll ich bloß sagen? Man hatte mir keine Gebrauchsanweisung dafür gegeben, wie man sich in den ersten Stunden vor einer Zwangsehe zu verhalten hat. Gibt es wirklich keinen Ausweg? Während ich mir noch den Kopf zerbreche, pocht es energisch an der Tür. Ich öffne. Meine Mutter steht vor mir, die Fäuste in die Hüften gestemmt.

„Was treibst du denn hier?", blafft sie mich an. „Du bist seit einer halben Stunde auf dem Klo!"

„Mir ist schlecht", sage ich, und das ist nicht einmal gelogen. „Kann ich mich ein bisschen hinlegen?" Meine Stimme klingt kläglich. Doch meine Mutter scheint mich gar nicht zu hören.

„Du kommst jetzt sofort wieder mit rein", kommandiert sie und zerrt mich am Arm aus der Toilette. Wieder in der Küche setze ich mich auf den Stuhl, der am weitesten weg ist von ihm. Meine Hände umklammern ein Teeglas. Ich schlage die Augen nieder und starre auf den Fußboden. Und gehe hinüber in meine andere Welt. Dort bin ich dreißig Jahre alt und lasse an diesem ersten Frühlingstag meinen Aktenkoffer aus feinstem Leder im Kofferraum meines eleganten, schwarzen Wagens. Heute gehe ich einkaufen, denn ich brauche eine neue Bluse, die zu meinem Hosenanzug passt. Soll ich feine Baumwolle wählen oder lieber Seide? Ich fühle den kühlen Stoff, wie er meinen Körper umschmeichelt. Nun noch Schuhe. Wie wäre es mit diesem wunderbaren Paar Sandaletten ...

Jemand rüttelt mich an den Schultern. Es ist meine Mutter.

„Schenk Refik Tee nach, los mach schon!", befiehlt sie mir.

Und wieder werde ich zurückkatapultiert in die beängstigende Gegenwart. Während ich die Teekanne nehme, höre ich meinen Vater prahlen. „Es ist keine leichte Sache", sagt er, „hier in Deutschland eine Familie zu beschützen. Aber glaub mir, es gibt genügend Männer, die meine Fäuste schon zu spüren bekommen haben. Einer hätte fast meinen jüngsten Sohn umgebracht. Heute kann er nicht mehr arbeiten gehen, so hab ich es ihm zurückgegeben. Keinen geraden Schritt kann der mehr machen."

Mein Vater lacht stolz. Mit Grausen denke ich an jenen Tag zurück, als er Ugur zum Krüppel schlug. Muss das wirklich sein, denke ich zum ersten Mal und betrachte Refik eingehend. Ob er wohl auch eine so gewalttätige Ader hat? Ich habe ja keine Ahnung, wie bald ich das herausfinden werde!

In dieser Nacht schlafe ich kaum. Ich persönlich musste Refik ein Gästebett im Wohnzimmer meines großen Bruders und seiner Familie, die im Erdgeschoss des Hauses wohnten, richten. Nachdem ich mich in mein Zimmer zurückgezogen habe, kommt meine Mutter herein.

„Und?", fragt sie gespannt. „Wie gefällt er dir?"

Was soll ich sagen? Wenn ich ihr ehrlich anvertraue, was ich denke, wird sie toben und schreien und mich womöglich schlagen. Also sehe ich sie nur aus traurigen Augen an und sage lieber nichts. Mein Schweigen ist ohnehin beredt genug. Hat sie nicht auch gemerkt, dass ich ihn nicht will? Konnte nicht jeder im Raum das sehen? Ich fühle mich ausgelaugt, als hätte ich an diesem Tag viele Stunden lang hart gearbeitet. Die Spannung, unter der ich die ganze Zeit stand, löst sich langsam wieder und übrig bleibt pure Resignation.

Als meine Mutter endlich einsieht, dass sie keine Antwort von mir bekommt, stöhnt sie laut auf, so als sei sie diejenige, die zu einer Ehe gezwungen wird, die sie nicht will. Und mir wird in diesem Moment überdeutlich bewusst, dass sie es nicht erwarten kann, mich endlich loszuwerden, diese Tochter, die ihr vom Tag ihrer Geburt an bis heute nichts als Kummer und Sorgen bereitet hat.

Als sie endlich geht, atme ich tief durch. Meine Gedanken tasten sich ihren Weg in mein Traumland, so als müssten sie nachspüren, was die Anwältin gerade tut. Ach so, sie trifft sich heute Abend mit Freunden. Ich lächle. Und hole das Buch, das ich gerade heimlich lese, aus seinem Versteck. Es ist „Nicht ohne meine Tochter" von Betty Mahmoody, und in der Verzweiflung und Leidenschaft dieser Frau, ihrem Schicksal und dem Mut, mit dem sie den Ungerechtigkeiten begegnet, erkenne ich mein eigenes Los wieder. Bücher sind für mich ein Tor zu der Welt da draußen, ohne sie hätte ich nicht die geringste Ahnung vom Leben. Und sie verhelfen mir zu den kleinen aber lebensnotwendigen Fluchten, ohne die ich das Leben in meiner Familie nicht ertragen könnte. So wie auch an diesem denkwürdigen und schicksalhaften Abend, an dem ich den Mann kennenlernte, der mein Leben für immer verändern sollte.

Ein Parkspaziergang mit Folgen

Am nächsten Tag mache ich mit Udo Schluss.

„Ich muss heiraten", sage ich, „mit uns ist es nun vorbei."

Er starrt mich an, als hätte ich den Verstand verloren.

„Was sagst du?"

„Ich muss heiraten."

„Ja aber wen denn?"

„Jemanden, den meine Eltern für mich ausgesucht haben. Gestern kam er aus der Türkei."

Udo sieht aus, als hätte ihm jemand mit einer Keule über den Kopf geschlagen. Er hat sichtlich Mühe zu begreifen, was er da eben gehört hat.

„Das ist unmöglich", sagt er schließlich, „ich liebe dich. Wenn du unbedingt heiraten willst, dann mich."

„Nein", sage ich, „du verstehst das nicht. Ich will gar nicht heiraten. Aber meine Eltern haben es beschlossen, und darum muss es so sein."

Er sieht mich an, als würde ich Chinesisch sprechen.

„Aber wir leben doch nicht im Mittelalter", bricht es nach einer Weile empört aus ihm heraus. „Und auch nicht in Anatolien. Wir leben in Deutschland. Und hier musst du keinen heiraten, den du nicht willst."

Ich trete von einem Bein auf das andere. Wie sehr ich dieses Gespräch hasse. Mir war klar gewesen, dass es nicht einfach sein würde, Udo die Sache zu erklären. Also hatte ich gedacht, ich mache es kurz und sage ihm einfach, wie die Dinge stehen. Dass es dadurch umso schmerzhafter für Udo sein würde, das begriff ich erst jetzt.

„Du irrst dich, Udo", sage ich traurig, „ich lebe in Anatolien. Mitten in Deutschland lebe ich in Anatolien. Meine Familie ist Anatolien. Verstehst du? Ich habe einfach keine andere Wahl."

„Aber", ruft er, und langsam wird er zornig, „ich lasse das nicht zu. Wir brennen durch. Ich heirate dich, hörst du, und sorge für dich, du brauchst keine bescheuerte anatolische Familie und keinen türkischen Ehemann, den du gar nicht kennst, du hast mich und ich lasse nicht zu, dass man dich gegen deinen Willen verheiratet."

„Mach es mir bitte nicht so schwer." Die Sache droht aus dem Ruder zu laufen. Obwohl ich heulen könnte wie ein Schlosshund, denn ich bin tatsächlich sehr verliebt in Udo, oder vielleicht gerade deswegen, ändere ich nun meinen Ton und schreie ihn an: „Meine Eltern wissen, was gut für mich ist, da ist nichts zu machen, verstehst du, mit uns beiden ist es aus und vorbei."

Und damit ließ ich ihn stehen.

Nach und nach sprachen mich meine anderen Arbeitskollegen auf meine nahende Hochzeit an.

„Stimmt es“, versuchte es die eine vorsichtig, „was Udo erzählt? Du heiratest einen Türken, den du kaum kennst? Wieso machst du das?“

Was immer ich darauf antwortete, meine Freunde überzeugte es nicht. Und ich fühlte ich mich wie ein kleines Weizenkorn, das zwischen zwei Mühlsteinen zermahlen wird: auf der einen Seite meine Mutter und die schreckliche Anwesenheit von Refik, meine ganze Familie, die von mir weiß Gott was erwartete, und auf der anderen Seite meine Freunde, die auf mich einredeten wie auf ein krankes Pferd, dass ich bloß keinen solchen Unsinn machen sollte. Aber was ich tatsächlich tun könnte, um dieses Schicksal von mir abzuwenden, das konnten sie mir nicht sagen.

„Das musst du doch nicht machen“, sagten sie immer wieder. „Keiner kann dich zwingen.“

„Meine Mutter schon.“

„Aber wie? Was will sie machen, wenn du einfach Nein sagst?“

Hätte ich ihnen vielleicht sagen sollen, was dann alles passieren könnte? Dass man mich höchstwahrscheinlich in ein Auto gepackt hätte und in die Türkei verfrachtet, wo ich ohne große Umstände sofort verheiratet worden wäre und Deutschland mein Leben lang nicht wiedergesehen hätte? Dass andere junge Mädchen, die sich standhaft weigerten, von ihren Familien so lange durchgeprügelt wurden, bis sie ihren Widerstand aufgaben? Dass mich mein Vater im Falle einer Flucht bis an sein Lebensende gesucht hätte und es keinen Winkel auf dieser Erde gab, in dem er mich nicht gefunden hätte, um mich für meine schändliche Tat zu richten? Denn eine junge Frau, die sich von ihrer Familie abwendet, ist das Schlimmste, was man in unserer Kultur einer Frau nachsagen kann: eine Hure, die Schande über die ganze Familie gebracht hat.

Es gab keinen Ausweg. Ich musste schlau sein, das war meine einzige Hoffnung. Ich würde diesen Refik heiraten, um mich dann so bald wie möglich wieder von ihm scheiden zu lassen. Irgendwie hatte ich die Vorstellung, dass eine Scheidung für meine Eltern, und auch für Refik, weniger problematisch sein würde, als meine Weigerung ihn zu heiraten. Dann hatten wir es ja wenigstens probiert. Vielleicht sah er dann ja auch von selbst ein, dass wir nicht zusammenpassten. Und wenn wir beide die Scheidung wollten, konnte uns niemand mehr zur Ehe zwingen, auch meine Eltern nicht. Damals glaubte ich tatsächlich an diesen „genialen Plan". Ich war gerade mal achtzehn Jahre alt, verzweifelt und allein. Es gab niemanden, mit dem ich mich beraten konnte oder dem ich mein Herz ausschütten konnte. Meine deutschen Freunde, so lieb ich sie hatte und so sehr ich auch ihre guten Absichten verstand, waren mir keine Hilfe. Sie konnten nicht verstehen, was in unserer Familie selbstverständlich war. Und ich konnte nicht zur Verräterin an meiner Familie werden, indem ich ihnen all diese Abgründe offenbarte. Und darum spielte ich ihnen lieber eine unbeschwerte und zufriedene Şengül vor, der es gar nichts ausmachte, diesen Refik zu heiraten.

Und Refik blieb. Während wir unserer Arbeit nachgingen, saß er bei uns zu Hause auf dem Sofa und schmeichelte sich bei meiner Mutter ein. In der Türkei hatte er in einem Hotel gearbeitet, aber das war in Deutschland natürlich nicht möglich. Mein Vater sprach davon, ihm eine Stelle beim Bau zu vermitteln, bei seinem Arbeitgeber. Besonders glücklich schien Refik darüber nicht. Ohne Deutschkenntnisse blieb ihm aber nichts anderes übrig. Leider machte er keine Anstalten, wieder zu verschwinden. Stattdessen half er meiner Mutter im Garten, und wenn ich von der Arbeit nach Hause kam, zeigte sie mir voller Begeisterung, was er alles getan hatte.

Während dieser Wochen suchte er immer mehr meine Nähe. Ich fand das schrecklich, hatte aber kaum eine Möglichkeit, ihm auszuweichen. Um mir das Zusammensein mit ihm schmackhaft zu machen, erlaubte mir meine Mutter auf einmal

Dinge, die früher nie infrage gekommen waren. Mit ihm an meiner Seite durfte ich sogar unser Grundstück verlassen, was für mich eine Sensation war.

Rund einen Monat ist Refik nun schon hier, als mich meine Mutter nach der Arbeit zu Hause abpasst und zur Seite nimmt.

„Şengül, wann stellst du endlich den Antrag?"

Ich tue so, als wüsste ich nicht, wovon sie spricht.

„Welchen Antrag?"

„Na beim Konsulat. Du solltest jetzt endlich den Antrag für eure standesamtliche Trauung stellen."

„Ach, das meinst du", antworte ich patzig, „keine Ahnung. Im Moment kann ich keinen Urlaub bekommen. Mal schauen."

Die Stimme meiner Mutter wird lauter. Drohend macht sie einen Schritt auf mich zu.

„Du weißt ganz genau, dass Refik nur drei Monate als Tourist hierbleiben kann. Dann muss er wieder zurück. Ich warne dich, lass keine Schande über deine Familie kommen. Ich will nicht in Erklärungsnöte gegenüber meinen Verwandten geraten. Und glaube mir, *du* willst das auch nicht."

Es ist immer dasselbe: Wenn sie so mit mir spricht, beginnen meine Beine zu zittern, und die Luft bleibt mir weg. Ich habe Angst vor ihr, seit ich ein kleines Mädchen war, und sie mich aus dem Krankenhaus geholt hat. Mein halbwegs selbstbewusstes Auftreten ist dahin. Ich nicke.

„Ist gut", sage ich, „ich werde mich bald darum kümmern."

Meine Mutter tritt noch einen Schritt näher an mich heran. Ich kann den süßlichen Duft ihres Shampoos riechen.

„Und nicht nur das", fügt sie leise hinzu. „Kümmere dich auch um ihn. Unterhalte dich mit ihm. So kannst Du ihn kennenlernen. Glaub mir, er ist gut für dich."

Ich gehe in mein Zimmer und lege mich aufs Bett. Jetzt ist es also soweit, denke ich. Was kann ich tun, um dem Ganzen zu entgehen? Mir fällt kein Ausweg ein. Ich könnte mich selbst töten, denke ich. Doch ich fühle ganz deutlich mein junges Leben in mir, so viele Hoffnungen, so viele Erfahrungen, die ich noch machen möchte. Ich bin noch nicht bereit zu sterben.

Und dann beschließe ich, den einzigen Plan zu verfolgen, den ich habe. Ich werde gute Miene zum bösen Spiel machen. Ich werde allen vorspielen, wie glücklich ich bin, diesen Mann zu heiraten. Ich werde sie alle in Sicherheit wiegen. Ich werde Refik zum Mann nehmen. Und dann werde ich mich so schnell wie möglich scheiden lassen.

Am Tag darauf bitte ich um zwei Tage Urlaub für die darauffolgende Woche, um meine eigene Katastrophe in die Wege zu leiten.

„Fährst du weg?", fragt eine Kollegin.

„Nein", sage ich, „ich habe etwas zu erledigen."

Dann verabschiede ich mich rasch, damit sie nicht noch weitere Fragen stellt.

Es ist der 26. Mai 1992, ein strahlender Dienstag, als ich mit Refik zum Konsulat gehe. Hier stellen wir gemeinsam den Antrag auf Eheschließung. Die standesamtliche Trauung wird für auf den Tag genau vier Wochen später festgesetzt. Ich wundere mich, wie einfach das alles geht. Wir ziehen eine Nummer und werden wie am Fließband abgefertigt. Keiner fragt mich, ob ich diesen Mann tatsächlich heiraten möchte. Keiner will wissen, ob ich glücklich bin. Ich komme mir vor, als würde ich einen Teppich kaufen, den ich eigentlich gar nicht will.

Auf dem Heimweg sagt Refik zu mir: „Bald gehörst du mir."

Und während ich eine Grimasse ziehe, die er als Lächeln deutet, denke ich, dass ich mich schon wieder täusche: Ich bin der Teppich, den Refik soeben erstanden hat. Doch das Wichtigste ist, denke ich, dass sich alle in Sicherheit wiegen, dass alle denken, ich sei tatsächlich glücklich, und dass sie nicht auf die Idee kommen, dass ich schon lange vor der Hochzeit die Scheidung geplant habe.

Und so sage ich zu meiner Mutter: „Alles lief bestens!", und lächele, als sei ich überglücklich. Von nun an spiele ich die Şengül, die meine Familie von mir erwartet: fröhlich, voller Erwartungen auf die Hochzeit und ansonsten schweigsam und gehorsam.

Aber ich bin nicht glücklich. Ich versuche es mir selbst einzureden, aber es gelingt mir nicht immer. Vor allem während ich arbeite, bin ich bedrückt und voller böser Vorahnung. Meine Kollegen lassen mir keine Ruhe. Udo geht mir aus dem Weg, so gut er kann. Aber es ist seine Aufgabe, mir die Stifte zu bringen, die ich kontrollieren muss, und die bereits geprüften wieder abzuholen. Und so sehe ich ihn jeden Tag. Am schlimmsten sind die Pausen, die ich immer mit ihm verbracht habe, und traurig ist es, von nun an allein auf meinen Bus zu warten. Ich gebe mir alle Mühe, mir selbst einzureden, dass meine Mutter bestimmt nur das Beste für mich will und Udo nicht der Richtige für mich ist. Alles andere versuche ich aus meinen Gedanken auszusperren. All die Ängste und Befürchtungen, die mich beschleichen, wenn ich Refik ansehe. Wie am allerersten Tag ist es vor allem sein Blick, der mir Angst macht. Ich bin es gewohnt, mit Blicken in meine Schranken gewiesen zu werden, meine Mutter ist darin eine Meisterin. Auch Refik scheint die Technik zu beherrschen, mich durch bloßes Anstarren einzuschüchtern.

Die Tage rasen viel zu schnell dahin. Das Datum unserer standesamtlichen Trauung rückt bedrohlich näher. Und dann geschieht etwas Unfassbares, etwas, das meine schlimmsten Befürchtungen zu bestätigen scheint.

Es ist an einem schönen Samstag, wir sitzen im Garten und grillen. Mein Vater hat wieder einmal ein paar Antiquitäten verkauft, und so hat meine Mutter ein Lamm geschlachtet, wie wir es jeden Monat mindestens einmal tun.

„Nur noch zwei Wochen", flüstert mir Gülay, meine Schwägerin, kichernd ins Ohr, als sie in der Küche an mir vorbeiläuft. Wir sind wie Schwestern, und doch wage ich es nicht, ihr anzuvertrauen, wie es tatsächlich in mir aussieht. Auch sie glaubt, ich sei die glückliche junge Braut, als die ich versuche zu erscheinen. Tatsächlich krampft sich mein Magen zusammen, als mir ein Blick auf den Kalender zeigt, wie recht sie hat.

„Umso besser", denke ich trotzig, „je schneller wir verheiratet sind, desto eher kann ich die Scheidung einreichen."

Das Grillen ist wie immer: die Männer essen, die Frauen bedienen. Und am Ende räumen meine Schwägerin und ich alle Reste ab und spülen das Geschirr. So ist das, so war es, und so wird es sein bis in alle Ewigkeit. Da höre ich meine Mutter meinen Namen rufen. Gehorsam laufe ich in den Garten.

„Und jetzt geht ihr beiden Verlobten miteinander spazieren", sagt sie feierlich und grinst von einem Ohr zum anderen.

Eigentlich habe ich keine Lust, aber natürlich stimme ich zu. Es ist eine Abwechslung für mich, im nahe gelegenen Park, dem Marienberg, spazieren gehen zu dürfen. Als Kind hatte mich mein Vater oft in diesen Park mitgenommen. Später dann gehörte der Park zu den Orten, die ich nicht mehr besuchen durfte. Ich ziehe mich um, und wir verlassen den Garten. Inzwischen ist es in Nürnberg richtig Frühling geworden und alles riecht nach Wachstum und neuem Leben. Mir wird leichter ums Herz, als wir die vertrauten Straßen hinter uns lassen und ich endlich einmal wieder etwas anderes zu sehen bekomme als mein Zuhause und die Wege zur Arbeit und zum Einkaufen.

Ich gehe neben Refik her, aber nur mein Körper ist hier bei ihm. Mit meinen Gedanken bin ich schon wieder in meiner anderen Welt, in der die Anwältin gerade ihren Urlaub plant. Sie wird dieses Jahr nach New York reisen, um sich auf einem Kongress über internationales Recht mit Kollegen zu treffen. Ich habe keine Ahnung, wie es in New York aussieht, alles was ich darüber weiß, habe ich aus Zeitschriften, die meine Kollegen in der Toilette liegen lassen. Es tut gut, meine Beine zu bewegen, und als wir im Park ankommen, betrachte ich voller Neugier die Menschen um mich herum. Ich war seit meiner Kindheit nicht mehr in einem Park, und es ist ein ganz neues Gefühl für mich, hier einfach so herumzuspazieren, als sei es das Normalste auf der Welt. Für mich ist es das nicht, für mich ist dieser Spaziergang ein ganz besonderes Ereignis.

„Vielleicht ist das Eheleben ja doch nicht so übel", denke ich, „als verheiratete Frau hat man viel mehr Freiheiten, als als junges Mädchen."

Dennoch werde ich das Gefühl nicht los, eine Strafgefangene auf Freigang zu sein, die ganz genau weiß, dass dieser Ausflug bald endet, und sie ihr Gefängnis danach als noch bedrückender empfinden wird. Und was hatte ich verbrochen? Dass ich als Mädchen geboren wurde und nicht als Mann.

„Weißt du, Şengül, ich finde dich ganz toll", sagt Refik auf einmal neben mir, und reißt mich aus meinen Gedanken. „Du bist meine Traumfrau. Und ich kann es kaum abwarten, dich zu heiraten."

Was soll ich darauf antworten? Dass er mein Albtraum ist, und ich mich davor fürchte, seine Frau zu werden? Ich schweige lieber und betrachte die Menschen um uns herum. Es sind Menschen, die in Freiheit leben. Die einen joggen, die anderen schieben Kinderwägen vor sich her, wieder andere sind mit dem Fahrrad unterwegs. Ich frage mich, ob die Frauen hier im Park wohl verstehen könnten, was mit mir gerade passiert. Wohl kaum. „Dann heiraten Sie ihn doch einfach nicht", würden wohl die meisten zu mir sagen. Und wieder einmal wird mir bewusst, dass ich mitten in Deutschland auf einer Art Insel lebe, die für die anderen unsichtbar ist. Diese Insel heißt Familie, und nur mit der Erlaubnis meiner Mutter und später meines Ehemanns kann ich diese Insel für einen kurzen Ausflug in die Welt verlassen. Die Deutschen können diese Insel nicht sehen, dafür sorgen diejenigen, die auf der Insel das Sagen haben. Nur manchmal, bei ganz besonderen Vorfällen, wird diese Insel für einen kurzen Augenblick auch für die anderen Menschen in Deutschland sichtbar, dann schütteln sie den Kopf und verstehen die Welt nicht mehr. Während mir solche Gedanken durch den Kopf gehen, ahne ich nicht, dass sich ein solcher Augenblick gerade anbahnt.

„Ich will Sex mit dir haben.“ Ich glaube zu träumen. Das kann er unmöglich gesagt haben. In unserer Kultur kommt Sex vor der Hochzeit nicht vor, und gemeint ist nicht die standesamtliche Trauung, sondern die traditionelle Hochzeit in Weiß. Die Jungfräulichkeit wird in der Hochzeitsnacht geprüft, ohne Wenn und Aber. Und genau das sage ich zu Refik, voller Zorn in der Stimme, voller Abscheu. Ausnahmsweise einmal kann ich ihm zeigen, was ich von ihm halte. Denn er hat soeben eine Grenze überschritten, die kein anständiger Türke überschreiten darf. Und wie reagiert Refik? Er lacht nur sein seltsames, böses Lachen. „Wenn ihn nur in diesem Augenblick meine Mutter sehen könnte“, denke ich verzweifelt, „würde sie ihre Meinung über ihn noch einmal überdenken.“

In diesem Augenblick kommt uns ein Jogger entgegen. Er trägt eine extrem kurze helle Sporthose, und man kann einiges sehen, was besser versteckt sein sollte, und das alles wackelt so sehr beim Laufen, dass ich nicht anders kann, als laut zu lachen. Ohne nachzudenken sage ich: „Sieh mal, wie seine Hoden wackeln!“

Der Jogger läuft weiter und verschwindet hinter einer Wegbiegung, und im nächsten Moment landet ein heftiger Faustschlag in meinem Gesicht. Weitere Hiebe treffen meinen Hinterkopf. Brutal prügelt Refik auf mich ein. Dabei geht er systematisch vor. Immer wenn andere Menschen in Sichtweite kommen, hält er kurz inne, um mich, sobald sie weg sind, nur noch härter zu schlagen. Er legt seine ganze Kraft in die Schläge, mit einer Hand hält er meine Haare gepackt, mit der anderen fasst er brutal nach meinem Genick.

„So“, zischt er zwischen den Zähnen hervor, „du findest also andere Schwänze geil, was? Aber mir verweigerst du dich?“ Es ist absurd, aber obwohl er es ist, der sich wie ein Barbar aufführt, bekomme ich ein schlechtes Gewissen. Ich weiß, ich hätte das nicht sagen dürfen. Auch meine Mutter hätte mich geschlagen, wenn sie solche Worte aus meinem Mund gehört hätte. Und so ergeht es mir in diesem Augenblick wie vielen anderen geschlagenen Frauen auch, die sich im Grunde ihres Herzens selbst die

Schuld dafür geben, und tatsächlich glauben, die Prügel verdient zu haben.

„Nein“, bettle ich, „du hast mich falsch verstanden! So habe ich das nicht gemeint! Bitte, bitte hör doch auf!“

Aber er hört noch lange nicht auf. Er stößt mich vorwärts und versetzt mir Hiebe, wo immer seine Fäuste meinen Körper treffen. Ich weine und flehe, aber er macht weiter, immer weiter. Rund eine Stunde lang prügelt er mich quer durch den Park, von einem Ende zum anderen und wieder zurück. Er schlägt mich routiniert und gezielt, und jeder einzelne Zentimeter meines Körpers tut mir weh. Er zerrt mich an den Haaren, und ich habe keine Chance, ihm zu entgehen. Irgendwann schleudert er mir mit einem Schlag die Brille aus dem Gesicht. Jetzt kann ich nicht mehr deutlich sehen. Alles ist verschwommen.

Dann höre ich Sirenen und sehe fünf Polizeiautos, die vor uns auftauchen. Die Beamten steigen aus und legen Refik auf der Stelle Handschellen an. Sie untersuchen ihn und zwingen ihn, sich in einen der Streifenwagen zu setzen. Ich stehe daneben, hilflos und ratlos, bis mir einer der Polizisten meine Brille reicht. Sie ist total verbogen, aber ich setze sie trotzdem auf, um wieder einigermaßen sehen zu können.

„Wie ist Ihr Name?“, fragt mich ein junger blonder Polizist. Er ist groß und sieht mitleidig auf mich herab. Zögernd nenne ich meinen Namen.

„Wer ist dieser Mann? Spricht er Deutsch? Haben Sie Ihre Ausweise dabei? Er hat Sie geschlagen, nicht wahr? Sie sind ja ganz rot im Gesicht. Sollen wir einen Krankenwagen rufen?“

Heute denke ich, dass diese Situation ein Ausweg hätte sein können. Dass mir diese Menschen tatsächlich helfen wollten. Damals aber war ich fest davon überzeugt, dass ich das System, das meine Familie repräsentierte, nicht an die Polizei verraten durfte. Polizisten waren immer die Gegner gewesen, wenn mein Vater in Auseinandersetzungen verwickelt war. Ihnen durfte man sich nicht anvertrauen. Außerdem war ich ja selbst schuld an der ganzen Sache. Wie hatte ich nur so unbedacht meine Gedanken herausplaudern können! Vielleicht hatte meine Mutter wirklich recht, und im Grunde meines Herzens war ich eine Schlampe.

Meine Augen suchen Refik, der im Polizeiauto sitzt und drohend zu mir herüberstarrt. „Sagst du auch nur ein einziges Wort", sagt er leise, aber umso deutlicher zu mir, „dann schwöre ich dir, dass ich dich töten werde. Du sagst gar nichts!" Natürlich spricht er auf Türkisch. Die Beamten haben keine Ahnung, was er da eben gesagt hat.

Ich denke an meine Eltern, wie sie reagieren werden, wenn sie hiervon erfahren. Ich werde noch mehr Prügel einstecken müssen, keiner wird zu mir halten. Ich weiß nicht, was ich tun oder sagen soll. Ich weiß nur eines: Refik ist es zuzutrauen, dass er seine Drohung wahr macht. Aber ich weiß auch, dass mein Vater Männer, die Frauen schlagen, zutiefst verachtet. Was wird er mit Refik tun, frage ich mich. Vor meinem inneren Auge sehe ich bereits die beiden in einen blutigen Kampf verwickelt. Einer von beiden wird sterben. Und es wird Refik sein, so dürr und schmächtig wie er ist. Ich denke wieder an Ugur, der groß und kräftig war und gegen meinen Vater trotzdem keine Chance hatte. Er wird Refik einfach das Genick brechen. Und dann? Mein Onkel wird den Tod seines Sohnes wegen einer Frau, die sich nicht zu benehmen weiß, nicht hinnehmen. Eine Familienfehde wird ausbrechen, und es wird meine Schuld sein. Mein Vater wird im Gefängnis landen, Refik im Grab und ich, die Ursache von all dem, werde als Schlampe gebrandmarkt. Wie es auch kommt, mein Leben wird zerstört sein.

All das läuft wie ein Film mit rasend schnellen Bildern vor mir ab. Noch immer sehe ich in Refiks gerötete, harte Augen, die sich drohend in meine bohren. Ich muss einen Ausweg aus all dem finden. Und auf einmal fange ich an zu reden.

„Hören Sie", sage ich zu dem Polizisten, „das ist alles ein Missverständnis. Dieser Mann hier ist mein Verlobter."

Er reißt die Augen auf, als sähe er nicht eine geschlagene junge Frau mit schiefer Brille auf der Nase vor sich, sondern ein grünes Männchen vom Mars.

„Was?“, ruft er aus, „diesen Mann wollen Sie heiraten? Ja sind Sie noch bei Sinnen? Er hat Sie geschlagen. Es gibt genügend Zeugen, die uns alarmiert haben. Sie sollten Anzeige gegen ihn erstatten.“

„Nein“, sage ich, und es klingt kläglich, „ich will keine Anzeige erstatten. Bitte, Sie müssen mir helfen.“

„Aber das wollen wir ja. Wir wollen Ihnen helfen. Dieser Mann ist gefährlich.“

„Nein“, sage ich wieder, „keine Anzeige. Ich will nur nach Hause. Wirklich! Ich bitte Sie.“

Der gutaussehende Polizist sieht mich verächtlich an.

„Ihre Ausweise bitte!“

„Unsere Pässe“, sage ich, „sind bei uns zu Hause. Wir haben sie nicht dabei. Wir wollten schließlich … nur spazieren gehen.“

Ich muss mich unendlich beherrschen, um nicht in Tränen auszubrechen. „Bitte lassen Sie uns gehen. Müssen Sie wirklich unbedingt die Pässe sehen?“

Doch die Polizisten bleiben hartnäckig.

„Dann fahren wir Sie jetzt nach Hause. Dort zeigen Sie uns Ihre Pässe. Vor allem seinen.“ Und mit einer Kopfbewegung deutet er auf Refik, der unser Gespräch, von dem er kein Wort versteht, misstrauisch verfolgt.

Von der Polizei nach Hause gebracht! Mich überkommt Panik. Was werden meine Eltern sagen? Sie werden mir die Schuld geben, das ist klar. Oder sie werden die Wahrheit erraten, und dann ist Refik ein toter Mann. Und mich töten sie gleich mit, und wenn nicht, dann wird das Refiks Familie für sie erledigen. Unter Tränen flehe ich den Polizisten an, meinen Eltern nichts zu erzählen. Doch der versteht nicht, was ich ihm sagen will. „Bitte, sagen Sie meinen Eltern nicht, dass er mich geschlagen hat. Sagen Sie einfach, dass Sie eine Routinekontrolle machen. Ja? Bitte, geht das? Sie haben keine Ahnung, was mich sonst erwartet.“

Und dann breche ich in Tränen aus, mein ganzer Körper wird von Schluchzern geschüttelt, und dazwischen höre ich immer wieder Refiks verhasste Stimme, die sagt: „Was passiert jetzt? Was hast du ihnen erzählt?"

„Die brauchen deinen Pass", erkläre ich ihm schließlich, als ich wieder einigermaßen gefasst bin. Refik wird kreidebleich. Die Polizisten sind ratlos. Da wollen sie eine junge Frau vor einem gewalttätigen Mann schützen, und dann will sie nichts weiter, als nach Hause gebracht zu werden. Da soll einer schlau werden aus diesen Türken. Offenbar macht es ihr gar nichts aus, auf offener Straße von ihrem Bräutigam zusammengeschlagen zu werden.

„Sag denen", fährt Refik fort, „dass sie deinen Eltern nichts sagen sollen."

„Hab ich doch schon!", schreie ich ihn verzweifelt an. Und dann schließt sich die Autotür vor Refik und der große blonde Polizist führt mich zu einem anderen Polizeiwagen.

„Haben Sie sich das wirklich gut überlegt?", fragt er mich während der kurzen Fahrt zu mir nach Hause, „wollen Sie diesen Mann denn wirklich heiraten? Ich habe nicht den Eindruck, dass das eine besonders gute Idee ist."

Aber ich schweige. Wie soll ich es ihm auch erklären? „Ich meine", fährt er fort, „wenn er Sie vor der Hochzeit schon so schlägt, wie wird das dann erst später werden? Vielleicht sollten Sie sich die ganze Sache nochmal überlegen!"

Wenn er nur wüsste, denke ich, dass ich mir das nicht zweimal überlegen müsste, wenn ich nur könnte, wie ich wollte. Ich muss an meine Arbeitskollegen denken. Und an Udo. Keiner ahnt auch nur im Entferntesten, in welcher ausweglosen Lage ich mich befinde. Und keinem kann ich davon erzählen, ohne dass mein Leben in einer Katastrophe endet.

Als wir bei uns zu Hause ankommen, läuft meine Mutter mit hochgezogenen Brauen aus dem Haus. Die Polizei! Und ihre Tochter steigt aus dem einen Streifenwagen und ihr zukünftiger Schwiegersohn aus dem anderen.

„Was ist los?", fragt sie alarmiert.

„Nichts, nichts", sage ich schnell. Meine Stimme klingt

dünn und zittrig. „Eine Routineuntersuchung, nichts weiter. Sie wollen seinen Pass sehen." So schnell ich kann, laufe ich ins Haus, um unsere Pässe zu holen. Als ich wieder vor die Tür trete, stehen alle da und sehen mich an. Die Polizisten, meine Mutter, meine beiden Brüder, meine Schwägerin Gülay. Und er. Mit gesenktem Blick überreiche ich dem Beamten die Pässe. Sofort sieht er, dass Refik lediglich ein Touristenvisum hat.

„Warum ist er hier?", fragt er scharf und fasst ihn noch einmal genauer ins Auge. „Das habe ich Ihnen doch schon erklärt", sage ich ängstlich. „Wir heiraten. In zwei Wochen schon." Der Polizist sieht mich lange an. Ich weiß nicht, was er denkt, ob er mir noch einmal die Chance geben will, die Wahrheit zu sagen, ob er mir eine Brücke bauen will von der Insel unseres Familienuniversums in die deutsche Wirklichkeit, ob er denkt, dass ich völlig verrückt bin und nichts Besseres verdiene als täglich einmal quer durch den Park geprügelt zu werden, oder was auch immer. Dann klappt er den Pass zu und gibt ihn mir zurück. Er sieht von meiner Mutter zu meinen Brüdern, dann zu Refik. „Gut", sagt er und wendet sich ab. „Dann gibt es für uns hier ja wohl nichts mehr zu tun."

Die Beamten steigen in ihre Wagen und fahren davon. Ich aber laufe so schnell ich kann in mein Zimmer. Wenn es möglich gewesen wäre, ich hätte die Tür hinter mir abgeschlossen. Aber Schlüssel gibt es in unserem Haus nicht. Ich lege mich stöhnend auf mein Bett. Erst jetzt spüre ich die Schmerzen. Jeder einzelne Knochen tut mir weh. Mein Hinterkopf pocht, egal, wie ich mich hinlege, die Schmerzen sind unerträglich.

Auf einmal steht meine Mutter im Zimmer.

„Was ist passiert?", fragt sie mich wie ein Großinquisitor.

„Nichts", sage ich und beiße die Zähne zusammen, damit sie mir meine Schmerzen nicht ansieht. „Eine Routinekontrolle. Das habe ich dir doch schon gesagt."

„Und warum legst du dich dann ins Bett, so früh am Tag?"

„Ich habe meine Tage bekommen", schwindle ich, „mir geht es nicht gut."

„Und warum bist du so rot im Gesicht?“ Meine Mutter lässt nicht locker. Es ist schwer, ihr etwas vorzumachen.

„Tatsächlich?“, tue ich erstaunt, „ich bin rot im Gesicht? Keine Ahnung. Wahrscheinlich wegen der Hitze.“

Aber es ist gar nicht heiß, und meine Mutter weiß das genauso gut wie ich. Doch ich tue mein Bestes, um ihr diese Komödie vorzuspielen. Sie darf auf keinen Fall erfahren, was im Park passiert ist. Denn wenn sie von den Schlägen hört, wird sie auch erfahren, was ich zu Refik gesagt habe. Und dann würde auch sie mich schlagen und alles würde von vorne beginnen.

Aber so schnell werde ich meine Mutter nicht los. Und schließlich kommt auch noch mein Vater und will wissen, was passiert ist. Ich weiß heute nicht mehr, wie ich es damals geschafft habe, sie alle davon zu überzeugen, dass wir beim Spazierengehen lediglich in eine Polizeikontrolle geraten waren. So etwas kommt in Nürnberg so gut wie nie vor, und das wissen meine Brüder und mein Vater weit besser als ich oder meine Mutter, die wir schließlich nie einen Fuß vor die Tür setzen.

Auch am nächsten Tag, einem Sonntag, verlasse ich mein Zimmer nicht. Ich fühle mich viel zu elend und habe Angst, jemand könnte die Spuren von Refiks Misshandlungen entdecken. Mein Hinterkopf schmerzt und pocht, es fühlt sich an, als steckten lauter Nägel darin, die sich langsam in mein Gehirn bohren. Ich kann riesige Beulen ertasten, und es tut höllisch weh. Ich bin verzweifelt, immer wieder durchlebe ich die schrecklichen Szenen im Park, immer wieder höre ich die Worte des Polizisten. Er hat recht, ich weiß es. Ich darf diesen Menschen nicht heiraten. Ich muss mich jetzt konzentrieren, und überlegen, wie ich es am besten anstelle, die Hochzeit im letzten Moment doch noch platzen zu lassen. Aber wie soll ich das meinen Eltern erklären, ohne dass daraus ein Ehrenfall entsteht? Ich muss darüber nachdenken. Und dafür brauche ich Ruhe. Doch mein Kopf schmerzt so sehr, dass ich keinen klaren Gedanken fassen kann.

Irgendwann am Sonntagnachmittag geht auf einmal die Tür zu meinem Zimmer auf, und Refik kommt herein. Er setzt sich auf mein Bett. Instinktiv rücke ich von ihm ab.

„Es tut mir leid", sagt er, „ich wollte das alles gar nicht. Kannst du mir verzeihen?"

Aber es klingt nicht echt. Seine Worte klingen einstudiert, so, als habe er begriffen, dass er nett sein muss, wenn er an sein Ziel gelangen will. Doch an welches Ziel? Spürt er, dass ich dabei bin, ihm zu entgleiten? Oder haben die Polizisten auch ihm Angst eingejagt? Hat er begriffen, dass es hier in Deutschland anders zugeht als in Anatolien? Hat er verstanden, dass er, solange er kein Deutsch spricht, auf mich angewiesen ist? Ich spüre seine Berechnung, fühle, dass es ihm nicht wirklich leidtut. Und dennoch sage ich:

„Ja, ich verzeihe dir. Aber jetzt lass mich bitte allein."

Und tatsächlich, er steht auf und wendet sich zur Tür. Von dort schaut er noch einmal zurück. Seine Augen sind gerötet. Aber kein Bedauern steht in ihnen. Sondern Wut. Dass ich es wage, ihm die Tür zu weisen.

Als er fort ist, lehne ich mich zurück und starre zur Decke. Und ich gehe hinüber in das andere Leben, von dem ich glaube, dass ich es niemals führen werde. Aber von dem zu träumen mir hilft, mein jämmerliches Dasein zu ertragen.

„Du wirst unglücklich werden …"

In den Tagen nach unserem Spaziergang verhält sich Refik ungewöhnlich freundlich. Er entschuldigt sich noch ein paar Mal bei mir, und ich bin ziemlich erleichtert darüber, denn im Grunde meines Herzens bin ich davon überzeugt, dass alles ganz allein meine Schuld war. Ich hatte ihn gereizt, hatte mich ungebührlich verhalten, sodass er gar nicht anders konnte, als mich zu schlagen. Die jahrelange Gehirnwäsche meiner Mutter trägt nun Früchte. Und erst seit Kurzem weiß ich, dass es vielen anderen Frauen ganz ähnlich geht, wenn sie Gewalt erfahren, sei es von Männern oder auch von ihren Müttern. Und auch kleine Kinder tendieren leicht dazu, alle Schuld auf sich zu nehmen, wenn sie misshandelt werden – warum sonst sollten die Menschen, die ja behaupten, sie zu lieben, ihnen etwas so Schreckliches antun?

Meine Schwellungen gehen zurück, die Schmerzen lassen nach, und ich sehe die Welt wieder optimistisch. Vielleicht ist Refik doch nicht so übel, denke ich, man darf ihn nur nicht reizen. Und irgendwie hat uns das gemeinsam durchgestandene Abenteuer mit den Polizisten im Park einander sogar näher gebracht. Refik zeigt sich von seiner besten Seite, er ist höflich und zuvorkommend.

Der Tag unserer standesamtlichen Trauung rückt näher, und die Vorbereitungen sind in vollem Gange. Meine Mutter, meine Schwägerin Gülay und ich gehen gemeinsam ins Stadtzentrum, um festliche Kleidung für das große Ereignis zu kaufen, ein Erlebnis, das so sehr von meinem normalen Alltagsleben abweicht, dass mich plötzlich sogar so etwas wie Vorfreude überfällt. Bald würde ich allein in die Stadt gehen können, wann immer ich wollte, bald würde ich dem Diktat meiner Mutter entrinnen. Bald würde ich eine erwachsene, verheiratete Frau sein, und das bedeutete in meinem Fall sogar so etwas wie Freiheit. Das glaubte ich wenigstens. Und stets hatte ich meinen genialen Plan im Hinterkopf: heiraten und danach sobald wie möglich die Scheidung einreichen. Ich malte mir bereits aus, was ich mit meiner Freiheit anfangen würde. Noch einmal zur Schule gehen, das wünschte ich mir so sehr, etwas lernen, um meinem Idealbild näherzukommen. Nach der Scheidung würde ich das Abitur nachmachen und vielleicht sogar studieren können. Meinen Träumen waren keine Grenzen gesetzt. Ich hatte genug gespart, um mir meine Ausbildung selbst zu finanzieren. Außerdem hatte ich gelernt zu arbeiten, und alles, was ich tat, machte ich voller Leidenschaft und so perfekt, wie ich es nur vermochte. Ich war mir sicher, wenn ich endlich tun dürfte, was ich wollte, dann würde ich alles erreichen, was ich mir wünschte. Was mich all die Jahre so gequält hatte, das war die stete und sinnlose Bevormundung durch meine Mutter, deren Horizont gerade bis zum nächsten Kochtopf reichte. Meine Mutter, die sich seit Jahren so entsetzlich darum bemühte, aus mir eine Kopie ihrer selbst zu machen. Aber das würde ihr nicht gelingen. Ich würde heiraten, und das wäre der erste Schritt in die Freiheit. Was war ich doch naiv. Doch diese Naivität war es auch, die mich damals am Leben hielt.

In einem Anfall von Trotz lade ich meine Arbeitskollegen zu meiner standesamtlichen Hochzeit ein. „Tu es nicht", fleht mich meine liebste Kollegin an. „Şengül, hör zu, noch ist Zeit. Du kannst diesen Mann nicht heiraten."

Doch ich lächle nur fröhlich, sie weiß ja nichts von meinem genialen Heiraten-und-Scheidenlassen-Plan. Denn meine geheimsten Gedanken vertraue ich auch ihr nicht an.

Und dann ist es soweit. Es ist der 26. Juni 1992. Bereits Tage im Voraus hat meine Mutter das Essen vorbereitet. Ich trage den eleganten schwarzen Rock und die passende Jacke mit den goldenen Knöpfen, die wir für diesen Anlass gekauft haben, darunter ein glitzerndes Oberteil. Refik erscheint doch tatsächlich in einem Smoking, und ich muss heimlich grinsen, als ich ihn so sehe. Alle anderen sind in festliches Schwarz gehüllt, und auf einmal komme ich mir vor, als gingen wir gemeinsam zu einer Beerdigung. Und tatsächlich, auch wenn ich mir das an diesem Tag nicht eingestehen konnte, trugen wir an diesem Tag meine Hoffnungen zu Grabe. Es ist gut, dass ich nicht weiß, was auf mich wartet, dass ich nicht ahne, dass dieses aufgeregte, übermütige Gefühl, das mich befällt, völlig fehl am Platze ist. Nur meine Mutter, für die dieser Tag tatsächlich ein Freudentag war, sah aus wie ein fröhlicher Papagei, sie hatte sich wieder einmal in den grellsten und kühnsten Farbkombinationen gekleidet. „Mit ihrem schlechten anatolischen Geschmack ist ihr einfach nicht zu helfen", denke ich. Und dann geht es los.

Mein Vater hat es sich nicht nehmen lassen, seine Autos, im Augenblick sind es drei, auf Hochglanz zu polieren und für diesen festlichen Anlass herauszuputzen. Besonders sein aktueller Benz strahlt nur so und führt die Flotte an. Es ist klar, dass Refik und ich in ihm zum Konsulat gefahren werden, wo die Trauung stattfinden wird. Vor dem Konsulat warten schon rund zwanzig Gäste auf uns. Zwischen den Bekannten meiner Eltern entdecke ich einige meiner Freunde und Kollegen. Ich lächle und gebe mich nach außen entspannt. Doch tief in mir brennt ein Feuer. Es ist eine wilde, verrückte Freude darüber, dass ich bald frei sein werde. Aber was ist dieses andere Gefühl, das sich in diese Freude mischt, ist das etwa Furcht? „Wie funktioniert das eigentlich, wenn man sich scheiden lassen will?", fragt eine kleine, aber umso hartnäckigere Stimme in mir. „Hast du dir das eigentlich überlegt? Weißt du überhaupt, ob das klappt?"

Am liebsten würde ich den Beamten, der uns in das Trauzimmer führt, fragen: „Entschuldigen Sie, können Sie mir sagen, was man machen muss, wenn man sich scheiden lassen will? Muss man das auch beantragen? Kann ich das Formular gleich mitnehmen?"

Während wir noch warten müssen, bis die Hochzeitsgesellschaft vor uns fertig ist, wird mir bewusst, wie absurd diese Situation ist. Zwei meiner Arbeitskollegen treten auf mich zu, sie können immer noch nicht fassen, dass ich kurz davor stehe, einen Mann zu heiraten, den meine Eltern für mich ausgesucht haben und den ich kaum kenne.

„Bist du dir wirklich sicher?", fragen sie mich wohl zum hundertsten Mal. „Willst du das wirklich tun?"

„Naja", sage ich leichthin, „wenn es nichts wird, kann ich mich ja immer noch scheiden lassen."

Das finden die beiden gar nicht lustig. Sie schütteln nur den Kopf, schauen mich an, als wollten sie in meinen Augen lesen, was in mir vorgeht. Sie glaubten mich so gut zu kennen. Und jetzt das.

Die Trauung beginnt. Wir setzen uns auf die für uns vorgesehenen Stühle, umrahmt von den Trauzeugen. Jetzt fange ich doch an zu zittern. Habe das Gefühl, ganz dringend auf die Toilette zu müssen. Was, wenn ich mich kurz entschuldige und einfach nie wiederkomme? Aber diese Gedanken sind absurd. Es gibt keinen Ausweg für mich.

Zunächst einmal, das begreife ich jetzt mit aller Macht, binde ich mich an diesen Mann hier neben mir. Ob er mir erlauben wird die Schule nachzumachen? In meinem Kopf schwirren lauter Fragen, auf die ich keine Antworten habe. Immer unruhiger werde ich auf meinem Stuhl. Bilder jagen durch meinen Kopf. Wie er aus dem Taxi stieg, jener seltsame, erste Blick, den er mir zuwarf. Sagt man nicht, der erste Eindruck trügt nicht? Hat er mich nicht durch den ganzen großen Park geprügelt, bis die Polizei einschritt? Was, wenn er das wieder tut? Das nächste Mal vielleicht ohne Grund? Ich sehe, wie sich die Lippen des Standesbeamten bewegen, aber ich kann dem, was er sagt, nicht folgen. In meinen Ohren scheint alles widerzuhallen, ich höre doppelt und dreifach. Irgendwann sage ich „Ja", und es ist vorüber. Ich schrecke auf, als alle um uns anfangen zu klatschen.

Das war es also, es ist vollzogen. Eine absurde Erleichterung macht sich in mir breit. Wenigstens bin ich nicht mehr die Sklavin meiner Mutter. Zumindest wird es nicht mehr lange dauern, bis ich ihren Fängen endgültig entkomme, denn die standesamtliche Trauung hat für unsere Familien keine Bedeutung. Erst nach der traditionellen Hochzeit in der Türkei, die während unseres Sommerurlaubs in sechs Wochen stattfinden wird, werden wir in den Augen meiner Eltern Mann und Frau sein. Die Zeremonie heute dient eigentlich nur dazu, Refiks Aufenthaltsgenehmigung auf immer und ewig zu sichern.

Und jetzt ist es Zeit zu feiern. Mit großem Hallo verteilt sich die ganze Gesellschaft auf die Autos. Alle sind eingeladen, im Haus meiner Eltern dem großen Festessen beizuwohnen, das wir seit Tagen vorbereitet haben. Mein Vater und meine Brüder haben im Garten eine riesige Tafel aufgebaut, an der alle Platz finden. Die Gäste scheinen das Fest in vollen Zügen zu genießen, und ich habe keine Zeit darüber nachzugrübeln, was ich soeben getan habe. Denn gemeinsam mit meiner Schwägerin und meiner Mutter bin ich auch an meinem Hochzeitstag dafür zuständig, die Speisen zu servieren und eilfertig zu springen, wenn jemand etwas braucht. Platten müssen auf- und wieder abgetragen werden, schmutziges Geschirr, das sich bald in der Küche stapelt, will abgewaschen sein, Tee muss gekocht und alle möglichen Sonderwünsche müssen erfüllt werden. Ich bin erschöpft und mit meinen Nerven am Ende, doch ich halte durch. Und irgendwann geht auch dieser Tag zu Ende. Ich falle todmüde ins Bett und bin froh, dass ich es erst nach der türkischen Hochzeit mit Refik werde teilen müssen.

In dieser Nacht habe ich einen wunderschönen Traum. Ich bin auf einer Feier, aber es ist nicht meine Hochzeit. Ich trage eine Robe, und es ist kein Hochzeitskleid. Ich feiere mein Examen, denn ich habe mein Studium erfolgreich hinter mich gebracht. Von nun an werde ich als Anwältin arbeiten. Die Feier ist wunderbar, es wird getrunken und gelacht bis in den frühen Morgen. Etwas weckt mich auf. War da jemand an der Tür? Jetzt ist alles still. Ich fühle meinem Traum nach, er war so real, so nah. Noch glaube ich das Gelächter meiner Freunde zu hören, fühle die Robe …

Doch dann bricht die Realität wie ein eiskalter Regenschauer über mich herein. Ich bin keine Anwältin. Ich habe keine Aktentasche. Und schön bin ich schon gar nicht. Ich bin gerade mal achtzehn Jahre alt und habe gerade mal einen einfachen Hauptschulabschluss. Und heute habe ich einen gewalttätigen Mann geheiratet, den ich kaum kenne.

Verzweifelt versuche ich, in meinem Tagtraum Zuflucht zu finden. Doch ich weiß, die Zeit des Träumens geht dem Ende entgegen. Die Wirklichkeit wird mich einholen. Und ich ahne noch nicht einmal, wie bald das sein wird.

Kaum waren die Überreste des Hochzeitsmahls aufgegessen und alles wieder aufgeräumt, die schönen Kleider ausgelüftet und in die Schränke gehängt, begann Refik mir wieder sein wahres Gesicht zu zeigen. Meiner Familie schien es nur natürlich, dass wir nach unserer Hochzeit viel Zeit alleine miteinander verbringen wollten. Dabei war nicht ich es, die das wollte. Er wollte es. Und er schlug mich, wann immer es ihm gefiel. Er passte mich im Flur ab, oder wenn ich von der Arbeit nach Hause kam. Er überredete mich dazu, mit ihm das Haus zu verlassen, und sobald ihm auch nur ein Blick von mir nicht passte, ließ er mich seine Fäuste spüren. Ich wollte mir seine Schläge nicht gefallen lassen, aber ich hatte keine Chance. Ein Wort gab das andere, und schon prügelte er auf mich ein. Dabei sah er sich stets vor, dass niemand von meiner Familie es bemerkte, und dass er nie mehr in die Fänge der Polizei geriet.

„Wenn du irgendjemandem etwas erzählst", sagte er, „dann bring ich dich um. Ich leg hier alles in Schutt und Asche, das kannst du mir glauben." Und ich glaubte ihm. Halb wahnsinnig vor Angst hielt ich den Mund.

Ich habe schon erwähnt, dass in der Kultur meiner Eltern die Brautnacht während der traditionellen Hochzeit heilig ist, und das jungfräuliche Blut allen Anwesenden zur Schau gestellt werden muss. Bleibt das aus, ist das Leben der Braut verwirkt. Es war völlig ausgeschlossen, dass wir vor unserer Hochzeitsnacht miteinander Verkehr hatten. Das wusste auch Refik nur zu genau. Dennoch ließ er mir keine Ruhe. Ich wehrte mich entschlossen. „Nein", sagte ich, „nein, nein, nein, das kommt nicht infrage."

Und dann, eines Abends, suchte er mich heim. Es geschah im Haus meiner Eltern. In meinem eigenen Mädchenzimmer. Ich drohte, zu schreien, meine Eltern zu alarmieren, deren Schlafzimmer genau über meinem lag.

„Dann sage ich ihnen", gab er hämisch zur Antwort, „dass du mich darum gebeten hast. Dass du ein verdorbenes Mädchen bist und nicht bis nach der Hochzeit abwarten kannst. Was meinst du, wem werden sie eher glauben?"

Er hatte längst herausgefunden, wie wenig meine Mutter auf mich gab. Er hatte recht. Wenn ich mich jetzt wehrte und schrie, sie würden allein mir die Schuld geben. Dann wäre ich die Schlampe, die „Hure Nummer eins“, wie meine Mutter zu sagen pflegte. Ich wehrte mich weiter, doch er war mir überlegen. Und irgendwann gab ich meinen verbissenen Widerstand auf und ließ es geschehen. Es hatte ja alles sowieso keinen Zweck.

Bis heute ist es mir unmöglich zu schildern, was in dieser Nacht genau geschah. Obwohl ich jede einzelne Sekunde dieses fürchterlichen Geschehens immer wieder durchlebe. Ich habe einfach keine Worte dafür.

Er tat mir Gewalt an. Danach war nichts mehr wie zuvor.

Das Verrückteste dabei war, dass ich sogar so etwas wie erleichtert war, als es endlich vorüber war. Denn ich war tatsächlich noch Jungfrau gewesen. Nun war ich diese Bürde los, ein für alle Mal. Meine halbe Jugend hatte diese Angst über mir geschwebt wie ein Todesengel: dass ich meine Jungfräulichkeit zu bewahren hatte, und dabei immer die Befürchtung, dass ich sie durch irgendein Missgeschick bereits verloren haben könnte. Nun hatte ich sie verloren. Und mit ihr einen großen Teil meiner Selbstachtung.

Während der folgenden Tage habe ich große Schmerzen und fürchte, er könnte mich irgendwie verletzt haben. Wie gerne würde ich jetzt einen Frauenarzt aufsuchen. Doch der einzige Gynäkologe, den ich kenne, ist auch der Arzt meiner Mutter, und ich traue ihm durchaus zu, dass er ihr alles erzählt. Und das ist undenkbar. Also beiße ich die Zähne zusammen und tue so, als sei alles in Ordnung. Aber nichts ist in Ordnung. Ich bewege mich in meiner Familie, und während niemand von ihnen ahnt, wie furchtbar ich verletzt wurde, lächle ich. Ich ertrage Refiks triumphierende Blicke, mit denen er mich verschlingt, die mir sagen, dass ich ihm gehöre, ihm allein. Und dass er mit mir machen wird, was immer er will, heute, morgen, bis in alle Ewigkeit. Er zwingt mich immer wieder dazu, mit ihm zu schlafen. Und wenn ich mich wehre, verprügelt er mich. Er hat eine perfide Art, mich zu schlagen, an Stellen, die besonders wehtun, und wo man es hinterher am wenigsten sehen kann. Am Hinterkopf zum Beispiel. Und keiner in meiner Familie bekommt etwas mit. „Wenn du etwas erzählst, dann sage ich, dass du es wolltest." Wenn er in mein Zimmer kommt, wende ich den Kopf ab und halte meinen Körper hin. In Gedanken bin ich weit weg.

Während all dieser Zeit gehe ich zur Arbeit, als wäre nichts geschehen. Als ich Udo das letzte Mal sehe, ist er betrunken.

„Du wirst unglücklich werden, Şengül", sagt er finster zu mir. Er hat keine Ahnung, wie unglücklich ich bereits bin.

Hochzeit auf Türkisch

Gegen Anfang August, es sind nur noch zwei Wochen bis zu unserer Reise in die Türkei, bleiben meine Tage aus. Ein entsetzlicher Gedanke durchfährt mich: Was, wenn ich schwanger bin? Das darf nicht sein. Was würden meine Eltern sagen, wenn sie das erfahren würden? Auf gar keinen Fall darf es bekannt werden.

Gleichzeitig stellen sich wieder meine alten Beschwerden ein: Rasende Schmerzen in der Blase und in der Niere. Blut im Urin. Hohes Fieber. Als es mir so richtig schlecht geht, lege ich mich in das Schlafzimmer meiner Schwägerin. Ich will nicht in meinem eigenen Zimmer bleiben, zu groß ist die Angst, Refik könnte mich in der Nacht wieder misshandeln. Ich wünsche mir die liebevolle Zuwendung meiner Schwägerin Gülay, eine junge Frau wie ich, die Einzige in diesem Haushalt, der ich vertraue. Aber auch ihr erzähle ich nichts von dem, was mich so quält. Zu groß ist meine Angst, meine Eltern könnten alles erfahren.

Als mein Fieber auf vierzig Grad steigt, rufen meine Eltern den Notarzt. Es ist eine Ärztin, und in Gegenwart meiner Mutter, meiner Schwägerin und Refiks fragt sie mich nach meinen Beschwerden. Ich beschreibe meine Symptome. Mein Ehemann gibt mir einmal mehr mit seinem starren Blick zu verstehen, dass ich ja nicht verraten darf, was er mit mir tut. Ich habe solche Angst vor ihm.

Die Ärztin hört mir aufmerksam zu. Und dann stellte sie eine Frage, die mich vollkommen schockiert: „Sind Sie schwanger?" Ich erstarre vor Schreck. Alle sehen mich an. Was soll ich sagen? Dass meine Tage ausgeblieben sind? Gleichzeitig überkommt mich ein solches Grauen bei dem Gedanken, ich könnte von ihm schwanger sein, dass mir schlecht wird.

Der Ärztin bleibt meine Verwirrung nicht verborgen. Sie bittet alle anderen, den Raum zu verlassen. Als wir allein sind, kann ich der Ärztin die Wahrheit offenbaren. Dass meine Tage ausgeblieben sind, und dass ich nicht weiß, ob ich schwanger bin, aber meine Eltern auf keinen Fall etwas erfahren dürften.

„Wie dem auch sei", sagt die Ärztin, „Sie haben viel zu hohes Fieber und müssen sofort ins Krankenhaus. Sollten sie tatsächlich schwanger sein, dann kann das sehr gefährlich für Sie und das Kind werden."

Im Krankenhaus werde ich mit Infusionen, Antibiotika und Schmerzmitteln behandelt. Das ist nichts Neues für mich, ich kenne all das seit meiner Kindheit. Es werden verschiedene Untersuchungen gemacht. Am schlimmsten sind immer die Katheder, die mir noch zusätzlich Schmerzen verursachen. Am zweiten Tag meines Aufenthalts im Krankenhaus erfahre ich das Unausweichliche: Ich bin tatsächlich schwanger. Augenblicklich breche ich in Tränen aus.

„Ich will kein Kind!", schreie ich hysterisch, „und diese Schmerzen kann ich nicht mehr ertragen."

Der Arzt, der mir die Nachricht eröffnet, weiß nicht so recht, was er tun soll. Er hört sich meine unzusammenhängenden, gestammelten Sätze an und begreift schließlich, dass meine Familie von der Schwangerschaft nichts erfahren soll. Dass ich das Kind nicht möchte, ist offensichtlich. Und so spricht er besonnen und beruhigend auf mich ein.

„Sie sollten zur Schwangerschaftsberatung gehen", sagt er.

Ich bin so überrascht, dass ich augenblicklich verstumme und meine Tränen für einen Augenblick versiegen. Was ist eine Schwangerschaftsberatung? Ich habe diesen Ausdruck noch nie gehört. Werden da Schwangerschaften beraten? Welchen Sinn soll das machen? Ich habe nicht die geringste Ahnung, dass der Arzt mir eine Möglichkeit aufzeigen will, die ungewollte Schwangerschaft abzubrechen, sondern frage mich, ob eine Schwangerschaftsberatung so etwas wie ein Informationsservice, eine Art Beiprogramm für schwangere Frauen sein könnte. Aber ich will ja gar nicht schwanger sein! Und gegenüber meiner Familie darf ich es auch gar nicht sein.

Trotz der Behandlung im Krankenhaus bessern sich meine Schmerzen nicht. Drei Tage und drei Nächte kann ich kaum schlafen. Jeder Gang zur Toilette endet mit Tränen, da die Schmerzen nahezu unerträglich sind. Meine Eltern besuchen mich in diesen drei Tagen zweimal. Am dritten Tag kommt auch Refik mit, und meine Eltern lassen uns nach einer Weile miteinander allein.

Er setzt sich auf meine Bettkante und sieht mich ausdruckslos an. Ich blicke an ihm vorbei. Und dann bricht es aus mir heraus: „Ich bin schwanger."

Refik sagt kein Wort. Er steht auf, geht zum Fenster. Dann dreht er sich um und sagt: „Es wird ein Junge."

Vor Wut und Angst über diese unglaubliche Reaktion beginne ich am ganzen Körper zu zittern. „Nein", schießt es mir durch den Kopf, „nicht noch so einen wie dich. Bitte, lieber Gott, lass es ein Mädchen werden." Und in den folgenden neun Monaten meiner schweren Schwangerschaft flehe ich täglich zu Gott: Wenn ich schon ein Kind dieses Mannes zur Welt bringen muss, soll es bitte wenigstens ein Mädchen sein.

Irgendwie stellten sie mich im Krankenhaus soweit wieder her, dass ich entlassen werden und die lange Fahrt im Auto in die Türkei auf mich nehmen konnte. Ich fühlte mich mehr tot als lebendig, und als ich auch noch erfuhr, dass die gesamte dreitägige türkische Hochzeit von meinen eigenen Ersparnissen finanziert werden würde, da nannte ich mich im Stillen eine lebende Leiche, die für ihre eigene Beerdigung bezahlt. Ich fühlte mich so schwach und mir war übel und elend zumute, doch das interessierte niemanden. Ich funktionierte wie ein Roboter, der alles ausführt, was man ihm sagt. Und ich war davon überzeugt, dass es zu einer Katastrophe kommen würde, wenn ich mich anders verhalten würde.

Zunächst begann alles so wie jeden Sommer: In zwei voll beladenen Autos fuhren wir in die Türkei. Wir setzten Refik bei seiner Familie ab und dann fuhren wir weiter zu den Familien meiner Eltern. Ich atmete auf. Vier Wochen lang würde ich also meine Ruhe haben vor diesem Mann. Dann, als krönender Abschluss des Sommerurlaubs, würde unsere Hochzeit stattfinden. Zwei Wochen lang war ich wieder das junge Mädchen, das ich gewesen war, bevor Refik in mein Leben getreten war, alberte mit meinen Cousinen herum, und wären nicht meine Schmerzen und mein ständiges Unwohlsein aufgrund der heimlichen Schwangerschaft gewesen, hätte ich Refik und alles andere wenigstens für ein paar Momente vergessen können. Aber auch meine Verwandten erinnerten mich bei jeder Gelegenheit daran, dass ich eine Braut war, und auch wenn es unwahrscheinlich klingen mag, so schaukelte mich diese allgemeine Hochstimmung mit der Zeit in eine Mischung aus Verzweiflung und Euphorie hinein.

Eines Tage wurde mir schmunzelnd und kichernd eine „große Überraschung" angekündigt. Diese „wunderbare Überraschung" stand einen Tag später in Gestalt meines Bräutigams vor der Tür. Mir sank das Herz. Wegen der Hochzeit einer meiner Cousinen war er zwei Wochen früher gekommen als geplant. So verdarb er mir auch noch die letzten unbeschwerten Urlaubstage vor meine Ehe.

Es war unglaublich, wie sehr sich die Atmosphäre für mich verwandelte, sobald sich Refik im Raum befand. Und dennoch konnte auch ich es inzwischen kaum noch erwarten, dass diese große Hochzeit endlich vorüber war. Ich redete mir ein, dass sie das Ticket zu meiner Freiheit sein würde.

In der Türkei ist eine Hochzeit eine große, mit zahlreichen Traditionen behaftete Sache. Man feiert drei Tage lang, und die ersten beiden Tage finden im Haus der Braut statt. Der erste Tag meiner Hochzeit war ein Freitag und es wurde den ganzen Tag gegessen. Dafür hatten meine Mutter, Tanten, Cousinen und ich tagelang gekocht und gebacken. Es gab einfach alles, was man sich an Gerichten vorstellen kann, einschließlich einer Riesenauswahl an klebrig-süßen Köstlichkeiten für den Nachtisch. An diesem Tag feierten Frauen und Männer getrennt. Während die Frauen im rund eintausend Quadratmeter großen Innenhof des Familienanwesens speisten und später tanzten, feierten die Männer auf der Straße.

Am zweiten Tag zog die ganze Hochzeitsgesellschaft in den festlich geschmückten Saal eines alten Kinos und hier wurde den ganzen Tag gefeiert. Es wurde getanzt, getanzt, und noch mehr getanzt und ich tanzte mit, bis mir schlecht wurde, dann zog ich mich auf die Toilette zurück und übergab mich, bis nur noch Galle kam, und kaum fühlte ich mich ein bisschen besser, ging ich zurück in die Halle und tanzte weiter. Ich war in einer seltsamen Stimmung, Verzweiflung mischte sich mit Euphorie, meine Cousinen fragten mich immer wieder, ob mit mir alles in Ordnung sei, denn ich war blass und rannte verdächtig oft zur Toilette, doch ich beruhigte sie mit einem strahlenden Lächeln. Die Älteren riefen mir zu, dass dies der schönste Tag in meinem Leben sei, ich solle ihn genießen. Und ich tat wirklich mein Bestes und tanzte weiter, bis mir wieder schlecht wurde. An diesem zweiten Tag fand die sogenannte Brautbeschenkung statt, bei der der tanzenden Braut Geld und Gold ins Kleid gesteckt werden. Als es Abend wurde, strömte die ganze Gesellschaft zum Haus unserer Familie, die Frauen feierten im Innenhof weiter und die Männer draußen vor der Tür. Wann immer es ging, versuchte ich mich zurückzuziehen, doch man rief mich immer wieder herunter zu den Feiernden, und dann musste ich allen wieder die glückliche Braut vorspielen. Sooft es ging, flüchtete ich mich auf die Toilette. Dort hockte ich mich auf den Boden und weinte still vor mich hin. Oder ich hielt endlose innere Monologe, in denen ich meine Mutter anklagte oder meinem Ehemann die Meinung sagte. Und dann träumte ich mich wieder weg, und in meinen Träumen war ich schön, unabhängig und erfolgreich. Ich führte ein Leben, wie ich es wollte.

Am Samstagabend wurde es dann wirklich traurig für mich, denn es kam der „Hennaabend“ an dem alles darauf ausgerichtet ist, die Braut zum Weinen zu bringen. Ich wurde in einen großen Raum geführt, in dessen Mitte man mich auf den Boden setzte. Mein Gesicht und der ganze Kopf wurden mit einem roten Tuch verhängt. Dann brachte jemand angerührte Hennafarbe auf einem Tablett mit Kerzen. Eine meiner Cousinen bemalte meine Hände mit Henna, denn das soll Glück bringen, während die anderen Frauen traurige Lieder sangen, weinten und fürchterlich klagten, weil ich nun das Elternhaus verlassen würde und meine Freundinnen hinter mir lassen würde, um fortan meinem Ehemann zu folgen. Wie es sich gehörte, weinte auch ich, und zwar wie ein Schlosshund, jedoch aus anderen Gründen. Denn ich war mehr als froh, dem Regiment meiner Mutter zu entkommen, und wenn ich Tränen vergoss, dann deshalb, weil ich wusste, dass ich dabei war, den falschen Mann zu heiraten. Ich weinte so sehr, dass ich am nächsten Tag ein verschwollenes Gesicht hatte, das nur mit Mühe überschminkt werden konnte. Ständig dachte ich an die Scheidung, und dass ich nicht wusste, wie ich das genau anpacken musste. Es war zu meiner fixen Idee geworden, dass ich, sobald ich zurück in Deutschland wäre, sofort die Scheidung einreichen müsste. Doch zuvor ging alles nach türkischer Tradition seinen Gang.

Am Morgen des dritten Tages weckte mich meine Mutter schon wieder um acht. Jetzt begann der schwierigste Teil des Ganzen, denn heute sollte ich meine Familie für immer verlassen. Ich wurde zurechtgemacht, geschminkt und frisiert, dann schlüpfte ich in mein Brautkleid. Der Bräutigam würde mich abholen, man schätzte, dass er nach der Mittagszeit kommen würde. Nun begann für mich die Zeit des ängstlichen Wartens. Es war unerträglich heiß, ich hatte in der Nacht wieder Fieber bekommen, Unterleibskrämpfe quälten mich, doch das interessierte niemanden. Ich hatte entsetzliche Angst vor dem, was mich erwartete. Ich wusste, schon bald würde ich ihm schutzlos ausgeliefert sein. Meine Eltern und meine Brüder würden zurückbleiben, und niemand wäre mehr da, um mich zu beschützen. Immer wieder versuchte ich mich zusammenzureißen und sagte mir: „In drei Tagen fahren wir zurück nach Deutschland. Und dann werde ich mich sofort wieder scheiden lassen."

Schließlich war es so weit. Feierlich geleitete mich meine Mutter die Treppe unseres Hauses hinunter, und mein jüngerer Bruder band mir zum Zeichen meiner Jungfräulichkeit eine rote Schleife um die Taille. Welch eine Farce!

Vor dem Haus hatten sich rund zweihundert Menschen versammelt, alles Verwandte und Nachbarn, und nach einem tränenreichen Abschied wurde ich mit rituellen Gesängen zum Auto meines Bräutigams geführt. Mir war schwindelig, und ich war so schwach und verzweifelt, dass man mich rechts und links stützen musste, als man mich in den Wagen verfrachtete. Im Auto herrschte eine unbeschreibliche Hitze. Es stank dermaßen nach Männerschweiß, dass ich aufschrie, um mich schlug und versuchte, aus diesem Wagen wieder herauszukommen. Doch wie ein Schmetterling in seinem Kokon war ich in meinem ausladenden Brautkleid zwischen meinem Bräutigam und einem mir fremden Mann eingeklemmt. Refik lachte mich an. „Hier kommst du nicht mehr heraus", schien sein Grinsen zu sagen.

Und so fuhren wir los, zum Haus des Bräutigams, um hier den dritten und letzten Tag der Hochzeit zu feiern. Ich hatte entsetzliche Angst davor, mich übergeben zu müssen. Kaum war eine Welle der Übelkeit abgeflaut, bescherte mir mein Fieber einen Schweißausbruch und ich wurde fast ohnmächtig.

Ich hätte diese Autofahrt in meinem Zustand nicht überlebt, hätte ich mich nicht wieder in meinen alten Traum flüchten können. Diese Fähigkeit, mich im Hier und Jetzt einfach abzuschalten, um in meinem Traumuniversum Kraft und Mut zu schöpfen, war einmal mehr meine Rettung. Ich war vollkommen still, spürte aber die stolzen und glücklichen Blicke, die mir Re-

Hochzeitsfoto, August 1992

fik zuwarf. Es gehörte sich nicht, dass er mich verliebt ansah, solange fremde Männer mit im Auto waren. Hielt er sich schon nicht an diese traditionelle Regel, so war ich doch wenigstens vor weiteren Annäherungen sicher.

Als wir unser Ziel erreichten, war mir hundeelend. Mehrere Hundert Menschen warteten bereits auf uns. Ich kannte niemanden und musste doch unter diesem typischen türkischen Getrillere eine Unmenge von mir fremden Leuten umarmen und mich abküssen lassen. Jeden fragte ich, wo denn die nächste Toilette sei, doch keiner schien mich zu hören. Irgendwann fand ich den Weg zu einer Art Plumpsklo, wo ich mich mit meinem Hochzeitskleid abmühte; und weit und breit gab es niemanden, der mir half. Ich hatte Durchfall und musste mich immer wieder übergeben, bekam Schweißausbrüche, und die Nierenschmerzen brachten mich fast um. Ich dachte, wie absurd es doch war, dass sich hier auf dieser schäbigen Toilette die Braut ihre Seele aus dem Leib kotzte und fast starb, während draußen all diese unbekannten Menschen feierten.

Als ich endlich aus der Toilette herauskam, begrüßten mich meine neuen Schwägerinnen. Eine sah mich an und sagte: „Meine Güte, bist du blass!"

„Bitte", flehte ich sie an, „mir geht es so schlecht, ich kann nicht mehr, gebt mir ein Zimmer, ich muss mich unbedingt hinlegen." Zum Glück erbarmten sie sich meiner und organisierten den Schlüssel für das Brautzimmer, das schon für unsere Hochzeitsnacht vorbereitet war. Ich legte mich aufs Bett und blieb den ganzen Tag liegen. Den Gästen wurde gesagt, dass es der Braut nicht gut gehe. Wenige schienen sich darum zu scheren, Hauptsache, das Fest ging weiter.

Die Hochzeitsnacht verlief relativ gewaltlos. Ich ließ einfach alles über mich ergehen. Die Sache mit dem jungfräulichen Blut überließ ich Refik. „Mach was du willst", sagte ich matt, „mir ist alles egal."

Er schnitt sich in den Finger, ließ Blut auf das Leintuch tropfen, und zeigte es seiner Familie, und alle waren zufrieden.

Am nächsten Tag wollten wir alle zusammen wieder nach Deutschland zurückfahren. Wir warteten auf meine Eltern, und ich packte meinen Koffer. Refik verlangte von mir, dass ich auch seine Sachen packte. Ich aber sagte: „Nein. Ich will nicht, dass du mit nach Deutschland kommst."

Ich blicke in sein wutverzerrtes Gesicht, und im nächsten Augenblick zuckt ein schneidender Schmerz durch mein linkes Auge. Er hatte mich mit der Faust mitten ins Gesicht geschlagen und mein Auge getroffen. Ich breche zusammen. Für einige Minuten habe ich keine Wahrnehmung mehr, liege wie besinnungslos am Boden, bis mich eine schreckliche Übelkeit wieder zu Bewusstsein bringt. Als ich aufstehen will, merke ich, dass mit meinem linken Auge etwas nicht stimmt: Ich kann so gut wie nichts mehr sehen, wie durch winzige Löcher schimmert etwas Licht, das ist alles, was ich erkennen kann. Ich springe auf und gehe zu einem Spiegel. Und dann fange ich wie verrückt an zu schreien. Mein linkes Auge ist zu einer winzigen blutroten Kugel geschrumpft, und alles ist voller Blut. Es sieht ganz so aus, als sei mein Auge zerstört.

Meine Schreie locken meine Schwiegermutter ins Zimmer, und als sie mich sieht, gerät sie in Panik. Ihr folgt eine meiner Schwägerinnen, und auch sie starrt mich voller Entsetzen an. Alle wissen, wenn mein Vater mich so sieht, richtet er ein Blutbad an. Es ist allgemein bekannt, wie gewalttätig er sein kann, und wie sehr er es verabscheut, wenn man Frauen schlägt. Und dann noch seine eigene Tochter! So wütend und entsetzt ich auch bin ist mir klar, wenn ich meinen Eltern erzähle, was passiert ist, dann ist das eine ernste Sache, da geht es um Ehre und Tradition, und die große Frage ist nur: Wen bringt mein Vater als erstes um? Wer geht ins Gefängnis und wer ins Grab?

Ich war damals gerade mal 18 Jahre alt. Ich war so verwirrt, und es gab niemanden, dem ich mich anvertrauen konnte, niemanden, der mich beraten hätte. Ich hatte eine solche Angst, dass jetzt etwas noch viel Schrecklicheres passieren würde, dass eine Familienfehde mit ungewissem Ausgang entstehen würde, von mir verursacht. Mein einziger Gedanke war: Ich muss um jeden Preis verhindern, dass es so weit kommt.

Refik weinte und sagte, es täte ihm leid. Ich war so wütend und voller Angst, dass ich auf einem Auge blind bleiben würde, dass ich ihm entgegenschleuderte: „Das ist mir ganz egal, ob dir das jetzt leid tut oder nicht. Ich werde es meinem Vater sagen, und dann bist du ein toter Mann!"

All der angestaute Druck der letzten drei Monate, in denen er mit mir gemacht hatte, was er wollte, in denen er mich geschlagen hatte, wie es ihm gefiel, brach aus mir heraus. „Was bist du eigentlich?!", schleuderte ich ihm entgegen, „ein mieses Stück Dreck."

Aber dann sagte er etwas, was meinem Zorn sofort die Flamme nahm: „Wenn du es deinem Vater sagst, dann bringe ich euch alle um." Er zerdrückte einen Gegenstand in seiner Hand. „So. Siehst du das? Ich erwürge euch alle. Genau so."

Und dann kamen meine Eltern. Ich wollte und konnte das Zimmer nicht verlassen. Meine Schwägerin, die Frau meines älteren Bruders, kam zu mir, und als sie mich sah, schrie sie auf und rief: „Oh Gott, was ist denn mit dir passiert?"

Ich habe es ihnen nicht gesagt. Meinem Vater schwor ich sogar auf den Koran, dass es nicht Refik gewesen sei, der mich so zugerichtet hatte. Zu große Angst hatte ich vor dem, was dieser Mann uns allen antun könnte. Und das, was viele Jahre später geschah, sollte beweisen, dass ich damals recht hatte.

So ist das mit diesen Ehrengeschichten: Man hält den Mund. Die anderen wussten es ohnehin. Man konnte es an zwei Fingern abzählen, dass er es gewesen sein musste; wer auch sonst? Meine Lüge, ich sei im Badezimmer mit dem Gesicht auf eine Waschbeckenkante gefallen, war absurd. Aber solange ich nicht aussprach, was offensichtlich war, solange verschlossen alle anderen die Augen vor den Tatsachen. Auch in den fünf Jahren meiner Ehe, die die Hölle auf Erden waren, lag auf der Hand, dass sowohl ich als auch meine Tochter mindestens einmal die Woche, wenn nicht gar täglich, von ihm geprügelt wurden. Man konnte es sehen, wenn man es sehen wollte. Man brauchte nur die Augen aufzumachen und unsere Verletzungen als das sehen, was sie waren. Aber alle taten so, als ob nichts wäre.

Damals, als mein frisch angetrauter Ehemann mir am Tag nach der Hochzeit das Auge kaputt geschlagen hatte, setzten wir uns in die Autos und fuhren nach Deutschland. Es war ein trauriger Abschied, auch Refiks Eltern waren entsetzlich bedrückt. Alle hatten Angst, was wohl passieren würde, ob mein Vater sich mit meiner Aussage zufriedengeben oder Refik unterwegs irgendwo am Straßenrand den Schädel einschlagen würde. Drei Tage lang saß ich in der Sommerhitze im Heck des Wagens meines älteren Bruders, ohne dass ein Arzt nach meinem Auge gesehen hätte. Die Fahrt war die reinste Qual. Ich hatte schreckliche Angst, auf einem Auge blind zu werden. Meinem Mann war das egal.

Die einzige Möglichkeit, die mir blieb, um diese ausweglose Situation zu ertragen, war für mich die Flucht in jenes andere Universum, in die Welt der Anwältin. Während dieser dreitägigen Fahrt saß zwar mein geschundener Körper in dem Auto, in dem türkische Musik lief und die anderen lachten und sich unterhielten, mein Geist aber befand sich in ganz anderen Dimensionen: Stundenlang hielt ich die Augen geschlossen und war einfach weg. In meiner Fantasiewelt war ich die Anwältin, besaß eine Aktentasche, die ich hütete wie mein Leben und nur zu ganz bestimmten Anlässen wie meine Geheimwaffe oder einen Talisman aus dem Schrank holte und mitnahm, wenn es wieder eine besondere Herausforderung zu bestehen gab. Während dieser Fahrt holte ich in meiner Fantasie die Aktentasche mehrmals hervor, und mit ihr an der Hand schöpfte ich Kraft und Mut. Diese Vorstellung, wie ich mit meiner Aktentasche zu einem wichtigen Gerichtstermin schritt, in dem es um Leben und Tod ging, stärkte mich mehr, als irgendeine Medizin, sie betäubte meine Schmerzen und linderte meine Verzweiflung. Denn tief in meinem Innern war ich stark, auch wenn der Mann, den man mich zu heiraten gezwungen hatte, mir körperlich überlegen war, würde es ihm doch niemals gelingen, mich zu brechen. Er konnte mich schlagen, aber er würde mich nie wirklich besitzen. Solange ich in meiner Fantasie als Anwältin lebte, solange gab es Hoffnung. Denn die Anwältin war stark, keiner konnte sie zerstören, sie war frei und völlig selbstbestimmt, und in meiner Vorstellung erlebte ich mit ihr einen Erfolg nach dem anderen. Ich hatte Freunde mit ähnlichen Berufen, mit denen ich am Abend etwas trinken oder in ein Restaurant ging, manchmal hörten wir uns ein Konzert an oder gingen ins Kino. Mitunter rissen mich meine Reisegenossen auf diesem Transit zwischen Hochzeitsalbtraum und Horroralltag aus meinen Träumen, wollten wissen, warum ich immer die Augen geschlossen hielt. Ich sagte, dass sie mir wehtäten, und das war nicht einmal gelogen. Doch der wahre Grund war, dass ich der Wirklichkeit entfloh, die ich einfach nicht verarbeiten konnte, aus der ich keinen Ausweg wusste. Die Wahrheit war, dass ich nicht an die Zukunft denken wollte, vor der ich mich fürchtete, wie das Kaninchen vor der Schlange. Wenn ich daran dachte, dass ich von nun an mit diesem Mann mein Leben teilen musste, geriet ich in eine solche Panik, dass ich fürchtete, an ihr zu ersticken. Und darum klinkte ich mich einfach aus dieser Welt aus, um in der anderen Trost und Hoffnung zu finden.

Albtraum Ehe

Irgendwann kamen wir in Deutschland an, und ich musste mich der Wirklichkeit stellen. Alles, woran ich mich erinnere, jeder Moment meiner Ehe war ein Albtraum. So wie sie begonnen hatte, so ging es weiter. Refik war reizbar, unberechenbar und krankhaft eifersüchtig. Wann immer er das Gefühl hatte, ich würde etwas vor ihm verbergen oder ihm nicht mit dem nötigen Respekt begegnen, wann immer er nicht gut drauf war, was leider häufig der Fall war, schlug er mich. Oft kam er abends nach Hause und durchsuchte meine Tasche, ich weiß bis heute nicht, nach was er eigentlich suchte. Er forderte genaue Auskunft von mir, wie ich den Tag verbracht hatte, ich musste ihm sogar die Kassenzettel zeigen, wenn ich einkaufen gewesen war, damit er sicher sein konnte, dass ich ihn nicht anlog. Er konnte es nicht ertragen, wenn mich ein anderer Mann auch nur ansah. Einmal gab es einen Zwischenfall an einer roten Ampel. Angeblich hatte mich der Mann im Wagen neben uns auf eine Weise angeschaut, die Refik nicht passte, da kurbelte er das Fenster runter und warf einen Schraubenschlüssel gegen die Scheibe des anderen. Der fuhr einfach weiter, als hätte er nichts bemerkt, und das war klug von ihm.

Mit der Zeit lernte ich die Anzeichen in seinen Augen zu erkennen, wenn er am Abend zur Tür hereinkam. Eines Tages erzählte er mir, sein Vater habe ihm einen guten Rat mit auf den Weg nach Deutschland gegeben. „Damit deine Frau vor dir Respekt hat, musst du sie erst einmal so richtig verprügeln." So fragwürdig dieser Rat war: Sein Vater hatte von einem Mal gesprochen. Refik aber tat es immer wieder.

Zum Glück heilte mein Auge. Es dauerte Wochen, bis das Blut aus meinem Augapfel zurückging, die Schwellungen abklangen und ich nicht mehr aussah wie ein Monster. Und nach und nach kehrte auch meine alte Sehfähigkeit zurück.

Ich litt während der gesamten Schwangerschaft an meinem alten Nierenleiden, es gab Komplikationen, und monatelang wusste ich nicht, wie ich mit den Schmerzen leben sollte. Aufgrund der Schwangerschaft durfte ich keine Schmerzmittel nehmen, und eine Nierenkolik jagte die nächste. Refik nahm darauf nicht die geringste Rücksicht. Wir hatten derart oft Streit, dass die Tage, an denen es bei uns friedlich zuging, die Ausnahme waren.

Damals lebten wir noch bei meinen Eltern im Haus, bis zur Geburt des Kindes schien uns das die beste Lösung zu sein. Eines Tages im Januar, ich war inzwischen im sechsten Monat, stürmte Refik wieder einmal in unser Zimmer und zerrte mich an den Haaren hin und her – an den Anlass seines Zorns kann ich mich schon gar nicht mehr erinnern –, da ergriff mich plötzlich eine solch abgrundtiefe Verzweiflung, dass ich sterben wollte. Ich ließ mich mit voller Wucht auf meinen schwangeren Bauch fallen, ich wollte, dass er aufplatzte und alles zu Ende wäre, ich wollte dieses Kind nicht auf eine Welt bringen, in der es nur Gewalt und Lieblosigkeit gab. In diesem Moment erschrak selbst Refik und ließ von mir ab. Er holte meine Schwägerin und befahl ihr, nach mir zu sehen. Ich war so verzweifelt, weinte und schrie, dass Gülay ihm Vorwürfe machte und ihn bat, mich doch schonender zu behandeln. Sogar meine Mutter kam dazu und wollte wissen, was passiert sei. Da fühlte sich Refik offenbar in die Enge getrieben, wurde schrecklich aggressiv, schrie und tobte, und rannte schließlich aus dem Haus, stieg in sein Auto und brüllte, er werde jetzt losfahren und sich umbringen.

Der Tumult war unbeschreiblich: Meine Mutter stellte sich vor das Auto und schrie, ich selbst stellte mich ebenfalls vor das Auto und weinte, denn natürlich wollte ich nicht am Tod meines Mannes schuld sein, das hätte mir die Familie niemals verziehen. Zu allem Überfluss kam auch noch unsere Nachbarin aus dem Haus. Refik gab trotzdem Gas und raste davon.

Natürlich nahm er sich nicht das Leben. Danach versuchte meine Mutter zwischen uns zu schlichten, sie wollte wissen, was eigentlich los gewesen sei, herrschte Refik an, ob er noch bei Verstand sei, und mich, ob ich nicht verdammt nochmal endlich mein freches Mundwerk halten könnte und meinem Mann gehorchen. „Wenn du ihm gehorchst, schlägt er dich auch nicht", sagte sie zu mir. Wieder war ich die Schuldige. Nach und nach begann auch ich das zu glauben und hatte ein schlechtes Gewissen, denn ich war wieder zur Besinnung gekommen und hatte nun panische Angst, dass das Kind in meinem Bauch tatsächlich sterben könnte.

Aber mein Kind starb nicht. Die Schwangerschaft wurde immer unerträglicher, je weiter sie voranschritt. Durch den ständigen Nierenstau konnte sich mein Körper nicht reinigen und ich bekam hohes Fieber. Immer wieder ging es von Neuem los, erst die Nierenbeckenentzündung und dann der Harnstau. Regelmäßig musste der Urin mit dem Katheder geholt werden, was unendlich schmerzhaft war. Ich verbrachte mehr Zeit im Krankenhaus als zu Hause, ständig hing ich am Tropf, war eine Woche daheim und zwei Wochen im Krankenhaus, zwei Wochen daheim und drei Wochen im Krankenhaus. Wenigstens war ich dort vor Refiks Misshandlungen sicher. Schließlich drohten das Kind und ich an einer Blutvergiftung zu sterben, und darum beschlossen die Ärzte im achten Monat die Geburt einzuleiten. Es dauerte keine Stunde bis das Kind auf die Welt kam.

Es war ein Mädchen. Gott hatte meine Gebete erhört. Ich nannte sie Berna, das bedeutet „die Mutige, die Kräftige". Ich fand, diese Eigenschaften könnten ihr auf dieser Welt nicht schaden. Als mein Ehemann erfuhr, dass es kein Sohn war, wollte er das Kind nicht einmal sehen. Ein Mädchen war nichts wert für ihn. Ich hasste ihn umso mehr.

Berna war tief blau angelaufen, als sie auf die Welt geholt wurde, auch für sie war es höchste Zeit. Sie wog nur 2300 Gramm und musste in den Brutkasten. Aufgrund der Antibiotika, die ich nehmen musste, durfte ich sie nicht stillen. Dabei hatte ich volle Brüste, sie platzten beinahe, doch meine Milch wurde abgepumpt.

Auch nach der Geburt war ich noch viele Wochen lang krank, und ich wünschte mir oft, einfach sterben zu dürfen, um die entsetzlichen Schmerzen nicht mehr zu fühlen. Berna musste zwei Wochen lang im Brutkasten liegen, ich durfte sie täglich besuchen und sie in ihrem Kasten betrachten. Ab und zu konnte ich sie auch auf den Arm nehmen. Wir wurden nach zwei Wochen gemeinsam entlassen.

Ich liebte Berna und sorgte für sie. Damals hielt ich das, was zwischen uns war, für normal, in meiner eigenen Kindheit hatte ich es mit meiner Mutter auch nicht anders erlebt. Doch erst seit ich in meiner jetzigen, außerordentlich glücklichen Liebesehe ein zweites Kind bekommen habe, kenne ich den Unterschied. Heute weiß ich, wie sich wirkliche Mutterliebe anfühlt, und kann sie auch für meine Berna empfinden. In den ersten Jahren belastete es mich sehr, dass Berna ihrem Vater unglaublich ähnlich sah, sodass ich in ihren kindlichen Zügen immer Refiks Gesicht gespiegelt sah, und es dauerte einige Jahre, bis es mir wirklich gelang, ihre Persönlichkeit in ihr zu sehen, und mich nicht stets an meinen Peiniger erinnert zu fühlen.

Nach der Geburt versuchte ich eine Zeit lang aufrichtig, eine gute Ehefrau zu sein. Dazu gehörte für mich auch, meinen Mann gut zu beraten. Ich überzeugte ihn, dass er in Deutschland nur eine Zukunft hätte, wenn er Deutsch lernte, und tatsächlich meldete er sich zu einem Sprachkurs an. Doch Deutsch lernte er nie besonders gut. Er hatte Heimweh und sprach ständig davon, zurück in die Türkei zu gehen. Das war einer der Punkte, in dem ich von Anfang an keine Kompromisse machte. „Du kannst in die Türkei zurückkehren, wann immer du willst. Aber Berna und ich bleiben in Deutschland." Und davon rückte ich niemals ab, egal, wie sehr er mich schlug.

Solange wir im Haus meiner Eltern wohnten, hielt Refik sich noch einigermaßen zurück. Aber er wollte unbedingt so schnell wie möglich in eine eigene Wohnung ziehen. Und im zweiten Jahr unserer Ehe zogen wir nach Erlangen, weil es unmöglich war, etwas in Nürnberg zu finden.

Kaum waren wir in unsere neue Wohnung eingezogen, prügelte mich mein Mann so sehr, dass ich für kurze Zeit ins Krankenhaus musste. Die Polizei erschien bei mir, und forderte mich auf, Strafanzeige gegen meinen Mann zu stellen. Doch das lehnte ich stets ab. Im Gegenteil, ich deckte ihn auch noch. Auch meinen Eltern sagte ich nie, dass er mich schlug. Hatte ich wieder Blutergüsse und andere Wunden, dann behauptete ich, ich sei im Badezimmer ausgerutscht, die Treppe hinuntergefallen, und was geschlagene Frauen sich sonst noch einfallen lassen, um ihre Ehemänner zu schützen. Und obwohl jedem klar sein musste, dass ich unmöglich jede Woche aufs Neue im Bad ausrutschen konnte, akzeptierten meine Eltern diese Notlügen ohne mit der Wimper zu zucken. Einmal erzählte ich meiner Mutter, dass Refik mich zum Geschlechtsverkehr zwang, wann immer er wollte. Da antwortete sie mir: „Wieso muss er dich zwingen? Es ist deine heilige Pflicht als Ehefrau, das zu tun. Du musst ihn glücklich machen."

„Und ich?", fragte ich verzweifelt, „darf ich nicht glücklich sein?"

„So ist das nun mal", sagte meine Mutter. Und damit war die Sache für sie erledigt.

Einmal sahen wir im Fernsehen einen türkischen Sänger. Als ich sagte, dass er mir gefiel und seine Stimme ebenfalls, trat mich Refik so hart und unvermittelt mit dem Fuß, dass mir für einige Sekunden die Luft wegblieb. Eine Rippe war gebrochen, und vier Monate lang konnte ich mich nicht richtig bewegen.

Dass ich regelmäßig Prügel erhielt, daran hatte ich mich inzwischen gewöhnt. Umso schockierter war ich, als ich das erste Mal mitbekam, dass auch unsere kleine Berna von der Brutalität ihres Vaters nicht verschont blieb. Damals war sie gerade ein halbes Jahr alt.

Es war an einem Abend, und Berna war müde, weinte und wollte ins Bett. Wir waren im Auto nach Hause unterwegs und hielten noch kurz an einer Tankstelle an, weil ich Zigaretten kaufen wollte. Es dauerte ziemlich lange, bis ich an der Reihe war, denn an der Kasse war eine lange Schlange. Als ich wieder zurück zum Auto kam, war Berna still. Ach, dachte ich, wie schön, die Kleine hat sich beruhigt.

Erst zu Hause bei Licht erkannte ich, dass Berna im Gesicht eine unnatürlich dunkelrote Stelle hatte mit winzigen blauen Pünktchen.

„Was hast du mit ihr gemacht?", schrie ich Refik an.

„Ihr eins mit der Faust gegeben. Dann war sie still."

Ich konnte es kaum fassen.

„Du hast dem Kind mit der Faust ins Gesicht geschlagen?!"

Aber ich bekam keine Antwort mehr. Und wusste, wenn ich nicht den Mund halte, dann verprügelt er auch mich.

In dieser Nacht weinte ich bitterlich. Berna war so ein liebes Kind. Natürlich war sie lebhaft, schmiss auch mal die Sofakissen durch die Gegend, kreischte und wurde lauter. Dass das ganz normal ist für ein Kind, das konnte ich diesem Monster von einem Vater nicht verständlich machen. Als er merkte, wie sehr ich mich aufregte, wenn er das Kind schlug, tat er es nur noch, wenn ich nicht dabei war. Oft schloss er sich mit ihr im Kinderzimmer ein, und ich hörte nur seine Schläge und das verzweifelte Schreien meines Kindes, während ich vor der Tür saß, mir die Nägel blutig biss und die Haare ausriss.

„Warum tust du das?", fragte ich ihn unter Tränen.

„Weil es ein Mädchen ist", sagte er.

Als er bemerkte, wie weh mir das tat, ging er dazu über, Berna statt meiner zu schlagen. Damit hatte er mich noch weit besser im Griff, als wenn ich die Prügel bezog. Ich konnte selbst entscheiden, was ich aushalten konnte und was nicht. Aber das Kind war ja so hilflos, und so tat ich alles, was er von mir verlangte. Er schlug uns trotzdem wann immer ihm danach war.

Eines Tages schließlich hielt ich es nicht mehr aus und rief die Polizei, nachdem Refik Berna und mich verprügelt hatte. Er versteckte inzwischen meinen Pass, und als die beiden Beamten kamen, saß er friedlich auf dem Sofa und tat, als könne er kein Wässerchen trüben. Und so konnten die Polizisten nichts unternehmen. Beim Gehen steckte mir einer der Männer die Telefonnummer des Erlanger Frauenhauses zu. Und tatsächlich fand ich den Mut der Verzweiflung und packte am nächsten Tag, solange Refik bei der Arbeit war, ein paar Sachen, nahm Berna und flüchtete ins Frauenhaus. Nach einer Woche jedoch kehrte ich wieder nach Hause zurück. Die Alternative wäre gewesen, meine gesamte Familie zu verlieren. Ich konnte den Gedanken nicht ertragen, meine Schwägerin Gülay, die ich liebte wie eine Schwester, nie wieder zu sehen. Seit meiner Schwangerschaft war sie meine einzige heimliche Vertraute, der ich alles erzählen konnte, denn sie schwieg wie ein Grab. Auch meine Nichte nicht mehr sehen zu dürfen schien mir unmöglich. Und dann ganz allein in der Welt zu stehen und womöglich noch meine Brüder gegen mich zu haben, von meinem Vater ganz zu schweigen, dazu fühlte ich mich nicht in der Lage. Ich hatte noch immer nicht begriffen, dass ich auch so schon völlig auf mich allein gestellt war.

Hatte ich vor meiner Rückkehr aus dem Frauenhaus gehofft, dass meine Abwesenheit Refik eine Lehre gewesen war, so sah ich mich getäuscht. Und so steckte ich in einer Zwickmühle ohne Ausweg. Ich konnte über meine Prügel nicht sprechen, weil ich nicht wusste, was ich mehr fürchten sollte: Die Gewalttätigkeit meines Vaters, der seinen Schwiegersohn umgebracht hätte, oder die Brutalität meines Ehemanns, der mir ständig drohte, meine gesamte Familie und mich auszulöschen, sollte ich je den Mund aufmachen. Schon lange war klar, dass eine Scheidung nicht infrage kam. Als ich dieses Thema das erste Mal ansprach, schlug er mich fast tot. Wenn ich es später noch einmal wagte, dieses Wort in den Mund zu nehmen, packte er mich an den Haaren und hielt mir ein offenes Messer an den Hals.

„Eher bringe ich dich um“, sagte er. „Ich schneide dir die Kehle durch. So, siehst du. Oder ich fackel dich ab. Ich sperre dich ein, dich und das Kind, und dann zünde ich das Haus an. Eine Scheidung gibt es nicht. Ich bring dich um. Dich, das Kind und dann mich.“ Mir war längst klar, dass er zu allem fähig war.

Ich weiß heute nicht mehr, wie es mir gelang, diese Jahre zu ertragen. Und auch die Menschen, die mich heute kennen, meine Zielstrebigkeit und meinen starken Willen, mein Temperament und meinen Humor, können sich nicht vorstellen, dass ich das alles so lange mitgemacht habe.

Ich hätte diese Zeit nicht überlebt, hätte ich nicht zwei Identitäten parallel gelebt. Zum einen war da die perfekte, ihrem Ehemann hörige Hausfrau, die die Wohnung sauber hielt, kochte und backte, die Wäsche machte, ihr Kind versorgte, ihrem Mann stets zu Willen war, und zu allem, was er sagte, nickte und schwieg. Zum anderen gab es die starke, selbstbewusste Şengül, die Kämpferin, die ihren Weg ging, auch wenn sie ihn selbst kaum erkennen konnte. Am Anfang kam meine zweite Seite nur in meinen Träumen vor. Diese Traumwelt war für mich wie eine Droge, sie war ein Überlebenselixier, mein Refugium. In meiner Ehe dagegen habe ich nicht gelebt, ich habe nur funktioniert. Şengül, mach dies; Şengül, mach das. Und Şengül machte dies und das andere auch. Ohne Widerspruch.

Doch je länger Refik mich quälte, desto mehr gerieten meine beiden Identitäten durcheinander. Das geschah, ohne dass ich es merkte. Mein Mann sagte etwas Falsches, und schon widersprach ich ihm. Denn was die Intelligenz anlangte war ich meinem Ehemann haushoch überlegen. Auch er wusste das. Und schlug mich darum umso mehr.

Ich aber hatte einen solchen Hunger nach Wissen. Ich wollte lernen, ich wollte etwas aus meinem Leben machen. Aber wie um alles in der Welt sollte ich das in meiner Situation bewerkstelligen?

Während unseres zweiten Jahres in Erlangen schlug er Berna und mich erneut so brutal, dass ich mich wieder für eine Woche ins Frauenhaus flüchtete. Im Grunde ging ich einmal pro Jahr dorthin, und fast ebenso regelmäßig brach mir mein Ehemann die Nase. Schon seit meinem fünfzehnten Lebensjahr, als ich beim Schlittschuhlaufen aufs Gesicht gefallen war, hatte ich eine Höckernase. Und durch die Schläge meines Mannes hatte sie sich derart verformt, dass der Höckerknochen inzwischen seitlich aus der Nase herausstach. Ich sah fürchterlich aus, bekam kaum noch Luft und hatte dauernd Nasenbluten. Als ich einmal doch wegen einer Erkältung zum Spezialisten ging, sagte der: „Meine Güte, Sie müssen sich unbedingt die Nase richten lassen, die ist ja total kaputt." Aber mir war klar, dafür musste der Operateur sie noch einmal brechen, und ich wusste aus schmerzhafter Erfahrung, wie verdammt weh das tat. Und so unternahm ich nichts.

Als ich einundzwanzig Jahre alt war, im dritten Jahr unserer Ehe, war ich so verzweifelt, dass ich dachte, jetzt muss etwas passieren. Ich muss unter allen Umständen versuchen, etwas aus meinem Leben zu machen, ansonsten kann ich mich auch gleich vor den nächsten Zug werfen. Also ging ich heimlich zum Arbeitsamt und versuchte dem Sachbearbeiter, meine Situation zu erklären. Dass ich lange krank gewesen sei und aufgrund meines Nierenleidens keine schwere körperliche Arbeit machen könne. Ob es denn etwas für mich gäbe, ich würde so gerne noch weiterlernen, eine Ausbildung machen, eine Umschulung, irgend etwas, um einen richtig guten Beruf zu erlernen, mit dem ich später einmal viel Geld verdienen könnte. Der Mann starrte mich an, als spräche ich Chinesisch.

„Naja", sagte er schließlich, „da gibt es schon etwas. Doch dazu braucht man Abitur. Mindestens die Mittlere Reife."

Ich war sofort Feuer und Flamme.

„Ich habe immer gut gelernt", sagte ich, „war die Klassenbeste. Ich kann alles aufholen. Bitte, geben Sie mir eine Chance."

„Na gut", meinte der Sachbearbeiter, „da müssen Sie ohnehin eine Aufnahmeprüfung machen. Von mir aus können Sie es ja mal versuchen."

Natürlich ging ich hin. Die Prüfung bestand aus drei Teilen: Mathematik, Deutsch und Allgemeinwissen. Direkt im Anschluss wurden uns die Ergebnisse bekannt gegeben. Als mich die Prüfer hereinriefen, teilten sie mir mit, dass ich keine der drei Prüfungen bestanden hatte.

„Wir können Sie nicht aufnehmen", sagte eine der Damen der Prüfungskommission.

Ich brach weinend zusammen. Und als ich wieder sprechen konnte, erklärte ich dem bestürzten Prüfungskomitee, dass es für mich um mehr gehe, als um irgendeine Ausbildung. Es gehe darum, mein Leben zu retten. Ich erzählte ihnen von meinem verkorksten Leben, und dass ich immer eine gute Schülerin gewesen sei, bis mir meine Eltern die Möglichkeiten zum Weiterlernen nahmen und mich stattdessen verheirateten. „Bitte", flehte ich, „ich brauche diese Chance, und ich schwöre, dass ich alles dafür tun werde, um meine Sache gut zu machen."

Sie baten mich, noch einmal vor der Tür zu warten. Es dauerte eine ganze Weile, und ich schickte ein Stoßgebet nach dem anderen gen Himmel. Schließlich riefen sie mich wieder herein.

„Wir wollen Ihnen eine Chance geben", sagte die Dame. „Sie dürfen die Ausbildung beginnen. Bei den Prüfungen wird man ja dann sehen, ob Sie wirklich in der Lage sind, all das Versäumte nachzuholen."

Überglücklich bedankte ich mich und stellte noch eine wichtige Frage, an die ich vorher gar nicht gedacht hatte: „Um welchen Beruf geht es eigentlich bei dieser Ausbildung?"

Da guckten sie mich aber nun doch etwas seltsam an.

„Wenn Sie fleißig lernen“, sagte eine Frau schließlich schmunzelnd, „dann können Sie am Ende Steuerfachgehilfin werden.“

Steuerfachgehilfin. Darunter konnte ich mir nichts vorstellen. Unter „Gehilfin“ schon, ich war schließlich schon Putzhilfe. Man würde mich doch nicht etwa zu einer Putzgehilfin ausbilden?

„Machen Sie sich darauf gefasst“, fuhr die Frau fort, „dass es eine der schwierigsten Ausbildungen überhaupt ist. Sie müssen sich sehr anstrengen, wenn Sie das schaffen wollen. Aber wenn Sie Ihr Leben retten wollen, dann werden wir Ihnen nicht im Weg stehen.“

Und damit drückte sie mir eine Liste mit Buchtiteln in die Hand, die ich besorgen sollte.

Die Bücher bestellte ich mir auf der Stelle in einer Buchhandlung. Und nachdem ich sie abgeholt hatte, blätterte ich sie ehrfurchtsvoll durch. Ich verstand nicht einmal die Titel, die vorne auf den Deckeln standen. Und in einem der Bücher entdeckte ich immer wieder so ein seltsames Zeichen. Es kam mir bekannt vor, irgendwo vor langer Zeit hatte ich so etwas schon einmal gesehen. Und dann fiel es mir wieder ein. Es war das Paragraphenzeichen, das ich sooft auf den Schreiben gesehen hatte, die mein Vater vom Gericht erhalten hatte. Freude durchströmte mich. Die Anwältin! Ich würde etwas lernen, was ihrem Leben nahe kam. Was auch immer es war, ich würde alles in mich aufsaugen. Ich würde es schaffen, auch ohne Abitur und ohne Mittlere Reife. Ich hatte die einmalige Chance, endlich aus meinem von Gewalt geprägten Hausfrauendasein auszubrechen. Doch dieser Gedanke führte mich zu einem unvermeidlichen Problem: Wie sollte ich Refik dazu bringen, dass er mich die Ausbildung machen lassen würde?

„Er wird es niemals erlauben“, dachte ich verzweifelt. Und wusste doch, dass ich es irgendwie schaffen würde. Ich *musste* es ganz einfach schaffen. Durch nichts auf der Welt würde ich mir diese Chance nehmen lassen.

Ich griff zu einer List und erzählte meinem Mann, dass ich die Umschulung allein des Geldes wegen machen wolle, das mir das Arbeitsamt währenddessen bezahlen würde. Außerdem erklärte ich ihm, dass ich wegen meines Nierenleidens keine körperliche Arbeit leisten könne, und dass schon allein meine Putzjobs unglaublich anstrengend für mich seien.

„Es wäre schon ganz gut für uns, wenn ich später mal einen Beruf ausüben könnte, bei dem ich in einem Büro sitzen kann und noch dazu mehr Geld verdiene." Wir hatten damals erhebliche Geldprobleme. Da wir auch seine Eltern in der Türkei finanziell unterstützten, gab er schließlich nach.

Auf gewisse Weise war er sogar stolz auf mich. Einmal hörte ich, wie er mit seiner Familie in der Türkei telefonierte und damit prahlte, dass seine Frau eine Ausbildung mache und dafür auch noch Geld bekomme. Es war also halbwegs in Ordnung, dass ich zur Schule ging. Auf keinen Fall aber sollte ich klüger werden, denn das war gefährlich. Und die Prüfung, darauf wollte er mich von Anfang an festnageln, die sollte ich gar nicht erst ablegen.

„Wenn es dir nur um das Umschulungsgeld geht", sagte er, „dann brauchst du ja auch nicht zu lernen. Je weniger du lernst, desto besser."

„Ganz im Gegenteil, du Blödmann", dachte ich, sagte aber kein Wort.

Weil das Geld hinten und vorne nicht reichte, ging ich mit meiner Schwägerin weiter zweimal die Woche am Nachmittag putzen. Eines Tages war eine Sekretärin ausnahmsweise noch bei der Arbeit als wir kamen, und als ich sah, wie sie mit allen zehn Fingern unglaublich schnell auf ihrer Schreibmaschine tippte. Da vergaß ich alles andere, sodass meine Schwägerin mich an der Kittelschürze zupfte und flüsterte: „Şengül, was schaust du denn so, komm, mach deine Arbeit."

Ich aber sagte: „Verdammt noch mal, Gülay, so wie diese Frau will ich auch Schreibmaschine schreiben lernen."

Sie lachte.

„Du bist vollkommen verrückt, meine Liebe, aber das weiß ich ja schon lange."

Doch mich ließ das Bild dieser flink schreibenden Frau nicht mehr los. Das wollte ich auch können!

Ich fragte eine Ausbilderin in meiner Schule, wie man das hinkriegt.

„Was muss man machen", fragte ich sie, „um mit zehn Fingern ganz schnell Schreibmaschine schreiben zu lernen, ohne hinzugucken?"

„Man muss üben", sagte sie und musste lachen, als sie meine großen Augen sah. Und dann ging sie zu einem Schrank, holte ein dickes Heft hervor und reichte es mir.

„Wenn Sie diese Übungen jeden Tag eine Stunde lang machen", sagte sie, „dann garantiere ich Ihnen, dass Sie in einem Jahr blind Schreibmaschine schreiben können."

„So richtig schnell?", wollte ich wissen.

Da lachte sie wieder.

„Kommt darauf an", erwiderte sie, „wie fleißig Sie üben."

„Dann brauche ich also eine Schreibmaschine", sagte ich.

„Ja", meinte sie, „eine Schreibmaschine brauchen Sie schon."

Und so kaufte ich mir für hundert Mark eine gebrauchte Schreibmaschine und übte jeden Tag. Meinem Mann erklärte ich, dass ich die Einzige in der Familie sei, die ordentliches Deutsch könne und wenn alle wollten, dass ich für sie den Behörden-Kram erledigte, müsste ich unbedingt Schreibmaschine schreiben lernen. Und damit gab er sich zufrieden. Ich übte täglich und wurde immer besser. Und bemerkte außerdem, wie sehr es mich beruhigte, etwas zu lernen und zu üben, wie gut es mir tat, wie sehr es mein Selbstwertgefühl stärkte, etwas einmal ganz allein für mich zu tun.

Ich hatte ja so viel nachzuholen. War ich als Kind eine gute Schülerin gewesen, so kam es mir jetzt mit 21 so vor, als müsste ich wieder bei Null anfangen. Ich war dumm gehalten worden.

Alles hatte ich vergessen. Aber ich war wie ein Schwamm und sog all das verlorene und das neue Wissen nur so in mich auf.

Mein Alltag war alles andere als einfach. Bevor ich für Berna in Erlangen einen Kindergartenplatz bekam, musste ich im ersten halben Jahr meiner Ausbildung jeden Tag mit dem Bus in das dreißig Kilometer entfernte Nürnberg fahren, um Berna zu meiner Mutter und meiner Schwägerin zu bringen. Die Schule aber war in Erlangen, und darum musste ich dieselbe Strecke auch wieder zurückfahren. Der Unterricht ging bis sechzehn Uhr, und dann ging das Ganze wieder von vorne los. Ich hetzte mich ab, um rechtzeitig nach Hause zu kommen, damit das Essen pünktlich auf dem Tisch stand, um ja meinen Mann nicht zu erzürnen. Das ließ sich aber selten vermeiden, und so endeten die Tage meist mit Schlägen, Weinen und Geschrei. Ich achtete darauf, meine Tochter aus der Schusslinie zu halten und vor seiner Brutalität zu schützen, warf mich vor sie, flehte ihn an, mich zu schlagen und das Kind in Frieden zu lassen.

„Du liebst Berna mehr als mich", sagte er einmal in einer Mischung aus Verzweiflung und Wut. Ich denke, er hat mich auf seine kranke Art tatsächlich geliebt. Für ihn bedeutete Liebe, dass ich mich ihm unterwerfe, sein Eigentum bin, über das er frei verfügen kann. Und da er Schwierigkeiten hatte, sich zu artikulieren und mit Worten durchzusetzen, zeigte er seine vermeintliche Stärke gegenüber Berna und mir stets mit körperlicher Gewalt. In seiner Vorstellung von Partnerschaft hatten Werte wie Akzeptanz, Toleranz, Respekt und gegenseitige Stärkung keinen Platz. Dass er auf seine eigene Tochter eifersüchtig war, zeigt, dass er ein unsicherer Mann war, unfähig zu wirklicher Liebe.

„Ja", sagte ich damals, „ich liebe meine Tochter. Wenn du sie schon nicht liebst, dann lass sie doch wenigstens in Ruhe." Doch das tat er nicht, und wenn ich heute etwas aus tiefstem Herzen bereue, dann ist es, dass ich nicht früher in der Lage war, mich von diesem Mann zu befreien und es so lange hingenommen habe, dass unser unschuldiges Kind derart leiden musste. Es gab

Nächte, in denen ich aufstand, um nachzusehen, ob das kleine Mädchen in ihrem Bettchen überhaupt noch atmete.

In diesen ersten Monaten meiner Ausbildung nahm Refiks Terror immer schlimmere Formen an. Wann immer er mich mit meinen Büchern antraf und mich dabei ertappte, dass ich tatsächlich lernte, schlug er mich und quälte mein Kind. Nach einem Vierteljahr war ich so verzweifelt, dass ich bereit war, alles hinzuschmeißen. Ich ging zu einer der Ausbilderinnen und erklärte ihr, dass ich aufgeben wollte. Da packte sie mich am Arm und schüttelte mich.

„Şengül", sagte sie, „du bist so gut, du hast unglaubliche Fortschritte gemacht. Diese Chance hier, die kommt nie wieder, hörst du? Gib jetzt nicht auf, bring es zu Ende. Ich weiß, dass du es schaffen kannst."

Und da gab ich mir einen Ruck. Sie hatte recht. Versuchen musste ich es jedenfalls. Ich dachte an die Anwältin, deren Bild mich seit so vielen Jahren begleitete. Sie hätte auch nicht aufgegeben. Und so ging ich nach Hause und erklärte Refik, dass ich gar nicht daran denken würde, die Ausbildung abzubrechen, dass er mich schon umbringen müsste, um zu verhindern, dass ich diesen Abschluss machte.

Von da an ließ ich mir weniger gefallen und riskierte, dass die Situationen immer öfter eskalierten. Refik schlug mich ohnehin, ob ich mich bemühte oder nicht. Auf ein paar mehr Schläge kam es mir auch nicht mehr an. Wenn er anfing, dann hielt ich meistens ganz still und mein Geist ging auf Reisen. Einmal prügelte er mich so, dass ich eine Platzwunde am Kopf hatte, die genäht werden musste. Solche Wunden schmerzen erst am zweiten Tag so richtig, damit kenne ich mich aus. Also nahm ich ein Aspirin, legte mich ins Bett, und wartete, bis Refik neben mir eingeschlafen war und ich seine regelmäßigen Atemzüge hörte. Dann stand ich leise auf, schnappte meine Bücher und setzte mich ins Wohnzimmer zum Lernen. Und wenn er mich zuvor auf den Hinterkopf geschlagen hatte, was seine Spezialität war, damit man mir die Prellungen und blauen Flecken nicht so ansah, dann führte ich, wie immer, wenn es mir nicht gut ging, Selbstgespräche. „Na, Şengül", sagte ich, „hast du wieder eins auf den Kopf gekriegt, was? Dann kannst du jetzt umso besser denken." Ich lachte, versuchte, das alles mit Humor zu nehmen, innerlich sang ich vor mich hin: „Er schläft! Er schläft! Jetzt kann ich wieder lernen. Ich schaff das! Ich schaff das! Ich werde es allen zeigen!"

Und so lernte ich jede Nacht zwischen zwölf und drei Uhr, dann schlich ich mich ins Bett, und um sechs Uhr klingelte schon wieder der Wecker. In Situationen, in denen andere sich drei Tage lang ins Bett gelegt hätten, funktionierte ich wie ein Roboter, versorgte mein Kind und meinen Mann, ging zur Schule, machte den Haushalt, ertrug Refiks Quälereien und lernte in der Nacht, sobald er eingeschlafen war. Denn ich hatte ein Ziel. Bald kam die Zwischenprüfung, und ich hatte fürchterliche Angst, sie zu vermasseln. Doch ich bestand sie. Zu meiner Ausbildung gehörte auch ein neunmonatiges Praktikum bei einem Steuerberater, und ich schaffte es irgendwie, auch das Praktikum in meinem komplizierten Terminkalender unterzubringen und trotz des häuslichen Terrors zu bewältigen.

Morgens zog ich los, vorne trug ich Berna, auf dem Rücken meinen Rucksack, und so ging es zunächst zu meinen Eltern, wo ich die Kleine ablieferte und mir die Sticheleien meiner Mutter anhören musste: „Bist du noch bei Trost? Drückst die Schulbank mit einundzwanzig, wo du doch Mann und Kind hast – schäm dich!"

„Halt den Mund", sagte ich einmal zu ihr, „ich will nicht so blöd enden wie du. Du weißt genau, wir brauchen zwei Gehälter. Und mit meiner Niere muss es nun mal ein Bürojob sein." Endlich war meine chronische Krankheit auch einmal zu etwas gut. Und tatsächlich, meine Mutter gab Ruhe. Meine Eltern halfen mir sogar dabei, einen Praktikumsplatz beim Steuerberater meines Vaters zu bekommen.

Er war ein autoritärer und dominanter Mann. Er schmiss auch schon mal Ordner durch die Gegend, wenn ihm etwas nicht passte. Einmal, als ich „Excel“ falsch geschrieben hatte, brüllte er mich an: „Wie um alles in der Welt wollen Sie die Ausbildung bestehen, wenn Sie nicht einmal wissen, wie man ‚Excel‘ schreibt!?“ Tatsächlich musste ich mir alles länger anschauen als andere, ich war wirklich unglaublich ahnungslos nach all den Jahren, die ich versäumt hatte. Doch ich ließ nicht locker. Was ich nicht wusste, das erfragte ich. Von Anfang an fragte ich lieber fünf Mal nach, ehe ich etwas falsch machte, und das war immer in Ordnung. Es war für mich eine große Erleichterung, als Berna drei Jahre alt wurde und sie in einem Kindergarten bei uns in der Nähe aufgenommen wurde. Schon bald fielen einer Erzieherin ihre blauen Flecken auf.

„Was ist denn mit Berna passiert?“, fragte sie mich „woher hat sie denn die Blutergüsse?“

„Sie ist vom Fahrrad gefallen“, sagte ich und schämte mich zu Tode. Da packte mich die Kindergärtnerin und sagte: „Sehen Sie zu, dass Berna nie wieder vom Fahrrad fällt“, und dabei sah sie mir in die Augen, und mir war klar, sie wusste genau, was los war.

Zu Hause sagte ich zu Refik: „Hör auf, sie zu schlagen. Im Kindergarten haben die Frauen längst begriffen, was hier läuft. Wenn du so weitermachst, dann melden sie das der Polizei, und sie nehmen uns Berna weg.“

„Kein Scheißdeutscher nimmt mir mein Kind weg“, tobte er. Und ging auch bei Berna dazu über, ihr mit der Faust auf den Hinterkopf zu schlagen, damit man die blauen Flecken nicht sehen konnte.

In diesen Wochen und Monaten beschlichen mich ganz entsetzliche Fantasien. Ich wünschte mir nichts mehr als den Tod dieses Scheusals. Nachts, wenn ich darauf wartete, dass sein Atem regelmäßig wurde, um aufstehen und lernen zu können, hatte ich auf einmal Visionen, wie ich ihm kochendes Öl in die Ohren goss. Ich ertappte mich dabei, wie ich mich fragte, ob ich wohl genügend Kraft hätte, um ihn zu erdrosseln. Ich betete jeden Abend: „Lieber Gott, nimm ihn zu dir. Mach, dass er stirbt. Erlöse mich von ihm.“ Da Refik Auto fuhr wie ein Wahnsinniger, war ich eine Zeit lang fest davon überzeugt, dass eines Tages die Polizei an meiner Tür klingeln würde, um mir zu sagen, mein Mann sei tödlich verunglückt. Wie sehr sehnte ich diesen Augenblick herbei! Und dann erschrak ich wieder vor mir selbst, denn solche Gedanken passten einfach nicht zu mir, und einem Menschen den Tod zu wünschen, auch noch dem eigenen Mann, kam mir vor wie eine Sünde.

In dieser Zeit hatte ich einmal einen wunderschönen Traum, der mich über Monate hinweg tröstete. Ich befand mich in einer angenehmen, beruhigenden Höhle. Ich sah einen hell gekleideten Mann mit einem langen weißen Bart. Ich sagte ihm, wie sehr ich litt, und bat ihn, mich zu retten. Er antwortete mir: „Beweise mir deine Geduld, und ich werde dich retten."

Ich wachte auf und fühlte mich wunderbar aufgehoben. Und ich wusste: Gott wird mich retten. Bis dahin musste ich ihm meine Geduld beweisen. Und wieder hatte ich genug Kraft, um eine Weile durchzuhalten.

Ich weiß gar nicht, wie ich beschreiben soll, wie schwer es für mich war, meine Hoffnungen auf ein besseres Leben aufrechtzuerhalten. Denn meine Familie und vor allem mein Mann taten alles dafür, dass mein Selbstvertrauen verkümmerte. Wenn man ständig Schmerzen hat und sich nur mit Blutergüssen im Spiegel sieht, dann ist es unmöglich, irgendetwas am eigenen Körper attraktiv zu finden. Während meiner Schwangerschaft hatte ich vierzig Kilo zugenommen, und ich fühlte mich wie eine hässliche, alte Tonne. Dazu kam noch meine Nase, die schief und krumm aus meinem blassen Gesicht hervorstach.

In der Schule war eine junge Frau, die ich wegen ihrer schönen, geraden und formvollendeten Nase heimlich bewunderte. Eines Tages standen wir während einer Zigarettenpause zusammen vor der Tür, als sie sagte: „Sag mal, warum starrst du mich eigentlich immer so an?"

„Weil du eine so schöne Nase hast", gestand ich. „Und weil meine so hässlich ist."

„Weißt du was", antwortete sie, „meine war auch ganz hässlich. Und dann hab ich sie operieren lassen. Warum machst du das nicht auch?"

„Aber das tut doch so weh", wandte ich ein, „und außerdem ist so eine Operation viel zu teuer."

„Ich war bei einem ganz tollen Arzt, da war das gar nicht teuer, und wehgetan hat es auch überhaupt nicht. Wenn du willst, gebe ich dir die Adresse."

Tatsächlich übernahm die Krankenkasse die Kosten für meine Nasenoperation, da sie aus medizinischer Hinsicht dringend erforderlich war. Ich bekam mit dieser deformierten Nase kaum Luft. Und so wurde meine Nase operiert. Als ich, nachdem endlich alles vorbei war und die Schwellungen zurückgegangen waren, in den Spiegel sah, da wusste ich, dass diese Operation ein Anfang war. Ein Anfang in die richtige Richtung, der Anfang eines Weges in die Freiheit. Denn auf einmal fand ich mich gar nicht mehr so hässlich. Und wenn mich Refik von nun an schlug, so achtete ich stets darauf, dass nur ja meine Nase heil blieb.

Schließlich rückte der Termin der Prüfung im Dezember 1996 näher.

„Du gehst da nicht hin!", brüllte Refik.

„Und ob ich da hingehe", schrie ich zurück. „Und wenn ich die Prüfung schaffe, dann geh ich fort und du siehst mich nie wieder!"

Eigentlich hatte ich das nicht sagen wollen, es war mir einfach rausgerutscht. Von da an wusste er, was er zuvor nur geahnt hatte: dass er Gefahr lief, mich zu verlieren.

Seine Gewalttätigkeit und unsere Streitereien steuerten auf einen neuen Höhepunkt zu. Mir war das egal. Ich lernte fieberhaft, sooft ich nur konnte, vor allem nachts. Ich hatte eine Technik entwickelt, die mir mein Leben lang bleiben sollte. Wenn ich eines meiner Bücher aufschlug und mich in den Lernstoff vertiefte, dann blendete ich alles andere aus: Meine Wut, meine Angst, meine Schmerzen – einfach alles. Ich lernte, denn es ging um mein Leben. Und ich entwickelte eine Entschlossenheit, von der auch Refik spürte, dass er nicht gegen sie ankam.

„Ich schließe dich ein. Ich binde dich fest. Ich lass dich nicht aus dem Haus."

„Dann brech ich die Tür auf und rufe die Polizei. Ich zeige dich an. Du kannst mich nicht aufhalten. Du nicht."

Am Tag vor der Prüfung schlug er mich so brutal, dass ich meinen rechten Arm nicht bewegen konnte. Ich konnte nicht mehr schreiben. Aber wenn Refik geglaubt hatte, dass er mich so leicht bezwingen könnte, dann täuschte er sich. Ich ging zur Prüfung und stützte mit meiner linken Hand die rechte, und schrieb ein Wort nach dem anderen, Antwort für Antwort nieder. Ich biss die Zähne zusammen und blendete alles aus: Wut, Schmerz, Verzweiflung und Angst, selbst meine Euphorie. Und dann war die Prüfung vorbei und wir mussten die langen Wochen bis Februar auf die Ergebnisse warten.

Im Januar wurde es so schlimm zwischen Refik und mir, dass ich wieder einmal mit Berna ins Frauenhaus zog, diesmal in Nürnberg. Es war eine Art Atemholen für uns, eine Auszeit. Ich wusste, dass ich wieder zurück musste, doch es gab Momente, in denen meine Angst vor ihm so groß wurde, dass ich glaubte, er würde mich tatsächlich totschlagen, wenn ich zu ihm zurückkehren würde. Nach einer Woche hatte er sich in der Regel ein klein wenig beruhigt. Und ich hatte wieder etwas Kraft geschöpft.

Während dieser Woche im Frauenhaus begegnete mir eine sechzehnjährige Türkin, die angeblich in die Zukunft sehen konnte.

„Na", fragte ich sie halb im Scherz, „und was wartet auf mich?"

Meine Frage hatte ich eigentlich nicht ernst gemeint, und dennoch klopfte mir das Herz bis zum Hals. Fatima nahm meine Hand und betrachtete sie lange. Dann sagte sie: „Dein Mann wird sterben."

Ich zog meine Hand zurück.

„Oh nein", lachte ich, „darauf hoffe ich schon so lange, aber glaub mir, der stirbt nicht. Eher bringt er mich um."

Fatima blieb ernst.

„Doch“, sagte sie, „er wird sterben. Hier steht es, in deinen Linien. Und du wirst glücklich sein. Du wirst einen guten Beruf und Erfolg haben. Und am Ende wirst du auch noch deinen Traummann finden. Du wirst nicht gleich merken, dass ihr füreinander bestimmt seid. Du wirst dich anfangs sogar dagegen sträuben. Aber mit ihm wirst du Liebe und Glück finden.“

Die anderen Frauen, die dabei waren, johlten und klatschten in die Hände. Mir war seltsam zumute. Auch wenn ich Fatima all die guten Nachrichten nicht glauben konnte, so tat es mir doch gut, diese Worte aus ihrem Mund zu hören. Mein Ehemann würde tatsächlich sterben? Wann? Und ich würde erfolgreich sein, einen Beruf haben? Und die große Liebe erleben?

Jener Traum fiel mir wieder ein, der alte Mann, der gesagt hatte: „Beweise mir deine Geduld, und ich werde dich retten.“ Wie viel Geduld musste ich noch aufbringen? Wann war das Maß meines Leidens voll?

2 Durch die Hölle ans Licht

Die Eskalation

Im Februar gehe ich jeden Morgen mit zitternden Knien zum Briefkasten. Bald soll jener Brief eintreffen, der über mein Schicksal entscheiden wird. Und eines Tages ist es so weit, schon von der Treppe aus sehe ich den großen weißen Umschlag, der aus dem Briefkasten herausschaut. Ich halte den Atem an. Mir wird schwindelig. „Steuerberaterkammer" steht dort als Absender. Ich reiße den Brief auf und sehe das Ergebnis: „Bestanden". Ich stoße einen solchen Schrei aus, dass meine Nachbarin die Tür aufreißt, weil sie glaubt, ich werde schon wieder misshandelt. Ich falle ihr in die Arme, weine und lache gleichzeitig.

„Ich habe bestanden! Ich habe bestanden! Ich bin jetzt Steuerfachgehilfin! Stell dir das mal vor!"

Ich bin mit meiner Freude allein, aber das macht mir nichts. Meine Familie quittiert das Ergebnis mit großen Augen und bestürzten Gesichtern, sie wissen ganz genau, dass ich auf dem Sprung bin, aus meiner Ehe auszubrechen. Refik überschüttet mich täglich mit neuen Drohungen. Er werde mich umbringen, mich und das Kind. Und meine Familie, die würde er auch gleich mit auslöschen. Irgendwann höre ich einfach nicht mehr hin.

Vier Wochen nachdem ich das Zeugnis erhalten habe, lese ich in der Zeitung eine Anzeige. „Steuerkanzlei sucht für türkischen Mandanten türkische Steuerfachgehilfin." Ich wähle die angegebene Nummer, frage, ob ich eine Bewerbung schicken soll, und werde sofort eingeladen vorbeizukommen, die Unterlagen könne ich ja zum Gespräch mitbringen.

Alles kommt mir vor wie in einem meiner Träume. Die Sekretärin empfängt mich, ich werde in ein Besprechungszimmer geführt, für mich riecht es nach Aktentaschen und Macht.

Dann erscheint ein sympathischer junger Mann, er hat lebhafte blaue Augen und lächelt mich die ganze Zeit an. Er stellt mir einige Fragen und schaut sich mein Zeugnis an.

Irgendwann frage ich: „Und wann kommt denn nun der Steuerberater?"

Da muss er lachen und sagt: „Der Steuerberater? Na, der bin doch ich!"

Ich kann es kaum fassen. Der Steuerberater meiner Eltern, bei dem ich neun Monate lang das Praktikum absolviert habe, war von einem ganz anderen Schlag gewesen: übergewichtig, groß und laut. Dieser charmante Mann hier in seinen flotten Jeans passt überhaupt nicht in das Bild, das ich mir vom Chef einer Steuerkanzlei gemacht hatte.

„Sie können nächste Woche anfangen", sagt er. „Und wenn Sie wollen, schon morgen."

Er hatte schon ziemlich lange nach einer Steuerfachgehilfin gesucht, die Türkisch spricht, denn unter seinen Mandanten befand sich eine große türkische Import-Export-Lebensmittelkette, und er brauchte jemanden als Bindeglied zwischen dem türkischen Unternehmen und der Kanzlei. Die Stelle war wie für mich geschaffen. Es folgte ein Gespräch mit dem Chef der türkischen Firma, und auf einmal war ich die Chefbuchhalterin eines Unternehmens mit mehreren Filialen, hatte von der Buchhaltung bis zur Lohnabrechnung alles zu machen und achtzig Angestellte zu betreuen. Die Aufgabe war kompliziert, es ging um Geldverkehr ins Ausland, und auch wenn ich während meines Praktikums Erfahrungen in der Buchhaltung gesammelt hatte, war doch alles neu für mich.

Plötzlich bekam ich Panik: Würde ich das schaffen? Ich hatte keinerlei Berufserfahrung. War das alles nicht eine Nummer zu groß für mich?

Doch Michael, mein neuer Chef, machte mir Mut. „Wir schicken dich zu einem dreitägigen Datev-Seminar, da lernst du alles, was du brauchst. Und wenn etwas unklar ist, fragst du einfach uns."

Drei Tage in der Woche arbeitete ich bei der türkischen Firma im Büro, die restlichen zwei Tage verbrachte ich in der Kanzlei. Dort wurde ich sofort in die Kollegen-Familie aufgenommen. Ich hatte unendlich großes Glück, denn meine neuen Kollegen waren wirklich unglaublich nett. Was immer ich auf dem Herzen hatte, ich konnte sie alles fragen. Oft saß ich bei der türkischen Firma im Büro mit dem Telefonhörer am Ohr und hatte jemanden aus der Kanzlei in der Leitung. Für die anderen war das in Ordnung, in erster Linie war ich ohnehin das Bindeglied zwischen der Kanzlei und dem Kunden. Denn außer mir sprach niemand Türkisch.

Tagelang beschäftigte ich mich damit, wie ich eine bestimmte Sache am Besten lösen konnte. Und wenn mich abends mein Mann wieder zusammenschlug, dann nahm ich eine Aspirin, legte mich ins Bett und überlegte mir die Lösung für mein Problem. Oft sagte Refik:

„Du gehst da morgen nicht hin."

„Klar geh ich da hin!"

Und jeden Morgen stand ich aufs Neue auf, zog mich an und ging zur Arbeit. Denn sie war es, die mich in jener Zeit am Leben hielt.

Im Büro zeigte ich nie, wie es mir zu Hause erging. Refik schlug mich inzwischen so routiniert, dass man mir die Spuren seiner Misshandlungen kaum noch ansah. Auch von meiner angespannten Seelenlage bekam nie jemand auch nur das Geringste mit. Während der Arbeit widmete ich mich zu hundert Prozent meinen Aufgaben, und wenn ich nach Hause ging, stellte ich mich der Situation in meiner Ehe. Das führte zu einem ziemlich extremen und zweigleisigen Leben. Das Zusammensein mit meinen Kollegen aber stärkte mich, gab mir Mut und Kraft, hier ging es so anders zu, als ich es von meiner Familie kannte, es wurde nicht herumgeschrien, jeder respektierte den anderen, man war freundlich zu mir, auch wenn ich die typischen Anfängerfehler machte und oft das Gefühl hatte, dass ich mehr von der Firma bekam, als ich geben konnte. Dass mich diese wunderbaren Menschen so aufrichtig und ohne Vorbehalte aufnahmen, das tat mir unendlich gut, sodass ich mich langsam und fast unmerklich veränderte. Ich wurde selbstbewusster. Ich erkannte immer deutlicher, was für ein kleines Licht mein Ehemann war. Ich erfuhr jeden Tag, dass es da noch etwas anderes gab, eine andere Welt, und ich, die hässliche, übergewichtige Şengül, die mehrmals die Woche verprügelt wurde, begann tatsächlich, dazuzugehören. Und Tag um Tag löste ich mich mehr aus der ängstlichen, devoten Haltung der duldenden Ehefrau.

Es gab immer noch Nächte, in denen ich mich heimlich in den Schlaf weinte, aus lauter Angst, ich könnte es nicht schaffen und müsste irgendwann aufgeben. Und dennoch, am nächsten Morgen rappelte ich mich wieder auf, fasste neuen Mut, ertrug Refiks bösartige Bemerkungen, brachte Berna in den Kindergarten und ging zur Arbeit. Was ich nicht weiß, dachte ich, das lerne ich eben heute. Gestern hab ich schon so viel Neues gelernt, und morgen lerne ich noch mehr dazu.

In dieser Zeit nahmen unsere finanziellen Probleme dramatisch zu, sodass Refik sogar seinen geliebten BMW verkaufen musste und sich stattdessen einen gebrauchten Kleinwagen anschaffte. Von den 15 000 D-Mark, die er für den BMW erhielt, sah ich nicht einen einzigen Schein. Monatelang versteckte er das Geld vor mir, und ich vermute, dass er es später zu seinen Eltern in die Türkei brachte.

Jedenfalls konnten wir uns zwei Autos und das Benzingeld nicht leisten. Und so entschlossen wir uns, wieder nach Nürnberg zu ziehen. Für mich war das auf jeden Fall eine enorme Vereinfachung, und auch Refik konnte so Fahrgeld sparen. Wir hatten Glück und fanden drei Straßen von meinen Eltern entfernt eine passende Wohnung.

Das war praktisch, da mir meine Mutter und meine Schwägerin mit Berna halfen, die nun in einen neuen Kindergarten kam. Hier sprachen mich die Erzieherinnen nach kurzer Zeit auf ein paar Auffälligkeiten an: Berna male für ihr Alter sehr untypische und auffällige Bilder. Auf ihnen seien alle Menschen schwarze Kugeln ohne Arme und Beine. Ob in unserer Familie alles in Ordnung sei? Was denn die blauen Flecken des Kindes bedeuteten?

Und wieder deckte ich meinen gewalttätigen Mann, doch die Wut in meinem Bauch wurde immer größer, und mir war klar, dass etwas geschehen musste, um diese Situation ein für alle Mal zu beenden. Aber noch immer sah ich keinen Ausweg. Refik drohte nun fast täglich damit, mich umzubringen, und ich spürte, dass in ihm eine Art Zeitbombe zu ticken begonnen hatte. Alles steuerte auf eine Katastrophe zu, doch ich verschloss die Augen davor, so gut es ging.

Im April 1997 hatte ich meine Arbeit aufgenommen und schon im Juni wartete eine neue Herausforderung auf mich: mein türkischer Arbeitgeber wurde einer Steuerprüfung unterzogen. Es wurde überprüft, ob das Unternehmen die Steuer auf ihre Umsätze korrekt ausgewiesen und abgeführt hatte. In diesem Fall war es eine besonders komplizierte Prüfung, denn es gab Abweichungen von der Norm, je nachdem, ob die Geschäfte innerhalb Deutschlands oder mit einem Drittland getätigt worden waren, denn dann gab es auch Einfuhr- und Umsatzsteuerzoll, und so manche andere Tücke. Als mein Chef mir diese Details des Steuerrechts zum ersten Mal erklärte, verstand ich nur Bahnhof. Dann setzte ich mich am Wochenende zu Hause hin und schlug alles in meinen Büchern nach, nahm mir aus der Kanzlei Lektüre mit nach Hause und machte mich so nach und nach schlau. Und dazwischen ertrug ich, wie man ein Unwetter oder ein Erdbeben hinnimmt, das Gezeter meines Mannes, besänftigte ihn, so gut ich konnte, und ließ seine Gewalt über mich ergehen.

Der Prüfer vom Finanzamt wollte natürlich die Originalrechnungen sehen, und manche musste ich aus der Türkei erst telefonisch anfordern. Bei dieser Gelegenheit erfuhr ich auch, dass ich gar kein Hochtürkisch sprach, sondern sogenanntes „Bauerntürkisch“. Außerdem musste ich den Prüfer bei Laune halten, der mit mir in den Räumen meines türkischen Mandanten saß, wo er keine Ruhe fand, weil dauernd Leute aus- und eingingen und ständig „diese türkische Dudelmusik", wie er es nannte, lief. Irgendwann wurde es ihm zu bunt, und wir verlegten die Prüfung in die Kanzlei, wo wir mit allen Unterlagen einen Besprechungsraum belagerten. Dort sollte der Prüfer Zeuge einer für mich äußerst gefährlichen Szene werden.

Einmal im Jahr lud die Kanzlei alle ihre Mitarbeiter zu einem Ausflug ein. Im Juni war es wieder so weit. Die Fahrt ging nach Berlin und der Höhepunkt unserer Reise sollte ein Besuch des „Cirque du Soleil" sein. Wie sehr staunte ich, als auch ich eine Einladung erhielt. Nach Berlin! Und eine Vorstellung dieses wunderbaren, weltberühmten Zirkus sollte ich sehen! Doch natürlich erlaubte Refik nicht, dass ich mitfuhr. Meine Enttäuschung war grenzenlos. Meine Ausrede gegenüber meinen Kollegen, Berna sei krank und ich könne sie nicht allein lassen, klang fadenscheinig. Zu deutlich stand mir die Enttäuschung ins Gesicht geschrieben. Meine Kollegen ahnten wohl schon seit einer Weile, dass bei mir zu Hause etwas ganz und gar nicht in Ordnung war. Und als mich mein Chef darauf ansprach, offenbarte ich mich ihm.

Er war entsetzt.

„Şengül", sagte er, „du bist eine so liebe und tolle Frau, du musst dir das nicht gefallen lassen. Das ist doch kein Leben." Ich weinte und nickte und schüttelte auch wieder den Kopf. Natürlich war das kein Leben, wie ich es mir wünschte. Aber es schien mir das einzige Leben, das für mich möglich war. Ich ahnte ja nicht, wie rasch mein Vorrat an Leidensfähigkeit aufgebraucht sein sollte.

Hatte ich schon nicht mit nach Berlin fahren dürfen, so nahm ich wenigstens eine Einladung zur Geburtstagsfeier eines Kollegen an. Auch Refik war eingeladen, doch er weigerte sich, mitzukommen. Obwohl er versuchte, auch mir zu verbieten, auf die Party zu gehen, setzte ich mich durch und ging hin.

Es war ein wunderschönes Fest an diesem 24. Juli 1997. Ich erinnere mich immer noch genau an diesen Abend. Da stand ich also mitten unter all diesen fröhlichen Menschen, von denen keiner ahnte, was es mich gekostet hatte, hierherzukommen. Jemand drückte mir ein Glas Sekt in die Hand, und ich kam mir vor wie in einem Film. Ich dachte: „Wow, Şengül, das ist jetzt dein allererster Schluck Alkohol." Viele Jahre später erzählte mir unser Gastgeber, dass er Refik gesehen hatte, wie er draußen in der Dunkelheit vor der Glastür herumgelungert und mich mit hasserfüllten Augen beobachtet hatte. „Mit Mord in den Augen" waren seine Worte, und noch im Nachhinein läuft es mir kalt den Rücken hinunter. Es war klar, unsere Beziehung bewegte sich in jenem Sommer auf eine Eskalation zu, und es war nur noch eine Frage der Zeit, wann es knallen würde.

Der große Knall kam an einem Sonntag. Nach einem unserer üblichen Streits hatte sich Refik wie sooft in sein Auto gesetzt und war durch die Gegend gefahren. Ich hatte mir Arbeit mit nach Hause genommen und saß über meinen Büchern. Es war schon spät, und Berna schlief bereits friedlich in ihrem Bettchen.

Gegen 22 Uhr kam Refik wieder nach Hause. Wie sooft verlangte er grob, ich solle auf der Stelle mit ihm ins Bett gehen. „Nein", sagte ich. Und das war das erste Mal, dass ich mich ihm verweigerte. „Ich bin am Arbeiten. Das siehst du doch."

Ohne ein weiteres Wort ging er ins Kinderzimmer. Kurz darauf hörte ich Berna laut aufkreischen. Ich rannte ihm hinterher. Zum ersten Mal hatte er die Tür zum Kinderzimmer nicht abgesperrt. Ich sah Berna zitternd und schreiend in ihrem Bett. Refik prügelte mit voller Wucht auf unsere vierjährige Tochter ein. Und da war es plötzlich, als legte jemand einen Schalter um.

Ich kann heute nur schwer rekonstruieren, was damals genau geschah. Als ich sah, wie Refik auf Berna einschlug, erschien er mir wie ein blutüberströmter Teufel. So als sähe ich nur sein inneres Wesen, seine Boshaftigkeit, seine Grausamkeit. Ich muss mich auf ihn gestürzt haben wie eine Löwin; muss auf ihn eingeschlagen haben; von irgendwoher müssen mir Riesenkräfte zugewachsen sein. Wie lange wir so miteinander gekämpft haben, weiß ich nicht, jedenfalls sah die Wohnung hinterher so aus, als sei ein Orkan hindurchgefegt. Ohne zu wissen woher hatte ich auf einmal einen Ledergürtel in meinen Händen. Ich schlang ihn um Refiks Hals und zog zu, daran kann ich mich noch deutlich erinnern. Ich war wie von Sinnen, schrie und tobte, und so fest ich nur konnte zog ich den Lederriemen immer enger um Refiks Kehle. Irgendwie kam ich wieder zu mir, Refik lag am Boden, röchelnd, doch noch am Leben. Ich ging zum Telefon, wählte die Nummer meines jüngeren Bruders und schrie in den Hörer: „Komm auf der Stelle hierher. Wenn du nicht kommst, gibt es hier Tote. Er oder ich, hörst du, er oder ich, einer von uns ist gleich tot."

Ich packte in aller Eile eine Tasche voll mit Bernas Sachen. Mein Bruder kam, und ich sagte: „Ich verlasse ihn. Keine Macht dieser Welt bringt mich hierher zurück. Berna und ich kommen jetzt mit dir."

Mit Berna auf dem Arm, die weinte und wimmerte, verließ ich unsere gemeinsame Wohnung. Für mich nahm ich nur meine Bücher mit, kein einziges Kleidungsstück, nur das, was ich auf dem Leib trug. Ein paar Tage lang lief ich in der Jeans meines Bruders herum. Mein Vater befand sich zu jener Zeit im Krankenhaus, er war wegen eines Leistenbruchs operiert worden und ziemlich schwach. Meine Mutter war alles andere als erfreut, als wir bei ihr auftauchten, doch endlich fand ich den Mut, zu erzählen, was Berna und ich die ganzen Jahre durchgemacht hatten.

„Ich lasse keinen Tag länger zu, dass dieser Teufel mein Kind schlägt", erklärte ich. „Viel zu lang habe ich das mit angesehen." Und dann brach ich in Tränen aus und schluchzte so verzweifelt, dass selbst meine Mutter nicht wagte, mich zu meinem Mann zurückzujagen.

Am nächsten Tag ging ich zum Anwalt und reichte die Scheidung ein. Innerlich zitterte ich und zählte an den Fingern ab, wann Refik den Brief erhalten würde. Am Mittwoch stand er bei uns vor der Kanzlei und verlangte mich zu sprechen. Ich war gerade mitten in einer Besprechung mit dem schon erwähnten Steuerprüfer, als die Sekretärin mich rief. Mein Chef kam dazu, bat Refik herein. Er bot mir an, bei dem Gespräch zugegen zu sein.

Es war eine verzweifelte Situation für mich. Zum ersten Mal prallten meine zwei Leben aufeinander, die ich mit so viel Mühe voneinander getrennt gehalten hatte: die neue Welt, die ich mir aufgebaut hatte, in der ich freundlich aufgenommen worden war, täglich dazulernte, mein eigenes Geld verdiente, wie ein Mensch behandelt wurde. Und mein anatolisches Erbe in Gestalt meines Mannes, dem Mord und Totschlag ins Gesicht geschrieben standen. Hinter mir im Besprechungsraum saß der Steuerprüfer, und vor mir stand Refik, der mir auf Türkisch befahl, vor das Haus zu kommen, er habe mit mir zu reden. Wenn ich nicht mitkäme, werde er hier alles in Stücke hauen. Mir lief es kalt den Rücken runter bei der Vorstellung, dieser brutale Kerl würde hier vor den Augen meines Chefs mein neues Leben kurz und klein schlagen.

„Ich gehe kurz mit ihm vor die Tür", sagte ich zu meinem Chef.

Er blickte mich skeptisch an. „Wenn du mich fragst, Şengül", sagte er, „dann ist das keine gute Idee. Sprich hier mit ihm. Geh nicht allein mit ihm raus."

„Doch", sagte ich, immer noch bemüht, meine zwei Welten auseinanderzuhalten, „ich bin gleich wieder da."

Und folgte Refik auf die Straße.

Was ich damals nicht wusste, was mir aber das Leben rettete, war, dass mein Chef eine meiner Kolleginnen bat, Refik und mich vom Fenster aus im Auge zu behalten. Er selbst stellte sich an die Treppe, bereit, beim kleinsten Signal meiner Kollegin mir zur Hilfe zu eilen. Und tatsächlich, kaum stand ich mit Refik vor dem Haus, schlug er mir mit einem einzigen harten Faustschlag mitten ins Gesicht und auf die Nase. Ich stürzte zu Boden, war benommen und konnte nicht mehr aufstehen. Mein

Gesicht und meine Bluse, alles war voller Blut, und mein erster Gedanke war: „Scheiße! Jetzt ist die schöne Nase wieder hin!", was aber zum Glück nicht der Fall war. Dafür erlitt ich eine schwere Gehirnerschütterung. Refik nützte meine Benommenheit aus, um brutal nach mir zu treten. Doch schon im nächsten Augenblick kam mein Chef angerannt, und mit einer Kraft und Behändigkeit, die ich ihm überhaupt nicht zugetraut hätte, umfasste er Refik mit beiden Armen von hinten, zwängte ihm seine Arme um den Leib, und hielt ihn festumklammert. Ein weiterer Kollege aus der Kanzlei kam ihm zur Hilfe und hielt den sich wie rasend wehrenden Refik von vorne fest; sogar zu zweit konnten sie ihn kaum halten. Aus der benachbarten Apotheke trat der Besitzer heraus, und fragte:

„Was ist denn hier los?"

Mein Chef schrie ihm entgegen: „Los, rufen Sie die Polizei!"

„Ja, aber …"

„Wenn Sie nicht auf der Stelle die Polizei rufen", brüllte mein Chef, der alle Mühe hatte, den um sich schlagenden Refik im Griff zu halten, „dann zeige ich Sie wegen unterlassener Hilfeleistung an!"

Das wirkte. Und kurze Zeit später war die Polizei zur Stelle. Ich wurde ins Krankenhaus gebracht, wo ich drei Tage lang bleiben musste. Refik wurde verhört und dann wieder freigelassen. Noch am selben Abend setzte er sich ins Auto und fuhr zu seiner Familie in die Türkei.

Acht Schüsse, die mein Leben verändern

In den folgenden Tagen erhielten wir mehrere Anrufe aus der Heimat meiner Eltern. „Das Mädchen soll aufpassen", sagte man uns. „Er ist mit einer Waffe unterwegs nach Deutschland."

„Mit einer Waffe?"

„Ja. Er hat seiner Familie erzählt, eure Tochter sei eine Schlampe. Da hat sein Vater beschlossen, dass sie sterben muss.

Sein Cousin, der das Familienoberhaupt ist, hat ihm die Waffe in die Hand gedrückt. Jetzt ist er wieder unterwegs nach Deutschland."

„Wann ist er losgefahren?"

„Das wissen wir nicht genau. Sag dem Mädchen, sie soll aufpassen."

Das Mädchen. Also wagten sie schon nicht mehr, meinen Namen auszusprechen.

„Du hast Schande über uns gebracht", jammerte meine Mutter.

„Nein", sagte ich, „er ist die Schande. Er ist der Wahnsinnige, der ein kleines Kind schlägt."

Doch es hatte keinen Zweck. Ich war im Haus meiner Eltern nicht willkommen. In den Augen meiner Mutter hatte ich versagt und machte nur Ärger. Aber selbst ihr ging es gegen den Strich, dass Refik augenscheinlich unterwegs war, um jemanden aus ihrer Familie zu erschießen. Ich wusste, sie würden mich nicht an ihn ausliefern.

Ich war noch immer krankgeschrieben. Und schwor mir, dass ich mich nie wieder von irgendeinem Mann würde schlagen lassen. Nie wieder. Ich stellte mir vor, wie Refik jetzt gerade auf der dreitägigen Autofahrt von Ankara nach Deutschland unterwegs war. In seinem Gepäck eine Waffe, mit der er mich töten würde.

Am nächsten Tag sah einer meiner Brüder Refiks Wagen, der in der Nähe unserer Wohnung geparkt war. Er war also zurückgekehrt. Mein Vater sollte eigentlich erst am darauffolgenden Tag aus dem Krankenhaus entlassen werden. Als er von Refiks Rückkehr erfuhr, kam er früher nach Hause. Er wollte da sein, wenn sein Schwiegersohn mit der Waffe kam, um seine Tochter zu erschießen. Da konnte er unmöglich krank im Bett liegen bleiben.

Noch am selben Abend rief Refik meinen älteren Bruder an.

„Yusuf", sagte er, „ich habe mir viele Gedanken gemacht. Ich liebe deine Schwester. Wie wäre es, wenn wir uns wie vernünftige Menschen zusammensetzen und über alles in Ruhe reden? Ich möchte, dass du und Şengül zu uns in die Wohnung kommt. Und sie soll Berna mitbringen."

„Du", sagte mein Bruder zu mir, „der klingt so anders. Ich glaube, der zeigt wirklich Reue. Vielleicht sollten wir ihm nochmal eine Chance geben?"

„Niemals", sagte ich fest und entschlossen, „ich will das Gesicht dieses Mannes nie wieder sehen. Das ist nur ein Trick. Und dann erschießt er uns alle. Erst dich. Dann Berna. Weil er weiß, wie weh mir das tun wird. Und am Ende mich. Reue? Dazu ist der gar nicht fähig."

Als mein Bruder Refik anrief, und ihm sagte, dass ich meine Entscheidung getroffen hätte, wurde er aufs Übelste beschimpft. „Ich bring euch alle um", schrie er. Mein Bruder legte auf.

In meiner Not ging ich zur Polizei. Versuchte zu erklären, was passiert war und was bald passieren würde. Im Gesicht der Beamtin las ich pures Unverständnis.

„Er soll also eine Waffe haben?", fragte sie skeptisch. „Haben Sie die gesehen?"

„Nein", sagte ich, „aber andere. Und die haben mich gewarnt. Er will mich umbringen. Er hat es selbst gesagt. Bitte helfen Sie mir."

„Ja, was sollen wir denn da tun?", fragte die Beamtin genervt. „Kaufen Sie sich Pfefferspray. Bleiben Sie im Haus. Und wenn etwas passieren sollte, dann rufen Sie uns an."

Es war zwecklos, dieser Frau meine Lage zu erklären. Und dass es für mich durchaus zu spät sein konnte, sollte „etwas passieren".

Dennoch fühlte ich zum ersten Mal seit vielen Jahren eine unglaubliche Kraft in mir. Ich wusste, in Kürze würde sich alles entscheiden. Jetzt oder nie, sagte ich mir, und wenn es dein Tod ist. Und wenn es am Ende meine Familie ist, die mich umbringt. Aber um nichts in der Welt gehe ich zurück zu diesem Mann.

Als ich von der Polizei nach Hause kam, war es gegen halb vier Uhr Nachmittag.

„Die Kanzlei hat angerufen“, sagte meine Mutter. „Du sollst dich bei ihnen melden.“

Ich ging ins Haus. Und obwohl im Erdgeschoss und im ersten Stock je ein Telefon war, ging ich, ohne zu wissen warum, wie ferngesteuert in den ersten Stock. „Ich muss vom roten Telefon aus anrufen“, sagte eine Stimme in meinem Kopf. Und das rote Telefon befand sich ganz oben am Ende der Treppe hinter einer Glastür. Ich weiß nicht, warum es mir auf einmal so wichtig war, ausgerechnet von diesem Telefon aus anzurufen, denn eigentlich benutzte ich immer das Telefon im Erdgeschoss, direkt neben dem Hauseingang.

Es war ein herrlicher Sommertag, der 7. August 1997, die Türen zum Garten standen weit offen, und obwohl sich alle den ganzen Tag lang draußen aufgehalten hatten, kamen sie nach und nach hoch in das oberste Stockwerk, während ich telefonierte: meine Mutter mit Berna und meinem Neffen und sogar mein Vater. Er ging auf die Toilette, während meine Mutter im Gang zum Wohnzimmer stand, wo sie sowohl die Kinder als auch mich im Blick hatte. Und dann geschah es.

Ich hörte das Quietschen von Bremsen, legte den Hörer auf, und wusste: Jetzt passiert etwas. Und auch wenn sich das, was dann folgte, innerhalb weniger Sekunden abspielte, erlebte ich alles wie in Zeitlupe.

Das Knallen einer Tür. Ich stand auf, konnte mich aber nicht wegbewegen. Ich starrte nach unten, durch die offenstehende Glastür die Treppe hinab. Und da kam er. Zuerst hörte ich einen Schuss weiter unten auf der Treppe. Er hatte auf meine Schwägerin geschossen, die sich im richtigen Moment wegdrehte. Meine sechsjährige Nichte blickte dem Eindringling nach diesem ersten Schuss für einen winzigen Augenblick direkt in die Augen, drehte sich dann blitzschnell um und lief hinters Haus, um sich dort zu verstecken. Das rettete ihr vielleicht das Leben. Denn Refik wandte sich ab und ging einige Schritte weiter die Treppe hinauf. Ich sah seinen Rumpf, die Schultern und den erhobenen Arm. Sein Gesicht sah ich nicht. Er hielt eine

Pistole in der Hand und zielte auf mich, keine drei Meter von mir entfernt.

Beim ersten Knall dachte ich noch an Schreckschüsse. Meine Mutter, die seitlich im Flur stand, war so geistesgegenwärtig, die Tür zuzuknallen. Deren Scheibe ging beim zweiten Schuss zu Bruch, die Fensterscheibe hinter mir beim nächsten. Mein Vater war in sein Schlafzimmer gerannt und hatte eine riesige Axt unter dem Bett vorgezogen, der Himmel weiß, woher er sie hatte. Er schob sie nach vorne durch die zerbrochene Tür, während er selbst in Deckung blieb, schwenkte sie drohend und schrie: „Komm hoch, du Feigling, dann hack ich dir den Kopf ab."

Bei den nächsten Schüssen rieselte Putz auf meinen Kopf, und ich begriff in diesem Moment, es war blutiger Ernst. Ich konnte mich noch immer nicht rühren. Refik schoss das ganze Magazin leer, dann rannte er davon, sprang in seinen Wagen und raste mit quietschenden Reifen davon. Ich stand immer noch da, wie gelähmt.

Meine Mutter schüttelte mich.

„Ruf die Polizei", schrie sie mich an.

Ich erwachte aus meiner Starre. Mit zitternden Fingern wählte ich 110 und schrie in den Hörer, dass er uns alle umbringen wolle. Ich war so außer mir, dass es mir fast nicht gelang, unsere Adresse zu nennen. Keine fünf Minuten später waren mehrere Streifenwagen da. Die Polizisten sicherten den Hauseingang. Zum Glück bemerkten unsere Nachbarn, dass Refik inzwischen um den Block gefahren war, seine Pistole nachgeladen hatte, und nun versuchte, von hinten auf unser Grundstück zu gelangen. Sie verständigten die Polizei, die die Nachricht über Funk an die Beamten vor Ort weitergab.

Als Refik die Polizisten sah, flüchtete er. Zwei Stunden lang kurvte er durch Nürnberg und Umgebung. Eine Zivilstreife folgte ihm die ganze Zeit und beobachtete ihn. Einmal hielt er an einer Tankstelle, legte die Pistole auf den Verkaufstresen und verlangte einen Schnaps. Der Mann bekam einen Riesenschreck und tat, was Refik wollte.

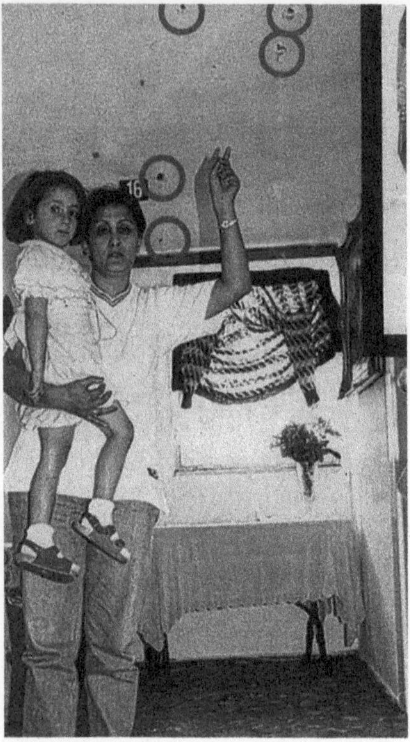

Aus einem Zeitungsbericht einen Tag nach dem Mordanschlag

Irgendwann, ungefähr gegen 18:30 Uhr, kehrte er in unsere alte Wohnung zurück. Vor dem Eingang standen ebenfalls Zivilpolizisten, sie beobachteten ihn und ließen ihn ins Haus gehen. Von der Wohnung aus wählte Refik erneut die Nummer meines Bruders. Der schrie ins Telefon:

„Du! Du bist tot, Mann, du lebst nicht mehr! Du bist tot. Was du getan hast, dafür gibt es kein Pardon."

Dann legte er auf.

Ich nahm das Telefon in die Hand und wollte mit Refik sprechen. Ich wollte ihm sagen, dass er sich ergeben sollte, dass er keine Chance mehr hatte. Zuerst ertönte das Freizeichen, doch dann war besetzt. Mir war klar, es war etwas passiert.

Erfahren habe ich es erst rund zwei Stunden später als die Polizei kam und sagte: „Ihr Mann ist tot. Er hat die Wohnung in Brand gesteckt. Dann hat er sich in den Kopf geschossen. Es ist alles explodiert.“

Meine erste Reaktion war: „Und mein Computer? Ist der auch explodiert?“

Der Polizist sah mich fassungslos an.

„Welcher Computer? Da ist nichts mehr. Nichts.“

Nach allem, was passiert war, musste ich nun die trauernde Witwe spielen. Mein Vater rief Refiks Eltern an und schrie: „Euer Scheißsohn ist tot. Ja. Na, da müsst ihr euch nicht wundern, wenn ihr ihn mit einer Knarre losschickt.“

Doch die Schuldige war ich, ich wurde für seinen Tod verantwortlich gemacht, weil ich die Scheidung eingereicht hatte. Nur darum habe er sich die Waffe geholt. Tatsächlich: Wäre ich nach wie vor still leidend bei ihm geblieben und hätte zugeschaut, wie er mein Kind verprügelt, wäre alles „in Ordnung“ gewesen. Als sich der erste Schock nach Refiks missglücktem Attentat gelegt hatte, zeigten alle mit dem Finger auf mich.

Nicht alle. Meine Schwägerin nicht und auch nicht mein älterer Bruder. Doch für den Rest der Familie war ich eine Schlampe.

Natürlich ging die Geschichte durch die Presse, und so erfuhren auch meine Kollegen in der Kanzlei davon. Sie waren fürchterlich schockiert. Sie wussten nicht einmal, ob ich überhaupt noch lebte und trauten sich einige Tage lang nicht, anzurufen. Irgendwann taten sie es doch und meine Mutter sagte:

„Doch, doch, die lebt.“ Dann gab sie mir den Hörer.

Vorläufig war ich ohnehin noch krankgeschrieben. Ich bewohnte mit Berna bei meinen Eltern ein winziges Dachkämmerchen. Eines Nachts, als wir da zusammen auf dem Sofa zusammengekuschelt lagen, sagte Berna auf einmal:

„Gell, Mama“, sagte sie, „der Papa, der ist tot.“

Ich zuckte zusammen.

„Ja“, sagte ich, „der ist tot.“

Nach einer Weile fuhr sie fort: „Ich weiß, dass alle wollten, dass du stirbst. Aber jetzt ist er gestorben, und das ist richtig so, denn er war böse.“

Ich drückte mein Kind ganz fest an mich und fragte mich bang, was in ihrer vierjährigen Seele alles so vor sich ging. Aber Berna war noch nicht fertig.

„Gell, Mama“, fing sie wieder an, „wir haben jetzt keine Wohnung mehr.“

Da holte ich tief Luft, schluckte meine Tränen hinunter und sagte: „Nein, Berna, im Moment haben wir keine Wohnung. Aber ich verspreche dir, die Mama wird für uns bald die schönste Wohnung finden, die es gibt.“

In dieser Nacht, während Berna endlich schlief, legte ich mir einen Plan zurecht. Ich überlegte mir, was ich Schritt für Schritt zu tun hatte. Ich musste zum Arbeitgeber meines Mannes gehen, zur Witwenkasse, die Rente beantragen. Zum Sozialamt. Meine Tochter hatte mich durch ihre Fragen aus meiner Schreckstarre herausgeholt, und das war gut so.

Drei Wochen später hatte ich eine Wohnung für uns gefunden. Das Sozialamt bezahlte die Kaution, mehr nicht. Sie war klein und hatte eine kanariengelbe, hässliche Küche, und außer einem Schlafsofa und einem Teppich hatten wir anfangs nichts, doch für uns war es das Himmelreich. Es war ganz allein unsere Wohnung. Und während Berna nachts schlief, saß ich oft einfach so da, sah an die Decke, und atmete tief und erleichtert durch. Hier würde niemand hereinplatzen und unsere Ruhe stören. Refik würde nie mehr kommen. Nie mehr würde er oder ein anderer uns schlagen. Ich war frei. Zum ersten Mal in meinem Leben war ich wirklich frei.

Ich dachte an meinen Traum mit dem alten Mann, der gesagt hatte, er würde mich retten, wenn ich ihm meine Geduld beweisen würde. Und an Fatima im Frauenhaus, die mir vor einem halben Jahr prophezeit hatte, mein Mann werde sterben. Was hatte sie noch gesagt? Dass ich Erfolg haben und sehr glücklich sein würde. War ich glücklich? Wie fühlte sich das an? Es gab noch so viele Hindernisse, die sich vor mir auftürmten. Mein Weg ins Glück war noch weit, doch der Anfang war gemacht.

Refik hatte sich selbst gerichtet. Wahrscheinlich dachte er, nachdem mein Bruder ihn so angeschrien hatte, er habe mich tatsächlich getötet. Sonst hätte er niemals die Waffe gegen sich selbst erhoben.

Einmal bin ich noch in die alte Wohnung gegangen, um mir ein Bild zu machen von dem, was dort geschehen sein mochte, am Abend jenes 7. August 1997. Es stank entsetzlich nach Verbranntem. Das Wohnzimmer war ein schwarzes Loch, das Schlafzimmer verwüstet und alles zertrümmert, ebenso die Küche. Alles war schwarz vor Ruß. Einzig und allein Bernas Kinderzimmer schien vollkommen unberührt. Ich hatte es ganz in Weiß eingerichtet, und so war es auch jetzt noch. Es bildete einen unglaublichen Kontrast zu den verkohlten Räumen. Für mich war es wie ein Zeichen, dass die Unschuld doch erhaben ist über all die Gewalt und den Tod.

Ich habe nichts mitgenommen aus dem Kinderzimmer, nicht ein Plüschtier, kein einziges Stück. Ich ahnte, dass Berna diese Dinge nicht mehr sehen wollte, genauso wenig wie ich. Und so hatten wir beide einen vollkommenen Neubeginn, nicht ein Stück Erinnerung ist uns geblieben aus der Zeit mit Refik, und so wollte ich es.

Warum hat er mich nicht getroffen? Er stand kaum drei Meter von mir entfernt. Wollte Gott nicht, dass das geschieht? Hatte er sich vorher Mut angetrunken, wie er es in letzter Zeit sooft getan hatte? War er einfach ein Schlappschwanz, wusste er nicht, wie man die Waffe bedient? Wie auch immer – es schien mir unerklärlich, dass alle acht Kugeln ihr Ziel verfehlten. Ein Wunder, das ich dankbar annahm. Meine Erlösung nach all den Jahren voller Gewalt, Demütigung und Leid.

Meine Geschichte ging nicht nur durch die deutsche, sondern auch durch die türkische Presse, und auf einmal wollte der Mandant, für den ich in der Kanzlei zuständig war, nicht mehr, dass ich ihn vertrat. Ich ging davon aus, dass ich damit auf der Straße stand.

Als sei das nicht genug, trafen täglich Mahnungen bei mir ein, denn mein Mann hatte sich nach und nach hoch verschuldet. Er hatte viele Wünsche gehabt, doch mit Geld umgehen konnte er nicht. Ohne eigenes Kapital hatte er sich für 25 000 Mark einen Wagen gekauft, und ich hatte mit meiner Unterschrift dafür bürgen müssen, sonst hätte ihm die Bank den Kredit nicht gewährt. Alles musste er haben, sofort und vom Feinsten, immer wieder zwang er mich zur Unterschrift, er ließ mir keine Wahl, und nun bekam ich die Rechnungen präsentiert. An manchen Tagen quoll der Briefkasten fast über, und ich wusste nicht, was ich tun sollte.

Außerdem erreichten mich nach wie vor Morddrohungen aus der Türkei. „Du brauchst nicht zu glauben“, hieß es, „dass du einfach so davonkommst, nur weil Refik tot ist. Wir werden dafür sorgen, dass du ihm ins Grab folgst.“ Meist waren es meine Eltern, die solche Anrufe erhielten, und auch meiner Mutter wurde mit dem Tod gedroht, weil sie mir geholfen hatte, statt mich an meinen Ehemann auszuliefern. Mein Vater dagegen konterte auf seine Weise: „Wenn meiner Frau oder meiner Tochter auch nur ein Haar gekrümmt wird“, schrie er ins Telefon, „dann lösche ich euch alle aus.“ So ging das hin und her, von beiden Seiten der Telefonleitung wurde in die Hörer gebrüllt, bis man heiser war, doch am Ende waren alle sauer auf mich. Denn ich war schließlich schuld an allem. Ich war meinem Ehemann nicht hörig gewesen, hatte mich aufgelehnt und mich von ihm trennen wollen, und daraus war ein „Namus Davasi“ geworden, ein sogenannter „Ehrenfall“. Ich hatte bitter erfahren, dass die Familie, unser höchstes Gut, eine Art Gefängnis sein kann, in dem es sogar ganz nett zugeht. Man versteht sich mit den Wärtern. Aber sie sagen einem, wo es langgeht und wo die Grenzen sind. Sie reden einem ein, dass die Mauern nur zum eigenen Schutz da seien. Und sollten sie eines Tages weg sein, dann sei man verloren. Und damit das ganze Schutzsystem funktioniere, müsse man sich den Gesetzen beugen.

Tut man das nicht und verlässt dieses Gefängnis, dann verliert man alles. Und in türkischen Familien ist es nun mal so, dass man nicht nur eine oder zwei Tanten hat, sondern zwölf. Verlässt man die Familie, dann reden sie alle nicht mehr mit einem. Weder die zwölf Tanten noch die vierzehn Cousinen, und das ist so schlimm, ein solch undenkbarer Verlust, dass es eigentlich nicht infrage kommt, diese Grenze zu überschreiten. Normalerweise riskiert kein türkisches Familienmitglied, aus diesem Familiengefängnis auszubrechen. Doch nach allem, was geschehen war, blieb mir einfach nichts anderes mehr übrig. Ich war mit einem Bein schon aus dem Gefängnis, an dem zweiten, verbliebenen, zerrte aber meine Familie mit Leibeskräften. Ich wohnte allein mit meinem Kind, das war meinen Eltern zum einen sehr recht, denn sie wollten mich nicht mehr unter ihrem Dach haben, zum andern aber war es auch ungehörig. Über Dritte erfuhr ich, dass meine Mutter herumerzählte, ich ginge auf den Strich. Das verletzte und erboste mich. Hatte ich es nicht schon schwer genug? Warum musste sie auch noch solch beschämende Lügen über mich verbreiten?

Die Situation überforderte alle. Ich erinnere mich an äußerst unschöne Besuche meines Vaters, gemeinsam mit meinem jüngeren Bruder, der nun ebenfalls meinte, die Familienehre verteidigen zu müssen, bei mir in meiner neuen Wohnung. Schließlich wurden diese Streitereien und Vorwürfe so unerträglich, dass ich beiden freundlich, aber sehr bestimmt die Tür weisen musste.

Eines Tages ging ich selbst ans Telefon, als meine ehemalige Schwiegerfamilie einmal wieder anrief und die wüstesten Beschimpfungen in den Hörer schrie, und hörte mir alles an. Und dann sagte ich:

„Ihr sagt, ich sei schuldig. Aber nur Gott allein weiß, wer wirklich Schuld trägt. Und Gott wird denjenigen strafen, nicht ihr. Wenn ich die Schuldige bin, wird Gott mich richten. Und wenn nicht, dann werden wir ja sehen, wen seine Rache trifft."

Und tatsächlich, ein Jahr später geschah etwas, was alle zur Besinnung brachte. Doch so lange musste ich das Gezeter und Geschimpfe aushalten.

Befreit aus den Fesseln meiner unerträglichen Ehe musste ich an allen Fronten gleichzeitig kämpfen, und der Konflikt mit meiner Familie war der schmerzhafteste und sinnloseste von allen. Hatten sie nicht gesehen, wozu dieses Monster von einem Ehemann fähig gewesen war? Hießen sie es wirklich gut, dass nicht nur ich, sondern auch meine kleine Tochter regelmäßig brutalster Gewalt ausgesetzt gewesen war? War ihnen ein abstrakter Ehrbegriff wichtiger als das Leben ihrer Tochter? Doch wenn dem so war, konnte ich mich nicht mehr darum kümmern. Ich hatte anderes zu tun, musste mein Leben auf tragfähige Beine stellen, mich um mein tägliches Überleben kümmern.

Zuerst sprach ich mit meinem Chef und flehte ihn an, mich nicht einfach so meinem Schicksal zu überlassen.

„Bitte gib mir Arbeit", sagte ich zu ihm mit Tränen in den Augen, „egal was, aber bitte setz mich nicht vor die Tür."

„Natürlich setze ich dich nicht vor die Tür", sagte Michael. „Wer soll sich denn um unseren türkischen Mandanten kümmern?"

„Ja aber", stotterte ich, „der will doch nicht mehr mit mir arbeiten?"

„Natürlich will er. Nur nicht so offiziell. Du bist jetzt bei uns in der Kanzlei statt bei ihm in der Firma, und wenn er etwas von uns will, dann kommt er her. Und du machst weiter alles für ihn wie gehabt."

Was war ich erleichtert! Zwar hatte ich nun nur noch eine Halbtagsstelle, aber das war besser als nichts.

Mein Chef war es auch, der mir half, mich aus der Schuldenfalle, die mir Refik wie einen bösen Fluch hinterlassen hatte, und die mich zu erdrücken drohte, langsam aber sicher zu befreien. Er ging mit mir jeden einzelnen Posten durch, half mir bei der Korrespondenz mit den Banken, denen wir einen Vergleich vorschlugen, und irgendwann war die Zahl auf dem Tisch: Ich musste 18 000 D-Mark abbezahlen. Durch weitere Mahnungen, die ich nicht rechtzeitig bearbeiten konnte, bekam ich damals einen negativen Schufa-Eintrag.

Doch auch dabei half mir Michael, und gemeinsam erarbeiteten wir einen vernünftigen und realisierbaren Plan: zunächst mit 50 Mark monatlich, dann mit 100 Mark stotterte ich nach und nach eisern die Schulden meines toten Ehemanns ab. 2004 hatte ich es dann endlich geschafft und war schuldenfrei.

In der Arbeit wurde ich zwar nur für einen Halbtagsjob bezahlt, aber ich arbeitete freiwillig Vollzeit, denn nur so konnte ich lernen, was zur Berufspraxis einer Steuerfachangestellten nötig ist. Leider gestaltete sich die Zusammenarbeit zwischen der Kanzlei und meinem türkischen Mandanten immer schwieriger, sodass Michael sich gezwungen sah, ihm 1998 in meiner Gegenwart zu kündigen. Zu oft hatte er den Arbeitsablauf in der Kanzlei gestört, war unangemeldet hereingestürmt, hatte gerufen: „Wo ist Şengül?", und wenn er mich nicht gleich antraf: „Şengül nix da? Warum?", was schließlich untragbar geworden war. Ich schwitzte und fror gleichzeitig und fragte mich bang: „Und was wird jetzt aus mir?"

Diese Frage stellte ich Michael noch am selben Tag. Er grinste. „Du? Du wirst jetzt wohl arbeitslos."

Ich wurde blass vor Schreck.

„Na", sagte er, „nicht gleich so ängstlich. Was würdest du denn gerne machen?"

„Einkommensteuer", hörte ich mich sagen.

„Na gut", sagte Michael. „Dann machst du ab jetzt Einkommensteuer. Hier ist dein erster Fall. Schau ihn dir erst mal in Ruhe an." Und damit reichte er mir einen Packen Unterlagen.

Was war ich erleichtert. Michael hatte das also bereits vorbereitet. Und so setzte ich mich mit klopfendem Herzen an meinen Arbeitsplatz und schlug die Akten auf.

Es dauerte nicht lange bis mir dämmerte, dass ich gleich eine äußerst verzwickte Aufgabe bekommen hatte. Ein Scheidungsfall mit vier verschiedenen Vermietungen, jede Menge Kapitaleinkünfte …

„Wenn du Fragen hast, komm ruhig zu mir", hatte Michael noch gesagt. Gleich am nächsten Tag stand ich bei ihm auf der Matte. Und obwohl wir alles miteinander detailliert durchgingen, verstand ich zunächst nur Bahnhof. An diesem Abend heulte ich mich zu Hause erst einmal so richtig aus. Ich hatte tausend Fragen im Kopf und keine Ahnung, welche ich zuerst stellen sollte. Wie sollte ich das nur schaffen?, fragte ich mich bang.

Am nächsten Morgen aber stand ich tapfer auf und sprach meinem Spiegelbild während des Zähneputzens erst mal Mut zu: „Şengül", sagte ich, „du hast das doch gelernt. So schwer kann es nicht sein. Das kriegst du schon hin."

Ich glaube heute, dass dies einen großen Teil meines Erfolges ausmacht: die Fähigkeit und den Willen, mich immer wieder zu motivieren. Mir Mut zuzusprechen und mich wie ein Stehaufmännchen wieder aufzurappeln, wenn ich einmal umgefallen bin. Und das bin ich weiß Gott oft. Immer noch hatte ich dieses Bild im Kopf, den Traum von der Anwältin, und ihr Bild machte mir Mut. Kam es hart auf hart, dann schloss ich die Augen und holte als Anwältin in meiner Fantasiewelt meine schönste Aktentasche hervor, strich über das glatte, warme Leder und wusste genau: Mit ihr an der Hand würde mir nichts geschehen. Und schon fühlte ich mich wieder stark genug, die nächste Hürde zu nehmen und eine neue Frage zu stellen.

Eines Tages gab mir Michael einen unschätzbar wertvollen Tipp:

„Wenn du mal wie der Ochs vor dem Berg stehst und gar nicht weißt, wie du einen Fall anpacken sollst, dann sag dir einfach: ‚Es lebe das Vorjahr.'"

„Es lebe das Vorjahr?", fragte ich konsterniert.

„Ja genau. Such dir die Einkommensteuererklärung dieses Mandanten vom Vorjahr heraus und orientiere dich an ihr. Ganz einfach."

Und so machte ich es. Von nun an hatte ich einen Leitfaden an der Hand, an dem ich mich orientieren konnte. Und alles andere schlug ich unermüdlich in meinen Büchern nach oder fragte die Kollegen.

Von Anfang an, schon beim Lernen für die Steuerfachangestelltenprüfung, hatte ich mir angewöhnt, alles systematisch aufzubereiten und zu strukturieren. Nur so konnte ich den umfangreichen Lernstoff und all die Grundbildung, die mir damals ja noch zusätzlich fehlte, in so kurzer Zeit nachholen. Genauso ging ich auch jetzt vor. Jeden Einkommensteuerfall betrachtete ich als Lernaufgabe, und entsprechend dröselte ich die Problematik auf. Schrieb eine Frage nach der anderen auf, sortierte sie nach den entsprechenden Paragrafen, fand die Antworten entweder selbst heraus oder fragte nach.

Das waren meine ersten, zunächst zaghaften und dann immer forscheren Gehversuche mit der Einkommensteuer. Das Glück wollte es, dass unsere Kanzlei in diesen Monaten und Jahren einen enormen Zuwachs an Mandanten hatte, sodass ich gut ausgelastet war. Ich genoss es so sehr, immer wieder neu gefordert zu werden und zu merken, wie ich nach und nach sicherer wurde. Ausgesprochen hilfreich war für mich das wunderbare Arbeitsklima unter den Kollegen, mit denen ich auch heute noch, nachdem sich unsere beruflichen Wege längst getrennt haben, gut befreundet bin. Mit einer ehemaligen Kollegin bin ich bis heute eng verbunden, wir sind ein Herz und eine Seele. Ich liebe sie wie meine eigene Schwester. Ich werde diesen Menschen niemals vergessen, dass sie mir den Anfang in diesem schwierigen Beruf so leicht gemacht und mich immer wieder ermutigt und aufgebaut haben. Auch, dass sie mich an der richtigen Stelle kritisierten, wenn es nötig war, rechne ich ihnen bis heute hoch an. Ich werde nie vergessen, wie ich einmal einen Brief rausschicken wollte, und glücklicherweise ein Kollege draufsah. Er sagte: „Also Şengül, jetzt schau dir das doch mal an, was du da geschrieben hast.“

Ich sah mir die Anschrift an. Und wurde bleich. Da stand: „An das Arschitekturbüro …“

Mein Kollege sah mich vorwurfsvoll an. Ich riss die Augen auf. Und dann brachen wir beide in Gelächter aus. Doch mir war klar, ich musste nachholen, was ich in den letzten Jahren der Hauptschule versäumt hatte. Und so suchte ich mir einen pensionierten Deutschlehrer, bei dem ich in meiner Freizeit auf eigene Kosten Nachhilfe in deutscher Rechtschreibung nahm, bis ich wirklich sicher in Wort und Schrift war.

Weiterlernen war für mich nach wie vor das Schönste, was mir widerfahren konnte. Und darum meldete ich mich auch immer sofort, wenn in der Kanzlei eine Fortbildung oder ein Seminar angeboten wurde. Denn eines war mir klar: Nur wenn man immer auf dem neuesten Stand ist, kann man in meinem Beruf wirklich gute Arbeit leisten. Ich hatte ja noch so viel zu lernen. Außerdem ändern sich die Steuergesetze ohnehin jedes Jahr.

Im Büro

Fast genau ein Jahr nach Refiks Mordanschlag beschloss ich, endlich mit dem Leben anzufangen, das ich mir immer erträumt hatte. Und dazu gehörte etwas, was ich noch nie vorher gemacht hatte: Urlaub. Ich wollte mit meiner Tochter ans Meer fahren. Früher waren wir immer in die Heimat meiner Eltern gefahren, ein-, zweimal auch ans Schwarze Meer, aber immer war diese Zeit vorbestimmt und verplant gewesen mit Familienaktivitäten. Urlaub wie wir es hier verstehen, war das im Grunde nie. Nun wollte ich endlich selbst entscheiden, wie ich meinen Urlaub verbringe. Und so buchte ich für Berna und mich eine Woche All-Inclusive in einem schönen Hotel in Antalya Kemer.

Meine Eltern fanden das gar nicht lustig. Eine junge alleinstehende Frau fuhr nicht irgendwohin und setzte sich eine Woche lang in ein Hotel, wie auf dem Präsentierteller. Ich bat sie dennoch, uns zum Flughafen zu fahren, und noch auf der Autofahrt hörte meine Mutter nicht auf zu meckern. „Ganz alleine mit dem Kind“, jammerte sie in einem fort, „wie sieht das denn aus. Keine anständige Frau macht so etwas.“

Schließlich fuhr ich sie an: „Lass mich in Ruhe. Ich will jetzt endlich leben! Verstehst du? Leben.“

Da zog sie das Genick ein. „Jaja“, maulte sie, „ist ja schon gut.“

Und so flogen wir, die inzwischen fünfjährige Berna und ich, nach Antalya. Es war für uns der erste Flug, und beide waren wir grün um die Nase. Ich saß die ganze Zeit wie eine Mumie in meinem Sitz und rührte mich nicht. Vor lauter Angst wagte ich nicht zur Toilette zu gehen und aß und trank nichts. Berna dagegen fand nach dem ersten Schreck während des Starts alles sehr spannend. Sie machte mich halb wahnsinnig mit ihrer Fragerei: „Mama, stürzen wir jetzt ab? Mama, warum fliegen wir so weit oben? Mama, schau mal, die Häuser sind ja sooo klein.“

Wir kamen sehr spät abends an, und sahen erst am nächsten Tag beim Frühstück, in welch schönem Hotel wir gelandet waren. Obwohl wir in der Türkei waren, war Antalya für mich ein fremdes Land. Ich habe ja bis heute nicht einmal Istanbul besucht! Und hier in Antalya war es so völlig anders als in der Hei-

Erster Urlaub, 1998

mat meiner Eltern. Ich war noch nie zuvor in einem Hotel gewesen. Doch ich fragte nach den Frühstückszeiten, als sei das für mich das Normalste auf der Welt. Nach dem Frühstück gingen wir an den Pool, Berna spielte glücklich vor sich hin, und ich hatte endlich Zeit, in Ruhe etwas zu lesen.

Am zweiten Tag konnte man sich für eine Tour anmelden, und bei dieser Gelegenheit fielen mir zwei Frauen in meinem Alter auf. Eine hatte braunes, schulterlanges Haar, die andere war eine Blondine mit einer tollen Figur und einer Sonnenbrille, als hätte der Terminator höchstpersönlich sie ihr geschenkt. Sie wirkten so selbstsicher, dass ich mich zunächst fast nicht getraut hätte, sie anzusprechen, doch dann fasste ich mir doch ein Herz: „Hallo", sagte ich, „ich bin die Şengül aus Nürnberg und mit meiner kleinen Tochter ganz alleine hier. Meint ihr, wir könnten vielleicht etwas zusammen unternehmen?"

Da nahm die Blondine ganz lässig ihre Sonnenbrille ab, sah mich aus wunderschönen blauen Augen an, und sagte mit einer freundlichen, sanften Stimme: „Ja, gerne!"

Die beiden Frauen hatten bereits ein paar Jungs aus Rostock kennengelernt, und alle zusammen, die kleine Berna im

Schlepptau, unternahmen wir in diesen sieben Tagen eine Menge wunderbarer Dinge.

Eines Abends am Pool bemerkten die anderen, dass ich nicht schwimmen konnte, und beschlossen, das auf der Stelle zu ändern. Sie nahmen mich und warfen mich kurzerhand ins Wasser.

„Wir holen dich schon raus bevor du ertrinkst. Keine Sorge!"

Radka, die blonde Frau mit der coolen Sonnenbrille, zeigte mir die Grundzüge, und auf einmal merkte ich, dass ich mich oben halten konnte. Es war ein herrliches Gefühl, so als ob ich von nun an auch im Leben nie mehr untergehen würde. Jetzt konnte ich schwimmen! Im Alter von vierundzwanzig Jahren hatte ich es endlich gelernt, und zwar gleich „Brust" und „Kraul" – und von da an zog ich jeden Sonntag meine Bahnen im Schwimmbad in meiner Nürnberger Nachbarschaft.

Mitunter gab es auch ernste Momente in unserer Urlaubs-Clique. Zum Beispiel wenn Berna in ihrer kindlichen Unbefangenheit erzählte, was hinter uns lag. Wenn sie herausplapperte, dass der Papa die Mama umbringen wollte, es aber zum Glück nicht geschafft hatte. Doch solche Momente zeigten mir einmal mehr, wie weit ich inzwischen gekommen war, wie frei ich endlich war, und was für ein Albtraum hinter uns lag.

Ich hatte mich besonders mit Radka angefreundet, und als der letzte Tag gekommen war, meinte sie: „Urlaubsbekanntschaften halten nicht." Ich aber sagte: „Radka, wir werden in Kontakt bleiben."

Und so war es auch. Wir sind bis heute enge Freundinnen. Sie lebt in einer anderen Stadt, und dennoch sehen wir uns immer wieder. Auch weitere Urlaube haben wir miteinander verbracht, in Italien, auf Rügen und erst im vergangenen Jahr auf Mallorca. Freundinnen zu haben ist für mich wie ein Lebenselixier, der Austausch mit ihnen bedeutet mir ungeheuer viel.

Dieser Urlaub – so simpel er für viele klingen mag – war für mich ein wichtiger Meilenstein. Ich hatte mich endlich gegen meine Eltern durchgesetzt, hatte gezeigt, dass ich eine selbstständige Frau war, dass ich trotz vieler Ängste in der Lage war, ein ganz normales Leben zu führen, Freundschaften zu schließen und umzusetzen, was ich mir so lange erträumt hatte.

Wieder zu Hause stürzte ich mich mit neuem Schwung in die Arbeit. Zusätzlich machte ich am Abend noch die Buchhaltung für fünfundzwanzig Friseurfilialen, und verdiente mir so neben meiner Arbeit in der Kanzlei noch etwas dazu. Ich hatte Schulden abzubezahlen und war dankbar für jeden zusätzlichen Euro, den ich verdienen konnte. Wenn ich mir heute bewusst mache, dass meine gesamten Ersparnisse für die Hochzeit ausgegeben wurden, und ich nach dem desaströsen Ende unserer Ehe auf einem Berg von Schulden saß, dann kann ich nur den Kopf schütteln. Für all die Misshandlungen und Demütigungen musste ich auch noch teuer bezahlen. Doch damals war mir das egal. Ich war so froh, endlich dieser Hölle entronnen zu sein, dass ich lieber jahrelang schuftete und sparte, dafür aber frei war.

Zwei Jahre nachdem ich die Einkommensteuer übernommen hatte, zog die Kanzlei, in der ich arbeitete, um und fusionierte mit einem Wirtschaftsprüfer. Irgendwann war ich die Einzige, die für Einkommensteuerfälle und Löhne zuständig war. Zu meinem Aufgabengebiet gehörten auch Buchhaltungen und Abschlüsse, die Betreuung von Außenprüfungen und die selbstständige Beratung von Mandanten. Nach wie vor ging ich zu allen Fortbildungen, die angeboten wurden. Und eines Tages hatte mein Chef wieder einmal eine seiner typischen guten Ideen.

„Weißt du was, Şengül", sagte er, „von jetzt an fasst du die Inhalte der Fortbildungen, die du besuchst, hinterher für alle Kollegen zusammen. Auf diese Weise profitieren alle davon."

Ich machte ein verdutztes Gesicht. Wie sollte das gehen? Aber Michael erklärte mir, dass ich einfach die Lerninhalte der Seminare in der Kanzlei referieren sollte. Einfach. Als ob das so einfach wäre.

Ich hatte noch nie einen Vortrag gehalten und als ich das nächste Mal in einem Seminar saß, war ich total aufgeregt. Ständig stellte ich mir vor, wie ich später all das, was der Seminarleiter gerade erklärte, meinen Kollegen vortragen sollte. Ich beobachtete die Dozenten, machte Notizen, schrieb mir alles noch übersichtlicher und deutlicher auf als sonst. Dennoch war ich unglaublich nervös, als es so weit war und ich vor meine Kollegen trat. Ausgerechnet ich, die „kleine Şengül", die sich sonst von den anderen so viel erklären lassen musste, sollte ihren Kollegen einen Vortrag halten. Ich hatte fürchterliche Angst, dass ich auf einmal einen Blackout haben oder die Begriffe durcheinanderbringen würde. Ich sah mich schon vorne stehen, hilflos und stotternd. Aber es kam ganz anders: Nachdem ich einmal begonnen hatte, funktionierte alles ganz wunderbar. Ich hielt mich einfach an meine Aufzeichnungen und der Rest lief wie von selbst. Es gab einige Rückfragen von Seiten meiner Kollegen, die ich alle mühelos beantworten konnte.

Meine Kollegen gaben mir hinterher jede Menge positive Rückmeldungen und lobten mich. Von nun an hielten wir es immer so. Ich ging auf die Fortbildungen und referierte hinterher für meine Kollegen die Inhalte. Das zwang mich dazu, schon während des Seminars herauszufiltern, was wirklich wesentlich war und was nicht. Denn so ein Seminar dauerte manchmal ein, zwei oder drei Tage, meine Zusammenfassungen höchstens eine oder zwei Stunden. Und wieder einmal erkannte ich, was für ein fantastischer Chef Michael war. Er hatte mich von Anfang an unter seine Fittiche genommen und gefördert. Und selbst während meiner privaten Katastrophen hatte er mir beigestanden. Im Grunde kann ich sagen, dass er mir vier Mal das Leben gerettet hat: Damals, als er mir meine erste Stelle anbot, denn ohne die Rückenstärkung durch die Kanzlei hätte ich es nie gewagt, die Scheidung einzureichen. Ein zweites Mal, als er meinen Ehemann vor seiner Kanzlei daran hinderte, mich zu töten. Das dritte Mal war an jenem Tag, an dem Refik versucht hatte, mich zu erschießen. Denn hätte ich nicht die Kanzlei zurückrufen müssen, wäre ich meinem Mörder direkt in die Arme gelaufen, so aber hatte ich mich im oberen Stockwerk des Hauses befunden. Und das vierte Mal rettete er mich, als er mich weiterbeschäftigte, obwohl unser türkischer Mandant eigentlich nichts mehr mit mir zu tun haben wollte. Aber nicht nur das, Michael war nicht nur mein Vorgesetzter, er war auch mein Mentor, der dafür sorgte, dass ich nach und nach meine Kenntnisse erweiterte, der mich formte und bildete und eine riesige Freude daran hatte, wie aus der kleinen Şengül nach und nach eine selbstbewusste Mitarbeiterin wurde.

Denn für mich war nicht nur das Fachliche neu, auch den Umgang mit den Kunden musste ich erst lernen. Ja, das klingt vielleicht unglaublich, aber ich kannte das nicht, wie man als Mensch und Arbeitskraft in einem professionellen Umfeld agiert. Der Kontakt mit den Mandanten, herauszufinden, ob sie ehrlich zu mir waren, die Verhandlungen mit den einzelnen Sachbearbeitern beim Finanzamt und bei all dem immer den richtigen Ton zu treffen, das war für mich, als würde ich eine neue Sprache lernen. Eine riesige Herausforderung, die ich nur mithilfe meiner Kollegen bestand.

Eine meiner Stärken im Berufsleben war, dass ich immer zu meinen Fehlern stand und sie sofort mit meinem Chef besprach. Denn nur so lernte ich, wie die Fehler behoben werden konnten. Anfangs hatte ich Panik, dass nach einem Fehler alles vorbei sein würde und wir ihn nicht mehr korrigieren könnten. Und dann machte ich die Erfahrung, dass man eigentlich alles lösen kann, wenn man es nur offen und ehrlich anpackt. Ich begriff ziemlich schnell, dass Fehler eigentlich etwas wirklich Tolles sind. Durch meine Fehler lernte ich Neues dazu. Nur durch Fehler konnte ich meine Kenntnisse erweitern und ich merkte mir immer sehr genau, was ich falsch gemacht hatte und wie man es besser machte. Alle neuen Informationen sog ich, wie schon während meiner Ausbildung, auf wie ein Schwamm.

Ich war jedem dankbar, der mir etwas beibrachte und mir ehrlich sagte, wenn ich etwas falsch gemacht hatte. Für mich war es keine Schwäche, etwas nicht zu wissen. Selbst wenn die anderen über meine Fehler lachten, machte mir das nichts aus; ich lachte einfach mit. Ich war ihnen nicht böse, im Gegenteil, ich war dankbar dafür, dass sie es mit Humor nahmen und nicht sauer auf mich waren. Und wenn sie mich doch einmal rundmachten, hat mir auch das Mut gemacht. Dann sagten sie zum Beispiel: „Şengül! Jetzt bist du doch schon so weit. Reiß dich zusammen!“ Dann war ich ihnen dankbar, dass ich meine Stärken vertiefen und meine Schwächen verringern konnte.

Michael war es, der mir beigebracht hat, dass auch jemand, der schwach ist, seine Stärken hat. Und das habe ich später, als ich verantwortungsvolle Positionen in der Personalführung einnahm, immer leidenschaftlich weitergeben. Schwächen sind dazu da, uns unser Potenzial aufzuzeigen.

Und so kam es, dass ich zum Liebling der Kanzlei und zum Schmuckstück meines Chefs wurde, ohne dass ich es bemerkte. Es machte ihnen allen ungeheure Freude zu sehen, wie ich mich entwickelte, und sie waren riesig stolz auf meine Fortschritte und Erfolge. „Das ist die Şengül, unsere tolle Mitarbeiterin“, stellte er mich seinen Mandanten vor. Und noch heute bewundert Michael, dass ich nicht stehen geblieben bin und zufrieden war mit einem kleinen Bürojob. So übertrug er mir nach und nach immer mehr Verantwortung, und ich ging auf wie eine Sonnenblume.

„Du bist schon immer selbstbewusst gewesen“, sagte mir neulich Claudia, eine frühere Kollegin aus der Kanzlei, mit der ich bis heute eng befreundet bin, „auch als du noch überhaupt nichts wusstest und uns mit Fragen gelöchert hast, hatten wir überhaupt keinen Zweifel daran, dass du das schaffst.“

Und ich glaube, auch das ist ein Grund für meinen beruflichen Erfolg, dass ich zwar manchmal innerlich von Zweifeln zerfressen war, das aber nach außen niemals zeigte. Ich habe meinen Beruf einfach von Anfang an geliebt und ich kann mich nicht erinnern, dass ich jemals ungern zur Arbeit gegangen wäre. Auch wenn ich mir Sorgen machte, dass ich meiner Aufgabe nicht gewachsen sein könnte und vor allem nachts oft Panikattacken bekam. Dann habe ich mich selbst wieder aufgebaut und mir gesagt: „Komm, Şengül, du hast jetzt schon so viel erreicht. Das lernst du auch noch."

Wenn man begeistert ist von seiner Arbeit, dann strahlt man das auch aus. Und so kam es, dass ich einen Mandanten nach dem anderen in die Kanzlei brachte, und schließlich die meisten Neukunden akquirierte. Wie ich das machte? Das ergab sich einfach so: Sobald ich zufällig mit jemandem ins Gespräch kam, lautete eine der ersten Fragen immer: „Und, was machst du beruflich?" Offenbar schilderte ich meine Arbeit dann in so leuchtenden Farben, schwärmte dermaßen von unserer Kanzlei, dass meine neuen Bekannten oft sagten: „Wenn das so ist – eine gute Steuerberatung brauche ich eigentlich schon lange." Und schon kamen diese Leute dann zu uns. Viele von ihnen sind heute noch Kunden der Kanzlei, auch wenn ich mich inzwischen beruflich verändert habe.

Die Schatten der Vergangenheit

„Mama", krähte Berna, „du bist richtig fett." – Und das ausgerechnet von meiner stillen, in sich gekehrten Tochter, die sonst nie den Mund aufbekam.

Ich stand in der Umkleidekabine eines Kaufhauses und betrachtete mich im Spiegel. Für die Kanzlei-Neueröffnung suchte ich etwas Neues, Schickes zum Anziehen, doch die rote Hose, die ich mir in den Kopf gesetzt hatte, wollte partout nicht über meine Hüften gehen – obwohl ich sie in Größe 46 ausgesucht hatte. Einen Moment lang war ich perplex und verletzt. Fett! Ich? Dann brach ich in schallendes Gelächter aus.

„Weißt du was, Berna?", sagte ich, „du hast recht."

Seit meiner Schwangerschaft hatte ich Übergewicht und wurde es einfach nicht los. Wie auch? Ich trank täglich jede Menge Cola und in meinen Tee kamen mindestens fünf Stück Würfelzucker. Erst am Abend vor dieser missglückten Einkaufstour hatte ich alleine ein ganzes Brathähnchen aufgegessen. Meine Tochter hatte völlig recht: Ich war dick und wurde täglich noch dicker.

Doch damit war jetzt Schluss. Ich zog mich an und verließ mit meiner Tochter an der Hand die Umkleidekabine. Unzählige neugierige Blicke folgten mir. Warum nur hatte Berna die Wahrheit so laut herausposaunen müssen?

Am selben Abend noch fasste ich einen Entschluss. Ich würde nicht länger herumlaufen als Moppelchen. Eine Diät musste her, und zwar sofort. Ich dachte an die Anwältin, stellte mir vor, was für eine dralle Figur ich in ihrem Hosenanzug machen würde. Nein. Das kam nicht infrage. Ich war Berna richtig dankbar dafür, dass sie endlich ausgesprochen hatte, wovor ich so lange die Augen verschlossen hatte. Ich war zu dick. Doch das würde sich ab jetzt ändern. An diesem Abend aß ich nichts mehr und konnte die ganze Nacht vor lauter Magenknurren nicht schlafen.

Gleich am nächsten Morgen fuhr ich wieder in die Stadt und kaufte mir ein schickes Minikleid in Größe 36. Zu Hause hängte ich es direkt ins Wohnzimmer, wo ich es täglich sehen musste.

„Eines Tages werde ich in dich reinpassen", verkündete ich dem unschuldigen Kleidungsstück. Wer mich dabei gesehen hätte, hätte mich ausgelacht.

Ich kaufte mir ein Buch über Ernährung und einen Crosstrainer. Aus dem Buch lernte ich vieles über Nahrungsmittel und den Stoffwechsel. Und ich erfuhr, worin sich überall Zucker und Fett versteckten; Dinge, über die ich mir zuvor nie Gedanken gemacht hatte. Zucker eliminierte ich ohnehin ganz aus meinem Speiseplan – und bis heute kommt er in meiner Ernährung nicht mehr vor. Ich legte genau fest, wie viel Gramm Fett ich von nun jeden Tag würde essen dürfen, und zählte zur Kontrolle alle Angaben auf meinen Lebensmittelpackungen zusammen. Am Crosstrainer arbeitete ich mich täglich zwei Stunden ab und kontrollierte mit einem Pulsgerät meinen Kreislauf. Ich trank klares Wasser und ungesüßten Tee, und nach halb sieben Uhr abends nahm ich keine Nahrung mehr zu mir. Auf meinem Speiseplan standen hauptsächlich Obst, Gemüse und Fisch. Am späten Nachmittag aß ich Magerquark mit Obst, das füllte mir den Magen und dämpfte mein Hungergefühl, gegen das ich auch mental entschieden ankämpfen musste. Dazu stellte ich mir immer bildlich vor, wie toll ich aussehen würde, wenn ich nur erst einmal in das Minikleid passte.

Bei der Eröffnung unserer neuen Kanzlei aß ich nur Obst und ertrug es, dass mich alle auslachten.

„Mensch, Şengül", sagten meine Kollegen, „abnehmen ist doch Quatsch! Wir lieben dich so, wie du bist. Genieß lieber das tolle Essen! Abnehmen kannst du doch immer noch."

Aber ich wusste, dass das immer so weiter gehen würde. Nur noch diese Party und jenes Abendessen. Und so würde ich meinen Plan, endlich schlank zu werden, wie all die Jahre zuvor immer nur vor mir herschieben. Nein. Ich hatte mich entschieden, und nun gab es kein Zurück mehr.

Die ersten beiden Wochen waren hart, doch dann wurde es auf einmal leichter. Mein riesiges Hungergefühl hatte sich beruhigt, und ich bemerkte, wie sehr ich alles mit meinen Gedanken steuern konnte. Es gelang mir, immer weniger ans Essen zu denken, und wenn sich der Hunger doch wieder einmal meldete, dann trank ich ein großes Glas Wasser oder eine Apfelsaftschorle, das half. Ich kaufte mir auch eine Personenwaage und notierte akribisch mein Gewicht, und als ich die ersten Erfolgserlebnisse zu verzeichnen hatte, motivierte mich das zusätzlich.

Ein paar Monate später – es war inzwischen das Jahr 2000 – meldete ich mich in einem Fitnessstudio an. Zuerst trainierte ich nur, dann begann ich auch, Hip-Hop zu tanzen. Das machte mir nicht nur ungeheuren Spaß, es war außerdem eine Gelegenheit, mich so richtig auszutoben und ganz nebenbei mein Körperfett abzutrainieren. Jeden Sonntag ging ich ins Schwimmbad und zog beharrlich meine Bahnen. Als Berna gesagt hatte, ich sei fett, wog ich stolze 86 Kilo. Neun Monate später waren es nur noch 53. Das Minikleid passte perfekt. Und ich fühlte mich wie ein neuer Mensch – und im Grunde war ich das auch.

Im Urlaub, ein halbes Jahr, bevor ich anfing abzunehmen

unten:
Im Jahr 2000, nachdem ich 33 Kilo abgenommen hatte

Betrachte ich heute Fotos, auf denen ich zwanzig bin, dann kann ich es kaum glauben, dass ich das gewesen sein soll.

Ich fühlte mich wie ein neuer Mensch, und dennoch hingen noch immer die Gespenster meiner Vergangenheit über mir. Auf der einen Seite war ich im Beruf erfolgreich, ging viel aus, fühlte mich endlich als attraktive junge Frau und holte ein wenig von dem nach, was ich in meiner Jugend versäumt hatte. Auf der anderen Seite gab es aber auch düstere Stunden des Alleinseins, in denen mich wilde Ängste ergriffen, die völlig irrational waren. So fürchtete ich mich viele Jahre lang davor, bei einem Autounfall ums Leben zu kommen. Und nachts hatte ich drei Jahre lang immer wieder denselben Traum: Es klingelt an meiner Tür, und vor mir steht Refik, schwarz und verkohlt, ein entsetzlicher Anblick wie aus einem Horrorfilm. In seiner Hand hält er ein großes Messer. Er war aus dem Grab auferstanden und gekommen, um mich zu töten.

Ich kann das Grauen kaum beschreiben, mit dem ich nach diesem Traum jedes Mal erwachte. Die Furcht, irgendjemand könnte auf dem Weg von der Türkei nach Deutschland sein, mit einer Pistole in der Tasche, um Refiks Werk zu vollenden, ließ mich nicht mehr los. Noch immer meldete sich großmäulig die Verwandtschaft, böse Worte wurden gesagt, Verwünschungen ausgesprochen. Das alles bedrückte mich und machte mich wütend.

Doch ein Jahr nachdem ich den Verwandten meines Mannes gesagt hatte, dass Gott den Schuldigen richten möge, geschah etwas, was alle schockierte: Es war bei einer Beschneidungshochzeit, wie in Anatolien die Beschneidung eines fünf- oder sechsjährigen Jungen genannt wird. Während des Fests geschah ein folgenschwerer Unfall: ein Schuss löste sich aus einem Gewehr, und der Blindgänger traf jenen Cousin, der Refik damals die Waffe in die Hand gedrückt hatte, damit er mich im fernen Deutschland töten könnte. Der Schuss ging, so wurde mir berichtet, auf der einen Seite seines Bauches hinein und zur anderen wieder hinaus. Innere Organe wurden verletzt und er verblutete.

Er war das Oberhaupt der Familie gewesen, und sein Tod war ein fürchterliches Unglück für alle. Er hinterließ Frau und Kinder, und da er der Hauptернährer der Großfamilie war, traf sein Tod sie alle sehr hart. Ich aber dachte an meine Worte: „Gott wird den Schuldigen bestrafen." Eine andere Verwandte schwor: „Ich werde einen Sohn gebären, ihn werde ich Refik nennen, dann lebt er in meinem Kinde fort und kann sein Werk vollenden." Diese Frau wurde noch mehrmals schwanger, doch jedes Mal starb das Kind in ihrem Leib, bis ihr die Ärzte schließlich mitteilten, dass sie keine Kinder mehr bekommen könnte. Die schweren Schicksalsschläge in Refiks Familie machten viele nachdenklich. Und irgendwann hörten die Drohungen gegen mich auf.

Diese Ereignisse deprimierten mich natürlich sehr. Hinzu kam noch die Angst, von der Last meiner Schulden erdrückt zu werden. Niemand aus meiner Familie wollte mir helfen. Einmal war es finanziell besonders eng und ich brauchte dringend eine Erweiterung meines Dispo-Kredites. Ich bat meinen Vater, eine Bankbürgschaft für mich zu unterschreiben. Wir hatten bereits darüber gesprochen, und er schien nicht abgeneigt. Als ich im Hof hinter dem Haus meiner Eltern aus dem Auto stieg, lehnte meine Mutter im offenen Fenster.

„Was willst du?", fragte sie in ihrer typisch abweisenden Art, so als sei ich nicht ihre Tochter, sondern eine unerwünschte Hausiererin.

„Ist mein Vater da?", fragte ich zurück.

„Was willst du von deinem Vater?"

Sie wusste ganz genau, warum ich gekommen war, und so gab ein Wort das andere. Das Ende vom Lied war, dass sie meinem Vater nicht erlaubte, die Bankbürgschaft für mich zu unterschreiben. Dabei ging es nicht um das Geld, mein Vater verdiente genug, er hätte mir diese Bürgschaft ohne Weiteres geben können. Es ging ums Prinzip. In den Augen meiner Mutter hatte ich ihre Hilfe nicht verdient. Weinend fuhr ich wieder nach Hause.

Am nächsten Tag bat ich meinen Chef um 200 D-Mark Vorschuss, um bis zum Monatsende durchzukommen. Ich schämte mich, denn Michael war stets so gut zu mir, und ich wollte den Bogen nicht überspannen. Aber so hatte ich finanziell wieder ein bisschen Luft. Ich sparte ohnehin eisern, führte ein akkurates Haushaltsbuch, sonst hätte ich diese Jahre nicht überstanden und wäre heute nicht schuldenfrei.

Die Erkenntnis, dass mich meine Eltern zwar mein ganzes Leben lang instrumentalisiert und mir in jungen Jahren monatlich einen großen Teil meines Einkommens weggenommen hatten, mir nun aber in den Jahren der Not nicht beistehen wollten, war bitter. Ich konzentrierte mich fortan noch stärker auf meine Karriere, denn sie schien mir der einzige Weg, um aus dieser schwierigen Lebenssituation wieder herauszukommen. Dennoch blieb ein bitterer Nachgeschmack, weil ich mir alles selbst erarbeiten musste, und es niemanden in meiner Familie gab, der mir half. Und wieder dachte ich an jenen Traum, in dem mir der alte Mann erschienen war. „Beweise mir deine Geduld …" Tief in meinem Herzen wusste ich, dass es eine Macht gab, die mich beschützte und führte. Ich versuchte, mich auf die vielen positiven Entwicklungen zu konzentrieren, die mein Leben seit Refiks Tod bestimmten, und all die Düsternis des Hasses und der Rachegedanken von mir fernzuhalten.

Ich wollte nicht mein Leben lang Einkommensteuererklärungen machen, und darum begann ich neben meiner Arbeit in der Kanzlei eine Weiterbildung zur Personalfachkauffrau. Ich wollte weiterkommen, mehr Geld verdienen, selbst Chefin werden. Ich wollte andere Menschen führen und leiten. Im Gespräch mit meinen Kollegen wurde mir klar, dass ich das als Personalerin am besten könnte, und so setzte ich mir das nächste Ziel.

„Unsere Şengül ist ein Unikat", sagte Michael, „die kann keiner stoppen." Natürlich motivierte mich das ungeheuer und spornte mich dazu an, wieder einmal mein Bestes zu geben. Zu dieser Ausbildung gehörte auch Arbeitsrecht, also hatte ich endlich etwas zu lernen, was mit meinem alten Vorbild, der Anwältin, zu tun hatte, und selbstverständlich strengte ich mich besonders an. Es war eine harte Zeit, ich arbeitete wie immer mit 150-prozentigem Einsatz und lernte nachts für meine Prüfungen. Daneben versorgte ich meine Tochter, die größer wurde und ihre Bedürfnisse entwickelte. Sie machte mir Sorgen, denn je älter sie wurde, desto mehr stellte sich heraus, dass ihr Verhalten von dem Gleichaltriger abwich.

Bis zu Bernas drittem Lebensjahr verlief alles so normal, wie es unter unseren familiären Umständen möglich war. Sie war ein waches und neugieriges Kind und bereits mit zwölf Monaten trocken. Berna wuchs mehr oder weniger gemeinsam mit den Kindern meines älteren Bruders auf, und irgendwann fiel auf, dass sie den anderen in der Entwicklung hinterherhinkte. So richtig klar wurde uns das allerdings erst viel später. Erst 2006, als Berna bereits dreizehn Jahre alt war, stellte ein Arzt die Diagnose, dass sie geistig behindert ist. Bis dahin hatten wir alle gedacht, sie sei einfach nur ein bisschen in ihrer Entwicklung verzögert. Man merkte ihr die Behinderung nicht wirklich an, und woher sie genau rührte, das ist bis heute nicht klar. Ob es an den schwierigen Umständen in der Schwangerschaft lag, als ich so große Probleme mit den Nieren hatte und ständig Medikamente nehmen musste? Oder ob sie während der Geburt, die bereits im achten Monat eingeleitet worden war, einen Sauerstoffmangel erlitten hatte? Ich glaube das nicht, denn in den ersten Jahren als Baby und Kleinkind gab es dafür keine Anzeichen. Ich bin deshalb fest davon überzeugt, dass Bernas Behinderung von den Misshandlungen ihres Vaters herrühren, und mir blutet das Herz, während ich dies niederschreibe. Ich werde mir mein Leben lang Vorwürfe machen, dass ich nicht in der Lage war, dem Ganzen früher ein Ende zu bereiten. Dass ich viel zu lange der Familie zuliebe den Schein wahren wollte und zu große Angst vor einer gewaltsamen Eskalation der Situation hatte. Und ich möchte jede Frau und Mutter, die sich in einer ähnlichen Situation befindet, ermutigen, keinen Tag länger hinzunehmen, dass Misshandlungen gang und gäbe sind. Könnte ich die Zeit zurückdrehen, ich würde mich heute anders verhalten. Damals allerdings war mir das einfach unmöglich. Ich hatte niemanden, der mir Rat gab, niemanden, der mir Mut zusprach, mich zu wehren. Niemanden, der mir einen echten Ausweg aus meiner Situation aufzeigen konnte.

Die Ersten, die mich darauf hinwiesen, dass Berna sich seltsam verhielt, waren die Erzieherinnen im Kindergarten in Nürnberg. Später bemerkte es auch die Familie, aber da alle Berna sehr lieb hatten, sah man einfach großzügig darüber hinweg. „Das verwächst sich wieder", hieß es, und das hoffte auch ich. Es dauerte viele Jahre, bis ich merkte, dass sich da nichts „verwächst", und ging mit Berna zu verschiedenen Ärzten. Auch die sagten: Das wird sich geben. Bis sie größer wurde und man feststellte, dass mit der Fein- und Grobmotorik etwas nicht stimmte. Es kam vor, dass sie beim Laufen einfach hinfiel, und während wir zunächst dachten, naja, da ist sie einfach ein bisschen schusselig gewesen, stellte sich später heraus, dass sie Probleme mit dem Gleichgewichtssinn hat. „Man muss abwarten und das weiter beobachten", sagten die Ärzte, doch besonders wohl war mir bei der Sache nicht.

Meine Tage waren also mehr als ausgefüllt, und es war gut, dass ich schon während meiner Ehe gelernt hatte, mit wenig Schlaf auszukommen, und hauptsächlich nachts zu lernen. Als ich 2003 meine Prüfung als Personalfachkauffrau ablegte, bestand ich die schriftlichen Prüfungen, nur in der mündlichen Prüfung fiel ich in einem einzigen Fach durch – in Volkswirtschaft. Was für ein Dämpfer! Aber ich muss zugeben, ich hatte auch wirklich nicht die geringste Ahnung davon. Als sie mich in der Prüfung fragten, ob ich etwas zum volkswirtschaftlichen Warenkorb sagen könnte, da schaute ich sie groß an und erkundigte mich, ob sie den Warenkorb bei Aldi meinten oder was. Mir wurde klar, wie ahnungslos ich auf diesem Gebiet war, bekam einen fürchterlichen Schweißausbruch, konnte keine Frage vernünftig beantworten, und wunderte mich kein bisschen, als es hieß, ich sei durchgefallen. Okay, sagte ich mir, da musst du dich reinknien, und beschloss, die Prüfung bei einem der nächsten Termine zu wiederholen. Zum Glück wurden mir die bestandenen Prüfungen angerechnet, ich musste nur in Volkswirtschaft erneut antreten.

In diesem Jahr, es war inzwischen 2003, geschah ungeheuer viel auf einmal. Zum einen starb mein Onkel in der Türkei, und ich flog seit vielen Jahren zum ersten Mal wieder in die Heimat meiner Eltern. Wie sehr ich das Fliegen hasste! Ich kann mich noch gut erinnern, wie ich in meinem Sitz saß, mit feuchten Händen und einem mulmigen Gefühl im Bauch. Die Tür zum Cockpit stand eine Zeit lang offen und ich hatte einen guten Blick auf die Piloten.

„Lieber Gott", flehte ich still vor mich hin, „lass mich heil ankommen. Und um eines bitte ich dich noch: Mach, dass mein Traummann kein Pilot ist. Alles andere, aber nicht das."

Nach der Beerdigung meines Onkels fuhr ich zu Refiks Eltern. Ich fürchtete nun nicht mehr, getötet zu werden, sie waren zur Besinnung gekommen. Durch Krankheit waren die beiden inzwischen alten Leute in Not geraten, ein Unglück nach dem anderen hatte die Familie gebeutelt, und endlich sahen auch sie ein, dass ihr sinnloser Hass auf mich niemandem nützte, auch ihnen nicht.

Mir war dieser Besuch sehr wichtig. Ich bin ein Mensch, der gerne Frieden schließt und mit Ereignissen, die in der Vergangenheit liegen, abschließen möchte. Nur so, das hatte ich längst begriffen, ist man in der Lage ein neues Leben zu beginnen. Was nützen uns Wut und Hass, was bringt es, auf einer sinnlosen Rache zu beharren? Nichts. Gewalt gebiert nur immer wieder neue Gewalt, neues Leid, neuen Hass. All das versuchte ich meinen Schwiegereltern zu erklären.

Ich versicherte ihnen, dass ich nie gewollt hatte, dass die Situation derart eskalierte, und dass ich ihren Sohn darum viele Jahre lang gedeckt hatte, obwohl er mich so schwer misshandelt hatte. Aber es ging ja nicht nur um mich, sondern auch um das

Leben und Glück eines kleinen Mädchens. Und dass ich das nicht länger hatte mit ansehen können, es vielleicht ohnehin viel zu lange geduldet hatte. Durch das Unglück, das über ihre Familie gekommen war, konnten Refiks Eltern das endlich annehmen, auch bei ihnen fand ein Umdenken statt, und sie sahen ein, welchen Anteil sie selbst an dieser Tragödie hatten.

Ich bin von Natur aus jemand, der in Harmonie mit anderen leben möchte. Es ist meine feste Überzeugung, dass wir nicht auf dieser Welt sind, um den anderen zu beweisen, wer im Recht und wer der Stärkere ist. Die Misere meiner Schwiegereltern, die nicht nur ihren Sohn verloren hatten, sondern auch ihren Wohlstand und ihren Stolz, tat mir weh. Und so entschloss ich mich zu einem weiteren Schritt der Versöhnung.

Mir stand in der Türkei eine Witwenrente zu, und die trat ich an die Eltern meines Mannes ab. Außerdem schenkte ich ihnen allen Goldschmuck, den ich besaß. Damit waren wir ausgesöhnt. Und ich, die ich selbst alles andere als reich war und immer noch Refiks Schulden abtrug, fühlte mich dadurch frei und irgendwie erlöst. Meine Schwiegereltern sagten zum Abschied, dass ich ein guter Mensch sei, und dass sie sich dafür schämten, was ihr Sohn mir und meiner Tochter angetan hatte. Das genügte mir, um meinen Frieden mit ihnen zu machen. Ich kehrte zurück nach Deutschland, und eine Zentnerlast fiel von meiner Seele ab.

Meine eigene Mutter konnte allerdings immer noch nicht anerkennen, dass ich als erwachsene, verantwortungsvolle Frau mein Leben in die Hand genommen hatte. Ich hatte endlich einen netten Mann kennengelernt, einen Griechen, mit dem ich nun zusammen war. Auch diese Beziehung war meiner Mutter ein Dorn im Auge. Ich musste einsehen, dass mich meine Mutter so, wie ich war, nie akzeptieren würde. Dass sie nicht begriffen hatte, was sie mir angetan hatte und noch immer antat. Das schmerzte. Aber mir wurde klar, dass ich mich nur dann aus meiner schwierigen Situation als alleinerziehende und berufstätige Mutter befreien konnte, die einen Berg von Schulden abzuarbeiten hat und nebenher noch eine Ausbildung macht, wenn ich all diese negativen Einflüsse von mir fernhielt. Wenn ich schon alles allein schaffen musste, dann wollte ich nicht auch noch ständig den demütigenden Anschuldigungen meiner Mutter ausgesetzt sein. War es mir nur wenige Jahre zuvor unmöglich erschienen, ohne Familie dazustehen, war genau das nun bittere Realität geworden.

Mit aller Kraft konzentrierte ich mich auf die Zukunft, die vor mir lag. Ich hatte große Ziele, ich wollte Karriere machen. So viel Anerkennung und Zuspruch hatte ich bereits erhalten. Mit nichts als einem durchschnittlichen Hauptschulabschluss hatte ich es geschafft, Steuerfachangestellte zu werden. Ich war inzwischen eine wichtige Mitarbeiterin einer erfolgreichen, großen Steuer- und Wirtschaftsprüfungskanzlei. Ich stand kurz davor, die Prüfung zur Personalfachkauffrau zu bestehen. Ich hatte die Hölle meiner Ehe und einen Mordanschlag überlebt. Es konnte einfach nicht angehen, dass ich mich mit inzwischen dreißig Jahren noch immer von meiner Mutter behandeln ließ wie ein dummer Teenager.

Auch damals noch, nach all den Jahren, begleitete mich das Bild der Anwältin, die Aktentasche fest in ihrer Hand. Ich kam diesem Bild immer näher. Eines Tages würde ich mir eine solche Aktentasche kaufen. Und einen grauen Hosenanzug ebenfalls. Wenn es so weit war, dann hatte ich es geschafft.

Der Sprung nach oben

Eines Tages kam mein Chef auf mich zu und sagte: „Şengül, ich hab da etwas für dich. Bei einer Firma, die wir betreuen, hat die Personalchefin gekündigt, und jetzt wollen sie diesen Bereich outsourcen. Wäre das nicht was für dich?“

Ich war sofort begeistert. Doch dann dachte ich an meine leidige Volkswirtschaftsprüfung, die ich immer noch nicht abgelegt hatte.

„Ich hab die Prüfung doch noch nicht“, wandte ich ein.

„Ach was", meinte Michael, „die holst du eben so schnell wie möglich nach. Jetzt gehst du einfach mal hin und schaust dir das an. Dann sagst du mir, ob du es dir zutraust oder nicht."

Also fuhr ich zu der Firma und führte Gespräche mit dem Geschäftsführer, dem Finanzchef und der bisherigen Personalleiterin. Recht bald konnte ich mir ein Bild von der Problematik machen. Das Lohnprogramm war meiner Meinung nach zu teuer und aufwendig, das konnte man viel rationeller organisieren. Dann mussten wir noch die Frage klären, welche Aufgaben genau an uns abgegeben werden sollten, und was die Firma weiterhin im Haus behalten wollte. Schließlich hieß es, sie würden uns gerne die Lohnabrechnung für alle Mitarbeiter plus die der Rentner übergeben.

„Was glaubst du", fragte Michael, „wie viel Zeit du dafür brauchst?"

„Naja", antwortete ich, „in zwei Tagen pro Woche müsste das eigentlich zu schaffen sein."

Aber natürlich mussten jetzt erst einmal die ganzen Personalstammdaten von ca. achthundert Mitarbeitern mit dem neuen Programm erfasst werden, und dafür hatte ich genau einen Monat Zeit. Sechzig Prozent der Mitarbeiterdaten konnte ich automatisch übernehmen, aber den Rest musste ich einzeln und per Hand eingeben.

Wieder einmal hatte ich schlaflose Nächte, in denen ich mich fragte, ob ich mich diesmal endgültig übernommen hatte. Ob das alles nicht auf ein Fiasko hinauslief und am Ende vom Monat achthundert Mitarbeiter rebellierend bei uns auf der Matte stehen würden, weil ihre Lohnabrechnungen nicht stimmten. Die Dateneingabe musste ich in der Firma selbst vornehmen, und dort saß ich bis tief in die Nacht, arbeitete Karteikarte um Karteikarte ab und versuchte, nur ja keinen Fehler zu machen. Die Firma war in einem uralten Gebäude untergebracht, und bis zur nächsten Toilette waren es gut zweihundert Meter, die ich während dieser langen Abende im Sprint zurücklegte, so groß war meine Angst, aus der Dunkelheit könnte mich ein Monster anspringen. Ich zog mir dafür sogar extra Sportschuhe an. Manchmal besuchte mich mein Freund, brachte mir etwas zu Essen mit und unterstützte mich, so gut er konnte. Er war sehr stolz auf mich und zitterte mit mir, ob ich es wohl schaffen würde.

Irgendwann rief mich der Firmenchef zu sich und fragte: „Na, wie läuft's?"

„Gut", sagte ich, innerlich schlotternd, aber nach außen völlig ruhig.

„Du schaffst das, oder?"

„Na klar."

Und tschüss.

Als mir nur noch eine Woche blieb, hatte ich von den restlichen vierzig Prozent, die ich von Hand eingeben musste, erst dreißig Prozent geschafft und noch immer keine Probeabrechnung durchlaufen lassen. Drei Tage lang arbeitete ich bis ein Uhr nachts. Nie werde ich den Moment vergessen, als ich den allerletzten Zettel eingegeben hatte. Mein Kopf sank auf den Tisch, und ich sandte ein Dankgebet gen Himmel.

Punktgenau war alles geschafft, jeder bekam seine Abrechnung. Am Ende war alles in Ordnung und ich war überglücklich. Einmal mehr hatte ich eine Hürde genommen. Ich erklärte den Mitarbeitern die neuen Lohnzettel, die anders aussahen als jene, die sie bislang gewohnt gewesen waren. Die Firmenleitung war höchst zufrieden mit mir, und so konnte die Arbeit für die Betreuung der Lohn- und Rentendateien in aller Ruhe an zwei Tagen in der Woche vor Ort in der Firma erledigt werden.

So ging es eine ganze Weile, bis es immer häufiger hieß: „Da gibt es einen Mitarbeiter, der abgemahnt werden muss." oder „Eine Kollegin braucht ein Zeugnis." Und so weiter und so fort. Da sagte ich: „Leute, das schaff ich nicht in den vereinbarten zwei Tagen." Und so stockten wir von zwei Tagen auf drei auf.

Es war ein ganz langsamer Prozess, der da in Gang kam, doch nach und nach war klar, dass es immer mehr Personalaufgaben in der Firma gab, die ich übernehmen sollte. Eines Tages bat mich der Firmenleiter zu einem Gespräch.

„Wollen Sie nicht ganz bei uns einsteigen? Wir würden Ihnen gerne anbieten, bei uns Personalleiterin zu werden."

Mir war sofort klar, welch einmalige Chance das war. In der Kanzlei würde ich, so sehr ich auch gefördert und geliebt wurde, doch stets „die kleine Şengül" bleiben, wäre immer Angestellte mit einem Gehalt, das sich mit dem einer Personalleiterin nicht vergleichen ließ. Dieses Angebot war genau das, was ich angestrebt hatte: selbst eine Führungsposition einzunehmen, andere Menschen zu führen. Ich fand, dass ich inzwischen reif war für eine solche Aufgabe. Und darum musste ich mir dieses Angebot nicht zweimal überlegen.

Es tat mir in der Seele weh, die Kanzlei zu verlassen. Hier hatte ich meine ersten Schritte machen dürfen, hier hatte ich alles gelernt, was ich konnte. Hier hatte ich nicht nur Freunde fürs Leben gefunden, sondern auch eine Heimat. Doch ich spürte, dass die Zeit gekommen war, dieses warme Nest zu verlassen. Auch für Michael war es schwer, mich gehen zu lassen. Wenn man jemanden fördert, muss man auch akzeptieren, dass er flügge wird. Und Michael verstand das.

Er hatte allerdings auch warnende Worte für mich.

„Şengül", meinte er besorgt, „bist du sicher, dass du schon so weit bist? Das ist ein großer Schritt. Da hast du eine Riesenverantwortung."

Er hatte recht. Es war ein Sprung ins kalte Wasser. Aber es war schon immer so gewesen, dass ich die Latte für mein nächstes Ziel extrem hoch gehängt hatte, denn nur das, scheint es, spornt mich zu Höchstleistungen an. „Ich schaff das", erklärte ich bestimmter, als ich es tatsächlich war. Meinem neuen Vorgesetzten sagte ich ganz offen, dass ich noch immer nicht alle Prüfungen für die Personalfachkauffrau in der Tasche hatte, noch immer hing mir diese verflixte Volkswirtschaftsprüfung nach.

„Ach was", sagte er, „das schaffen Sie schon."

Und damit war für ihn die Sache erledigt. Ich dagegen war mir da gar nicht so sicher. Michaels Einwände machten mir schwer zu schaffen. Nachts lag ich wach und fragte mich, ob meine Entscheidung richtig war. Michael war schließlich mein Lebensretter, so viele Jahre lang war er für mich da gewesen. Die Zuversicht meines neuen Arbeitgebers, ich würde das alles schon schaffen, machte mich nervös, offenbar erweckte ich den Anschein, alles zu können. Dabei musste ich noch so viel lernen.

Und so wurde ich quasi über Nacht zur Personalleiterin. Es war wie in einem Traum. Um diesen Karrieresprung auf meine ganz persönliche Weise zu feiern, kaufte ich mir meine erste Aktentasche. Seit ich damals mit zwölf Jahren vor Gericht die Anwältin gesehen hatte, war eine Aktentasche für mich ein ganz besonderer Gegenstand. Sie symbolisierte all die Macht und die Kompetenz, die jene wunderbare Frau ausgestrahlt hatte. Nun endlich war ich so weit, mir selbst diesen fast magischen Gegenstand anzuschaffen. Ich war von Anfang an der Meinung gewesen, dass man sich solch eine Auszeichnung wie die Aktentasche erst verdienen muss. In meiner kindlichen Auffassung fand ich, dass nicht jeder würdig war, so etwas zu besitzen. Doch ich war nun endlich so weit.

Das Herz klopfte mir bis zum Hals als ich in dem eleganten Geschäft stand, meine Hand über das weiche, glatte Leder der verschiedenen Modelle gleiten ließ, bis ich schließlich meine Wahl traf: Ich entschied mich für eine seriöse braune Tasche aus echtem Leder mit einem umlaufenden Reißverschluss. Sie hatte einen schön geformten Griff, keinen langen Tragegurt, um sie lässig über der Schulter zu tragen. Nein, ich wählte ganz bewusst ein schlichtes und elegantes Modell, das mich an die Aktentasche der Anwältin vor so vielen Jahren erinnerte.

Was für ein spannendes Innenleben meine Aktentasche doch hatte! In ihr gab es Platz für Stifte und wichtige Visitenkarten und eine Schnellhefterklammerung für Klarsichthüllen, sowie ein extra Fach für zusätzliche Unterlagen. Jeden Morgen, wenn ich die Aktentasche ergriff, um sie mit zur Arbeit zu nehmen, sagte ich mir: „Şengül, dies ist kein Traum. Es ist wirklich wahr.“ Im August 2004 erfüllte ich mir noch einen Traum: Ich kaufte mir ein schickes Auto, einen nigelnagelneuen schwarzen Audi A3. Ich holte ihn höchstpersönlich aus dem Werk in Ingolstadt ab.

Wenn die Tasche dann neben mir auf dem Beifahrersitz lag, streichelte ich sie manchmal ganz sanft, wie eine Katze. Sie war mir in diesen Zeiten, in denen ich meine ersten Sporen als Führungskraft verdiente, eine treue Begleiterin, und obwohl ich heute mehrere Aktentaschen in verschiedenen Ausführungen und Farben besitze, so nimmt diese allererste braune, inzwischen schon etwas abgegriffene Ledertasche, der man mein bewegtes Arbeitsleben durchaus ansehen kann, immer noch einen wichtigen Platz in meinem Leben ein. Sie war für mich ein Glücksbringer, eine magische Waffe, und die konnte ich in meinem neuen beruflichen Umfeld auch ganz gut gebrauchen.

An meinem ersten Arbeitstag als Personalleiterin führte mich der Chef durch die gesamte Firma und stellte mich allen Mitarbeitern vor. Diesen Rundgang werde ich nie vergessen, all die Blicke, mit denen ich erstaunt und bewundernd gemustert wurde. Und plötzlich überfluteten mich Erinnerungen: meine eigene Zeit in der Fabrik vor meiner Verheiratung, als ich ganz unten angefangen hatte als Akkordarbeiterin am Fließband, wie ich mich rasch zur Qualitätssicherung hochgearbeitet hatte. Ich sah mich selbst in einigen dieser jungen Gesichter und musste mit den Tränen kämpfen, wenn ich daran dachte, was damals alles noch vor mir gelegen hatte, diese entsetzlichen Jahre der Demütigungen und Misshandlungen, in denen ich keine Perspektive hatte. In diesem Augenblick konnte ich es kaum fassen, dass ich jetzt hier als Personalchefin vorgestellt wurde, dass ich nicht nur der Ehehölle entkommen war, sondern mich über die Jahre derart hatte qualifizieren können. Und das ohne besonders guten Hauptschulabschluss, ohne solides Allgemeinwissen, ohne familiäre Förderung. Ich wusste an jenem Morgen, dass ich es geschafft hatte. Diese erste Begegnung mit den Menschen, für die ich von nun an zuständig war, zeigte mir, dass ich ein großes Etappenziel in meinem Leben erreicht hatte. Die kleine Şengül

Mit Aktentasche!

besaß nun eine Aktentasche und bekleidete eine Führungsposition! Und ich nahm mir vor, alles für die Menschen zu tun, für die ich in Zukunft zuständig war.

Auch das erste Meeting, an dem ich teilnahm, war ein unvergessliches Erlebnis für mich. Wir waren zwei Frauen und vierzehn Männer, und immer wieder musste ich mich heimlich in den Oberarm kneifen, um mir klarzumachen, dass das alles wirklich wahr war. Ich wurde nach meinen Ideen zum Thema Personalarbeit gefragt, man hörte mir zu, und ich hatte auch etwas zu sagen. Ich spürte aber auch, dass einige mich skeptisch musterten und ich konnte ihre Gedanken förmlich lesen: „Was will diese junge Türkin hier, die hat doch keine Ahnung."

Ich war nun das Bindeglied zwischen der Führungsebene und den Mitarbeitern samt Betriebsrat. Ich war maßgeblich an Personalentscheidungen beteiligt und musste mich um die Auszubildenden kümmern. Zu meinen Aufgaben gehörte es auch, Vorstellungsgespräche zu leiten und, wenn es nötig wurde, die Firma bei Arbeitsrechtsfällen vor Gericht zu vertreten.

Meine Vorgängerin war nur während meiner ersten beiden Wochen noch in der Firma, danach stand ich ganz alleine da und musste mich in all das erst hineinfinden. Wieder einmal musste ich ganz von vorne beginnen, Schritt für Schritt vorankommen. Ich achtete sehr darauf, mir meine Unsicherheit nicht anmerken zu lassen, und es war schon ein komisches Gefühl, nun plötzlich „auf der anderen Seite" zu stehen, nicht mehr die einfache Sachbearbeiterin zu sein, sondern zur Führungsebene zu gehören. Ich bereitete alle Gespräche sorgfältig vor, was mir während meiner vielen unterschiedlichen Termine sehr zugute kam. Jeden Morgen sagte ich mir aufs Neue: „Şengül, jetzt bist du der Boss. Du musst heute die Gespräche leiten, du musst heute die anderen führen." Und obwohl das alles ungeheuer aufregend und stressig war, genoss ich es von Anfang an in vollen Zügen und bemühte mich, jederzeit das Beste zu geben.

Schnell wurde mir jedoch klar, dass viele Kollegen den Eindruck hatten: „Aha, das ist eine junge Frau, mit der reden wir mal so, wie es uns gerade passt." Und so wurde es wichtig, mir von Anfang an eine gewisse Autorität zuzulegen. Aus der Kanzlei war ich es gewohnt, mit allen gut befreundet zu sein, auch auf privater Ebene, doch das war nun nicht mehr angebracht. Als Personalleiterin musste ich mit allen Angestellten gleich umgehen, durfte niemanden zu nahe an mich heranlassen, und bei aller Freundlichkeit stets eine gewisse Distanz wahren. Ein einziger Lapsus konnte mich die gesamte Achtung und Autorität kosten.

Es gab unter meinen männlichen Kollegen in der Führungsebene leider auch einige, die mich wegen meines Alters und meines Geschlechts nicht ernst nahmen. Besonders mit zwei Kollegen hatte ich richtige Kämpfe. Da musste ich mitunter auch Klartext reden und sie in ihre Schranken weisen. Einen dieser Kollegen konnte ich von meiner Kompetenz überzeugen, indem ich mit seiner Tochter, die nicht wusste, was sie beruflich machen wollte, ein Gespräch führte und ihr half, in einem Partnerunternehmen einen Ausbildungsplatz zu bekommen.

In vielerlei Hinsicht war dieser Anfang gut für mich, auch wenn es eine harte Schule war. Zum ersten Mal musste ich mich innerhalb des eigenen Betriebs behaupten. In der Kanzlei waren wir eine eingeschworene Gemeinschaft gewesen, zwischen den Kollegen hatte es keine Konkurrenz gegeben. Nun musste ich lernen, innerhalb der Führungsebene meinen Platz zu verteidigen und verantwortlich und souverän meine Arbeit zu tun. Auch wenn diese Zeit ungeheuer anstrengend war, war ich dennoch überglücklich. Ich hatte erreicht, was ich mir erträumt hatte: Ich hatte eine Aufgabe, die ich selbst gestalten konnte, trug Verantwortung. Das bedeutete natürlich auch mehr Stress und mehr Konflikte. Damals lernte ich eine wichtige Regel: je höher man auf der Karriereleiter steigt, desto mehr muss man sich behaupten. Vor allem als Frau, vor allem als Migrantin. Wobei ich nie den Fehler machte, und irgendwelche Konflikte und Probleme darauf schob, dass man mich als Türkin nicht akzeptierte. Ich kann wirklich sagen, dass ich in meinem ganzen Leben nie Fremdenhass erfahren habe. Dabei sehe ich aus wie eine Mustertürkin. Doch kaum mache ich den Mund auf, bin ich eine waschechte Fränkin. Diese Mischung ist ungewöhnlich, sie hat es mir auch immer wieder leicht gemacht. Nichtsdestotrotz musste ich mich als Frau ständig beweisen – ausgerechnet ich, die ich Konflikte scheute und es hasste, die Stimme zu erheben. Mein Ehrgeiz war es, mir Respekt zu verschaffen, und dabei ich selbst zu bleiben: Şengül, die den Menschen wohl will und an ihre Vernunft appelliert. Und meistens bin ich damit auch gut gefahren.

Bei all dem schwebte mir immer die Anwältin vor, nach all den Jahren war mir ihr Vorbild nun nützlicher denn je. Wenn sie gesprochen hatte, erhielt sie die ungeteilte Aufmerksamkeit ihrer Zuhörer – und bei Gericht waren das nun mal auch meistens Männer. Wieder einmal war sie meine Lehrmeisterin und mein Maßstab, und jeden Abend fragte ich mich, ob ich meine Sache nicht nur inhaltlich und fachlich, sondern auch im zwischenmenschlichen Bereich gut gemacht hatte. Ich spielte die Gespräche und Situationen erneut gedanklich durch, lobte mich und sagte mir, wo ich es hätte besser machen können. Und mir wurde noch etwas klar: In vielen Bereichen sind Frauen kompetenter als Männer. Gerade im sozialen und zwischenmenschlichen Bereich besitzen wir Frauen häufig ein viel feineres Gespür für die Bedürfnisse und Absichten unseres Gegenübers. Und diese Fähigkeit kam mir gerade bei meinen Aufgaben als Personalleiterin sehr zugute.

Schön war auch, dass ich häufig mit Anwälten zu tun hatte. Auf diese Weise konnte ich mich im Arbeitsrecht bewegen, ohne selbst Jura studiert zu haben. Wenn es um juristische Schritte ging, für die wir schlussendlich einen Anwalt brauchten, dann erledigte ich die gesamte Vorarbeit, und das machte mir ungeheuren Spaß.

Ich verdiente nicht schlecht in diesen Jahren, arbeitete nebenher sogar noch für drei verschiedene Steuerkanzleien, und so konnte ich es wagen, endlich eine größere Wohnung für Berna und mich zu suchen. Wir zogen in eine wunderschöne, frisch renovierte Vierzimmerwohnung mit hohen Decken und großen Fenstern, durch die viel Licht hereinfiel. Berna bekam ein eigenes Zimmer und war überglücklich. All die Jahre hatte sie mit mir das Bett teilen müssen, daher kaufte ich ihr jetzt ein besonders großes, 1,40 Meter breites Bett. Wir gestalteten das Zimmer in ihrer Lieblingsfarbe Blau mit bunter Bettwäsche, es wurde ein richtiger Berna-Traum, und ihre Freude war für mich das Allerschönste.

Das Wohnzimmer richtete ich eher schlicht ein, mit einem orangefarbenen Sofa und einem riesigen Fernsehgerät auf Rollen. Praktischerweise gehörte zu unserer neuen Wohnung auch ein Büro mit separatem Eingang, was für meine Nebentätigkeit im Bereich Steuer und Buchhaltung optimal war. Mein Lieblingsraum aber war meine neue Küche mit weinroten Küchenschränken und silbernen Griffen, die direkt neben dem Büro lag. Ich genoss es, mir in meiner Traumküche einen Kaffee zu holen, wenn ich im Büro arbeitete.

Ich war kurz davor, meine Schulden abzubezahlen, und begann langsam ein wenig aufzuatmen. Ich arbeitete sieben Tage die Woche, machte Sport, tanzte Hip-Hop und lernte nebenher noch immer auf diese verflixte Volkswirtschaftsprüfung, die mir schwer im Magen lag. Es ärgerte mich, dass ich diese Sache nun schon so lange mit mir herumschleppte. So schwer kann das doch nicht sein, sagte ich mir. Und so meldete ich mich für ein dreitägiges Seminar zum Thema Volkswirtschaft an, damit, so war ich mir sicher, müsste ich es doch endlich schaffen.

Leider stellte ich fest, dass dieses Seminar – so interessant es auch war – nicht den Stoff abdeckte, den ich für meine Prüfung brauchte. In einer Pause saß ich in der Cafeteria und dachte darüber nach, was ich denn anstellen könnte, um mir endlich diesen Lernstoff anzueignen. Da sah ich, wie einer der Referenten ganz allein am Nachbartisch saß. Kurzerhand fasste ich mir ein Herz, setzte mich zu ihm und schilderte ihm mein Problem.

„Haben Sie vielleicht einen Tipp für mich", fragte ich schließlich, „wie ich mich am besten auf die mündliche Prüfung vorbereiten kann?"

Der Mann sah mich lange an. Er stellte mir Fragen zu meinem Werdegang, ließ sich alles haarklein erzählen. Dann sagte er:

„Wissen Sie was? Ich bringe Ihnen bei, was Sie brauchen."

Ich war überrascht.

„Sie? Geben Sie denn solche Kurse?"

„Normalerweise nicht", sagte er und lächelte, „aber ich mach einfach mal eine Ausnahme. Wenn Sie wollen, können wir gleich nächste Woche anfangen."

Ich war verwirrt. Und freute mich.

„Sie meinen ... Einzelunterricht?"

„Ja", nickte er, „genau. Sie kommen zu mir und ich erkläre Ihnen den Stoff. Ist gar nicht so schwer. Sie werden sehen."

„Und was soll der Unterricht kosten?"

„Nichts."

„Nichts?"

„Ich finde, jemand, der so fleißig lernt und so hart arbeitet wie Sie und auch noch ganz allein ein Kind großzieht, der kann auch mal etwas umsonst bekommen."

Ich konnte mein Glück kaum fassen. Mir war, als habe das Schicksal beschlossen, ich hätte jetzt genug Unglück erlebt und würde nun beginnen, alles wieder auszugleichen. Und obwohl ich eine supervolle Woche mit sechzig oder siebzig Arbeitsstunden hatte, brachte ich noch die Unterrichtsstunden bei diesem freundlichen Professor der Volkswirtschaft unter. Drei Monate lang ging ich einmal die Woche zu ihm ins Büro. Er teilte den Lehrstoff in für mich leicht verdauliche Häppchen ein, ich schrieb mir alles auf Karteikarten und ordnete die Themen systematisch nach Farben. Das gefiel meinem Lehrer ausgesprochen gut. Noch heute stehen wir freundschaftlich in Kontakt, und immer noch schwärmt er von meinen Karteikartensystemen.

„Das sollten meine Studenten mal übernehmen", sagte er. Und ich war ungeheuer stolz.

Nach drei Monaten war ich soweit. Ich meldete mich zur Prüfung an und bestand sie. Und wieder einmal fiel mir ein Stein in der Größe eines Felsbrockens vom Herzen. Endlich war ich auch auf dem Papier, was ich schon seit mehreren Monaten in der Praxis war: Personalfachkauffrau.

Die Liebe kommt oft unverhofft

Es war in der Zeit, als ich jeden Abend bis spät in die Nacht auf die Prüfung lernte. Ich hatte mich von meinem Freund getrennt und war ziemlich einsam. Eines Abends rief mich eine Freundin an und sagte: „Şengül, wenn du so weitermachst, wirst du noch verrückt. Du musst mal wieder ausgehen, ein paar Leute sehen. Komm mit uns. Ich hab da ein paar richtig nette Jungs kennengelernt. Stell dir vor: einer ist sogar Pilot!"

Pilot! Als ob mich das vom Hocker reißen würde. Also sagte ich ihr, ich könne nicht los, weil ich viel zu viel zu lernen habe. Ich büffelte bis elf Uhr, merkte aber, dass ich mich nicht mehr richtig konzentrieren konnte. Meine Freundin hatte recht: Ich brauchte eine Pause. Und so wählte ich ihre Handynummer.

„Wo seid Ihr?", fragte ich. Und schon war ich unterwegs.

Als ich zu meinen Freunden stieß, waren da fast zwanzig Leute versammelt, von denen ich einige noch nie gesehen hatte. Wir gingen in eine unserer Stammdiskotheken, und dort verausgabte ich mich endlich mal wieder so richtig, tanzte leidenschaftlich Hip-Hop und vergaß alles um mich herum. Aus den Augenwinkeln bemerkte ich sehr wohl, dass mich da einer die ganze Zeit beobachtete, doch ich achtete nicht darauf. Ich war müde, überdreht und wollte mich einfach nur auspowern.

Später gingen wir zu viert noch zu einem Freund, um einen Kaffee zu trinken und ein bisschen zu quatschen. Da war er wieder, stellte sich als Attila vor und ließ keinen Zweifel daran, wie toll er mich fand. Bald fand ich heraus, dass er der Pilot war, und während alle anderen das super fanden, ließ mich das mehr als kalt. Ich erklärte Attila, dass ich niemals mit einem Piloten zusammen sein wollte, weil ich vor Angst um ihn sterben würde, wenn er da ständig über den Wolken schwebte. Davon ließ er sich allerdings nicht im Geringsten abschrecken, hörte nicht auf, mit mir zu flirten. Mir aber war das alles nur lästig. Ich hatte keine Zeit für so etwas, mein Kopf war voll von der Prüfung, und ich dachte in dieser Nacht nur: Meine Güte, wie werde ich diesen Kerl nur wieder los?

Als ich zwei Monate später wieder einmal mit meiner Freundin telefonierte sagte sie: „Du, der Attila wollte unbedingt deine Telefonnummer haben. Er sagt, er hat eine CD für dich mit der Musik, die du an dem Abend in der Disko so toll fandst. Ich hab sie ihm gegeben …"

Ich regte mich schrecklich auf.

„Wie kommst du dazu, ihm meine Nummer zu geben, ohne mich vorher zu fragen?!", schimpfte ich.

Doch da war es ohnehin schon geschehen. Ich weiß nicht mehr, wie viele Wochen und Monate ich Attila vertröstete, bis ich endlich ein, zwei Mal mit ihm essen ging. Noch immer funkte es nicht bei mir, während er, das war deutlich zu sehen, bis über beide Ohren in mich verliebt war. Aber ich hatte mir derart fest vorgenommen, mich niemals in einen Piloten zu verlieben, dass die Hürde wirklich hoch war.

Eines Tages hatten wir eine wichtige Sitzung in der Firma, und ich musste mittendrin einige Akten aus meinem Büro holen. Ich lief hektisch die Treppe hinunter, als mein Handy klingelte. Ich sah, dass es Attila war. Und fragte mich noch: Soll ich drangehen? Oder lieber nicht?

Warum ich den Anruf in einer Situation annahm, in der ich überhaupt keine Zeit für ein privates Gespräch hatte, ist mir bis heute nicht klar. Ich hörte ihn sagen:

„Ich sitze hier gerade in Antalya am Meer und dachte mir,

ich ruf mal die Şengül an und frag sie, ob ich ihr etwas mitbringen soll. Hast du einen Wunsch?"

Ich lauschte in den Hörer. Da war doch tatsächlich im Hintergrund Meeresrauschen zu hören, und ich dachte: Hey, das gibt es doch gar nicht. Da sitzt also dieser Mann am Strand und denkt an mich!

„Danke, Attila", sagte ich verwirrt, „ich brauche nichts aus der Türkei. Aber wenn du wieder zurück bist, dann ruf mich doch mal an."

Benommen ging ich zurück in den Besprechungsraum, mein Herz klopfte wie wild, und immer wieder musste ich denken: der sitzt dort am Meer und denkt an mich ... In mir breitete sich ein warmes Gefühl aus, das immer heißer wurde und mich mit Glücksfäden durchzog. Und dann sagte ich mir: „Wenn der zurück ist, dann schnappst du ihn dir."

Als Attila wieder in Nürnberg war, gingen wir miteinander essen. Und – Pilot hin oder her – spätestens an diesem Abend verliebte ich mich mit Haut und Haaren in diesen wunderbaren Mann.

Es war genau so, wie es mir Fatima, das Mädchen im Frauenhaus, viele Jahre zuvor prophezeit hatte. Ich hatte eine Weile gebraucht, bis ich meinen Traummann erkannt hatte. Und ich hatte mich zunächst gegen die große Liebe gesträubt, aber nun war ich glücklich.

Es mag paradox klingen – aber für mich war es gar nicht einfach, zu glauben, dass ein Mann wirklich so gut zu mir sein könnte. Ich war ein gebranntes Kind, hatte den schlimmsten Ehemann gehabt, den man sich denken konnte. Und nun sollte ich mit dem genauen Gegenteil zusammen sein? Eine starke Kraft in mir wollte das lange nicht für möglich halten. Attila war einfach zu perfekt, zu attraktiv, zu liebenswert. Er ist vier Jahre jünger als ich, und in mir meldeten sich tausend Bedenken, dass er nicht reif genug wäre, um für ein schwieriges Kind wie Berna da zu sein. Doch auch hier bewies er mir, dass meine negativen Erwartungen völlig unbegründet waren. Zu sehen, wie liebevoll er mit meiner Tochter umging, trieb mir die Tränen in die Augen. Obwohl schon damals deutlich war, dass irgendetwas in ihrer Entwicklung nicht stimmte, behandelte er sie ganz normal, mit derselben Herzlichkeit, mit der er seine eigene Familie und Freunde bedachte. Er liebt Kinder und kann unglaublich gut mit ihnen umgehen, und Berna schloss ihn vom allerersten Augenblick an fest in ihr Herz. Attila war voller Ideen und nahm Berna auf Ausflüge mit, unternahm mit ihr Dinge, die sie noch nie erlebt hatte. Und er erkannte ihr Anderssein. „Da stimmt etwas nicht", sagte er, „wir sollten herausfinden, was mit ihr los ist. Nur dann können wir ihr wirklich helfen."

Wie gesagt, man merkt Berna ihre Behinderung nicht auf den ersten und auch nicht auf den zweiten Blick an. Selbst in der Schule blieb sie lange unauffällig, bis wir erfuhren, dass sie immer wieder dem Unterricht ferngeblieben war. Manchmal war sie sofort weggelaufen, nachdem wir sie in die Schule gebracht hatten, und mehrmals mussten wir sie von der Polizei suchen lassen. Man fand sie dann im Park, wo sie spazieren ging. Wenn wir sie fragten, warum sie weggelaufen war, bekamen wir keine Antwort.

Ich war damals sehr verzweifelt. Mein Arbeitspensum war noch immer dasselbe, ich schuftete rund um die Uhr, sieben Tage die Woche und machte mir schreckliche Sorgen um Berna. Wir verdanken es Attilas Beharrlichkeit, dass wir uns nicht länger von inkompetenten Ärzten vertrösten ließen. Wir fanden schließlich einen Spezialisten, der herausfand, dass Berna weder krank noch verhaltensgestört war, sondern schlicht und einfach eine Behinderung hatte. Aus diesem Grund fühlte sie sich in der Schule so unwohl, denn sie hatte Schwierigkeiten, dem Unterricht zu folgen. Wobei „Schwierigkeiten" untertrieben ist – sie fühlte sich derart überfordert, dass sie, da sie ihre Probleme nicht artikulieren konnte, immer öfter und länger aus der Schule flüchtete.

Der Arzt, der endlich kompetent genug war, um Bernas Disposition zu erkennen, diagnostizierte Schwierigkeiten in der Grob- und Feinmotorik, dazu eine starke Orientierungsschwäche. Ihr Intelligenzquotient ist ziemlich niedrig, bei Bewegungsabläufen wie beim Laufen hat sie Koordinierungsprobleme. Dazu kommen psychosomatische Beschwerden. Bei allem, was sie als Kleinkind erleben musste, ist das auch kein Wunder.

Berna überraschte mich immer wieder. Zum Beispiel ein Jahr nach dem Tod ihres Vaters, als Refiks Cousin in der Türkei starb, und sie auf einmal zu mir sagte: „Mama, aber das war doch der, der dem Papa die Waffe gegeben hat.“ Da war sie gerade mal fünf Jahre alt.

Ich ging damals mit ihr zum Kinderpsychologen, da sie ganz offensichtlich nicht mit den fürchterlichen Geschehnissen rund um den Tod ihres Vaters zurechtkam. Sie, die immer ein stilles, freundliches Mädchen gewesen war, bekam Tobsuchts- und Schreianfälle. Während ihrer Therapie schrieb Berna ein paar Jahre später in einem Brief an ihren Vater: „Papa, warum hast du mich so geschlagen? Ich habe dir doch nichts getan.“ Eine Frage, die ihr offensichtlich auf der Seele brannte und auf die sie doch niemals eine Antwort bekommen würde.

Die ersten vier Schuljahre verbrachte Berna in einer reinen Mädchenschule und fiel nicht weiter auf. Sie schaffte es nicht aufs Gymnasium oder die Realschule und kam auf die Hauptschule. Dreimal wechselte sie die Schule, bis wir erfuhren, dass sie nicht krank oder schwererziehbar, sondern behindert war, und endlich die passende Einrichtung für sie fanden, in der sie noch heute ist und sich enorm wohlfühlt.

Bei all diesen Entwicklungen, den Untersuchungen und deren schmerzhaften und beängstigenden Ergebnissen, stand mir Attila zur Seite. Er machte uns Mut, wenn uns zum Heulen zumute war. Mit einem Scherz zur richtigen Zeit brachte er uns wieder zum Lachen. Von Anfang an verhielt er sich, als sei Berna sein eigenes Kind, als sei es ganz selbstverständlich, dass er für sie und mich da war. Er selbst stellte das überhaupt nicht infrage, er liebte mich vom allerersten Augenblick an, wie er behauptet, als ich damals spät am Abend die Volkswirtschaftsbücher in die Ecke warf und zu der Clique stieß.

„Die Tür ging auf", sagt er heute noch, „und da kam diese unglaublich tolle Frau herein, und bei mir machte es ‚Klick'. Da wusste ich: Die oder keine."

Dass die große Liebe in mein Leben getreten war, hatte Konsequenzen. Ich sah ein, dass ich nicht mehr nur rund um die Uhr arbeiten konnte. Attila wollte Zeit mit mir verbringen und ich mit ihm. Ohnehin wurde meine Arbeit als Personalleiterin immer komplexer und anstrengender, und so kündigte ich schweren Herzens einigen meiner privaten Steuer- und Buchhaltungsklienten.

„Du machst dich doch sonst kaputt", sagte Attila, und auch damit hatte er recht.

Das Klima im Betrieb war während dieser Zeit unmerklich kühler geworden. Es gab eine erste Welle an Entlassungen und wir mussten einen Sozialplan entwickeln. Wieder stand ich vor einer völlig neuen Herausforderung, dieses Mal aber vor einer, die mein Herz schwer machte. Nicht nur, dass ich keine Ahnung hatte, nach welchen Kriterien ein Sozialplan erstellt wird, worauf man dabei achten muss und wie man vorgeht – die Tatsache an sich, langjährigen Mitarbeitern die Kündigung aussprechen zu müssen, ging mir ziemlich an die Nieren.

Es gab nervenaufreibende Gespräche mit dem Betriebsrat im Beisein von Anwälten auf beiden Seiten. Mithilfe des Anwalts der Betriebsleitung lernte ich nach und nach, wie man so etwas macht. Alles lief reibungslos, ich hatte meine Sache einmal mehr gut vorbereitet, doch leider Gottes konnte ich diesmal auf meine Leistungen überhaupt nicht stolz sein.

In meiner Beziehung konnte ich dagegen mein Glück kaum fassen. Attila wünschte sich von Herzen ein Kind, ich aber war unsicher, ob ich das gesundheitlich packen würde. Zu gut erinnerte ich mich noch an die schwere Zeit der Schwangerschaft mit Berna.

„Mit meinem Nierenleiden", sagte ich, „schaffe ich das kein zweites Mal."

„Wann hattest du denn das letzte Mal Probleme mit den Nieren?", wollte Attila wissen.

Darüber musste ich nachdenken. Verblüfft stellte ich fest, dass sie sich kaum noch gerührt hatten seit ich mein eigenes Leben lebte.

„Warum gehst du nicht zum Urologen und lässt dich durchchecken?“, schlug Attila vor.

Und so machte ich es. Wie groß war meine Überraschung, als mir der Spezialist mitteilte, dass mit meinen Nieren samt der Blase alles in Ordnung sei.

„Alles in Ordnung?“, wiederholte ich überrascht.

„Sie haben zwar immer noch eine Schrumpfniere, die nur zu sechzig Prozent arbeitet“, sagte er, „aber wir haben eine gründliche Untersuchung gemacht, die ergeben hat, dass es nicht zu einem Nierenstau kommen wird. Der Fluss der Niere ist ohne Auffälligkeiten.“

Ich glaubte, nicht richtig zu hören. So viele Jahre lang war ich chronisch krank gewesen. Und jetzt war alles in Ordnung!

„Einer Schwangerschaft steht meiner Meinung nach nichts im Weg“, fügte der Arzt hinzu.

Das waren Neuigkeiten! Ich war unendlich froh darüber, aber auch voll des Staunens. Wie konnte das sein? Hatte mich mein Unglück so schwer krank gemacht, die Repression meiner Mutter und schließlich die unerträgliche Situation, gegen meinen Willen heiraten zu müssen und einen Mann zu ertragen, den ich nicht nur nicht liebte, sondern der mich jahrelang quälte? Hatte es genügt, mich von all dem zu befreien, ein selbstbestimmtes Leben zu führen und meinem Freiheitsdrang und Wissensdurst keine Grenzen zu setzen, um mich selbst zu heilen? Auch Berna war nur mit einer Niere zur Welt gekommen, was wir aber erst erfuhren, als sie bereits drei Jahre alt war. Ist es nicht seltsam, wie sehr die Redewendung „das geht mir an die Nieren“ auf uns beide zutraf?

„Wunderbar“, strahlte Attila, als er die gute Neuigkeit erfuhr. „Dann kriegen wir jetzt ein Kind. Was hältst du davon, wenn wir heiraten?“

Heiraten? Etwas schien meine Kehle zuzuschnüren. Ich hatte

mir geschworen, nie wieder zu heiraten. Noch immer saß mir meine letzte Ehe zu tief in den Knochen.

„Wir können doch auch zusammen glücklich sein, ohne zu heiraten", sagte ich.

Attila sah mich an. Die Traurigkeit in seinen wunderschönen grünen Augen tat mir weh.

„Und das Kind?", fragte er.

„Das Kind", sagte ich zärtlich, „das bekommen wir."

Nur wenige Wochen später wurde ich schwanger. Attila tanzte vor Freude durch die Wohnung, als ich vom Frauenarzt kam. Alles schien in bester Ordnung. Ich fühlte mich gut, freute mich auf das Kind. Dann kam die zweite große Welle der Entlassungen in meiner Firma. Beim ersten Mal war die Fertigung betroffen gewesen. Jetzt ging es um die Entwicklungsabteilung. Die Verhandlungen gestalteten sich schwierig, das Ganze belastete mich sehr, und dann passierte es: Ich bekam starke Blutungen. Bei meinem Frauenarzt erfuhr ich, dass ich das Kind verloren hatte. Eine Ausschabung wurde vorgenommen und ich musste eine Nacht in der Klinik verbringen. Attila war gerade als Pilot unterwegs, und ich schärfte Berna ein, dass sie ihm, sollte er von unterwegs anrufen, auf keinen Fall erzählen sollte, was mit mir los war. Aber Berna kann nun mal nicht lügen. Als Attila anrief und fragte, wo ich sei, meinte sie:

„Das darf ich nicht sagen."

„Berna", entgegnete Attila mit strenger Stimme, denn der Schreck war ihm bereits in die Glieder gefahren, „du sagst mir jetzt sofort, wo die Mama ist, sonst gibt's Ärger."

„Ok", räumte die arme Berna ein, „die Mama ist im Krankenhaus, weil sie das Baby verloren hat."

Attilas Kollegen erzählten mir später, er habe den ganzen Tag geweint.

„Wir bekommen ein Baby", tröstete ich ihn, als wir endlich wieder zusammen waren, „ganz bestimmt."

Doch zunächst sah es ganz und gar nicht danach aus.

Der Stress, den ich in meiner Funktion als Personalleiterin in der Motorradfirma hatte, war unbeschreiblich. Denn neben der zweiten Entlassungswelle, die mich eine Menge Kraft und Nerven kostete, musste ich mich noch immer unter all diesen männlichen Kollegen behaupten, musste Tag für Tag meine Frau stehen und die schwierigsten Situationen meistern.

Meine Nerven lagen blank, und auch mit Attila hatte ich nun immer wieder Streit. Dabei lag das alles nur an mir.

Kann man einem Mann vorwerfen, dass er zu gut zu einem ist? Paradoxerweise war das bei mir und Attila der Fall. Er war wunderbar, doch ich konnte das einfach nicht annehmen. Ich hatte noch nie zuvor erlebt, dass eine Beziehung so harmonisch und liebevoll sein kann und noch dazu ohne jeden Hintergedanken. Weder zu Hause noch in meiner ersten Ehe hatte ich solche Erfahrungen gemacht, und ich war felsenfest davon überzeugt, dass eines Tages auch aus Attila das gut verborgene Monster an die Oberfläche kommen würde. Und je länger das dauerte, desto größer wurden meine Angst und meine Panik. Je netter er war, desto fürchterlicher, so dachte ich, würde dieses Monster am Ende sein.

In meiner ersten Ehe spielte Eifersucht eine große Rolle, für Attila war das kein Thema. Er vertraute mir. Punkt. Stattdessen begann nun ich, ihn mit inquisitorischen Fragen zu quälen: „Wo bist du gewesen?" „Mit wem hast du eben telefoniert?" „Wer war die Frau, der du zugelächelt hast?"

Ich hasste mich dafür, doch der Drang, unsere wunderbare Beziehung infrage zu stellen und sie als Scheinfassade zu entlarven, war stärker. Als zwänge mich eine unsichtbare Macht dazu, nun all die Fehler meines ersten Ehemanns zu übernehmen, reagierte ich zunehmend aggressiv und unberechenbar. Ich kannte mich selbst nicht mehr.

Eines Tages war es sogar Attila zu viel.

„Ich verlasse dich", sagte er. „Du bist vollkommen durchgeknallt und krank. Ich liebe dich. Doch das, was du hier abziehst, das halte ich nicht mehr länger aus."

Da war es, als fiele ein Schleier von meinen Augen. Ich erkannte, dass er recht hatte, und dass das Monster, das ich tagtäglich bei ihm erwartete, sich bereits in mir selbst eingenistet hatte. Eine schreckliche Kraft, die alles, was gut und schön in meinem Leben war, zerstören wollte. Und so willensstark ich auch in meinem Beruf sein konnte – dieser dunklen Macht war ich vollkommen ausgeliefert. Doch nicht nur Attila liebte mich, auch ich liebte ihn, und zum Glück war mein Selbsterhaltungstrieb noch intakt genug, um das zu erkennen.

„Bitte geh nicht", flehte ich Attila an. „Du hast recht. Ich werde mich ändern, ich mache eine Therapie. Glaub mir, ich brauche Hilfe ..."

Und dann erzählte ich ihm zum allerersten Mal ein bisschen von dem, was ich in meiner Ehe erlebt hatte. Und bat ihn inständig, ja, sogar auf Knien, mich jetzt nicht im Stich zu lassen.

„Gut", sagte er schließlich, sichtlich schockiert von dem, was er da gehört hatte, „dieses Mal bleibe ich noch. Aber das muss wirklich anders werden, Şengül, sonst machst du alles kaputt."

Gleich am nächsten Tag suchte ich mir eine Therapeutin. Und in den folgenden Jahren bearbeitete ich systematisch und mit derselben Konsequenz, mit der ich meine beruflichen Dinge angehe, die schweren Traumata meiner Vergangenheit.

„Es ist ein großes Wunder", sagte diese Frau, „dass sie überhaupt in der Lage sind, eine Beziehung zu führen."

„Aber ich will", antwortete ich, „dass sie Bestand hat. Ich will nicht zulassen, dass meine Vergangenheit meine Zukunft zerstört."

Indessen gingen die Schwierigkeiten in der Firma weiter. Es gab mehrere Mitarbeiter, die die Firma verklagten, und wir trafen uns vor Gericht wieder. Die Gewerkschaftsanwälte vertraten die Gegenseite, ich vertrat zusammen mit einem Rechtsbeistand die

Firma. Die Verhandlungen selbst spornten mich an, auf diesem Gebiet weiterzulernen, und am Ende traf der Richter ein gerechtes Urteil. Das Schlimme daran war für mich, dass ich den Betroffenen ihr Kündigungsschreiben in die Hand drücken musste. Das machte mir eine Menge aus, und mit der Zeit spürte ich, wie mich das innerlich auffraß.

Irgendwann war es soweit, dass es mit der Entlassung einzelner Abteilungen nicht mehr getan war. Die Firma beantragte die Insolvenz, und ein Konkursverwalter kam ins Haus. Mit einem Schlag wurden keine Löhne mehr ausbezahlt. Drei Monate lang gab es Insolvenzgeld, das wie üblich das Arbeitsamt übernahm. Und alle Aufgaben, die damit verbunden waren, musste ich als Personalleiterin übernehmen.

Immer mehr fühlte ich mich wie ein Weizenkorn, das zwischen zwei Mühlsteinen zerrieben wird. Da waren zum einen die Belegschaft und die Firma, zum anderen die Insolvenzverwaltung, für die ich nun arbeiten musste. Während dieses unschönen Verfahrens lief nicht alles glücklich, und ich kämpfte dafür, dass die verbliebene Belegschaft und die Rentner wenigstens die würdigste Behandlung erfuhren, die unter diesen Umständen möglich war. Es kam zu Nachlässigkeiten, die ich nicht zu verantworten hatte, die aber dafür sorgten, dass unsere achthundert Pensionäre über mehrere Monate hinweg keine Rentenzahlungen erhielten, und das empörte mich zutiefst. Vor allem, als dann noch so getan wurde, als sei ich verantwortlich für diesen Fehler. Es war eine unschöne Zeit, in der ich Dinge lernte und Erfahrungen machte, auf die ich gerne verzichtet hätte.

Schließlich kam eine erneute Massenentlassung. Inzwischen war die Stimmung so schlecht, dass mich die Leute fast anspuckten, wenn ich ihnen die Kündigung überbrachte. Schließlich musste ich auch unserem Finanzleiter die Kündigung aussprechen, mit dem ich all die Jahre eng zusammengearbeitet hatte. Noch am selben Tag kam mein Chef auf mich zu und drückte mir meine eigene Kündigung in die Hand. Die ganze Situation war so verrückt und grotesk, dass man sie sich kaum vorstellen kann. Denn mein Chef kündigte mir nicht nur, er fragte mich gleichzeitig, ob ich nicht auf freiberuflicher Basis für sie weiterhin den Dreck wegräumen wollte.

Ich ging zur Toilette und musste mich übergeben. Als ich nach Hause kam, flippte ich wieder einmal aus. Schrie herum, schlug Türen, weinte. Am Tag darauf ging es mir extrem schlecht.

„Gut", dachte ich, „das ist alles einfach zu viel für mich."

Schon wieder war mir übel.

„Du bist bestimmt schwanger", meinte Attila.

Ich sah ihn an. Schwanger?

„Glaub ich eigentlich nicht", sagte ich.

Dennoch kaufte ich mir auf dem Weg zur Arbeit einen Schwangerschaftstest. Und vergaß das Ganze im Trubel der Insolvenz wieder. Erst am Abend, Attila schlief schon, machte ich den Test. Und siehe da, er war positiv. Sofort weckte ich Attila auf.

„Schatz", frohlockte ich, „du hast recht! Ich bin schwanger!"

So glücklich habe ich meinen Mann nur selten erlebt.

Am nächsten Tag ging ich zum Arzt, der das Ergebnis des Schwangerschaftstests bestätigte und mir die Schwangerschaft schriftlich attestierte.

Damit ging ich zu meinem Chef.

„Sie müssen Ihre Kündigung zurücknehmen", sagte ich freundlich.

„So?", meinte er spöttisch, „und warum, wenn ich fragen darf?"

„Weil ich schwanger bin."

Und mit diesen Worten legte ich das Attest auf den Schreibtisch. Er starrte es an.

„Sie haben Ihre Kündigung doch schon erhalten."

„Aber sie ist nicht wirksam. Weil ich nämlich vorgestern auch schon schwanger war, wie Sie hier sehen können."

Sicherheitshalber ging ich zum Anwalt und ließ mich beraten. Ich war im Recht. Alles war genau zum richtigen Zeitpunkt geschehen. Die Firma hatte versucht, mich so lange wie möglich zu benutzen und dann fallen zu lassen. Aber das war nicht gelungen. Sie mussten die Kündigung tatsächlich zurücknehmen.

Allerdings erklärten sie mir danach den Krieg. Ich wurde abgemahnt wegen einer Sache, die ich selbst eigentlich gar nicht zu verantworten hatte, sondern die im Durcheinander mit dem Insolvenzbüro entstanden war. Der psychische Druck wurde immer größer, ich wurde aufs Schlimmste gemobbt. Ich sei nur schwanger geworden, um der Kündigung zu entgehen, hieß es, und das war noch das Netteste von all den Dingen, die man auf einmal über mich erzählte. In der achten Woche meiner Schwangerschaft erlitt ich erneut Blutungen im Büro. Eine Welle des Schmerzes ging durch meinen Unterleib. Ich ging auf der Stelle zum Frauenarzt. Er untersuchte mich und versicherte mir, dass das Kind noch da sei. „Wegen dieses bisschen Blut kommen Sie zu mir?“, fragte er mich, als ich mich anzog. Ich glaubte, mich verhört zu haben.

„Aber ich habe doch erst im vergangenen Jahr ein Kind verloren“, sagte ich, „Sie haben doch selbst die Ausschabung vorgenommen!“

Doch ihm schienen meine Blutungen kein Anlass zur Sorge. Daraufhin ging ich zu einer anderen Ärztin. Sie schüttelte nur den Kopf und schrieb mich auf der Stelle krank. Aufgrund der starken Vernarbungen im Unterleib, die von den vielen Operationen während meiner Kindheit herrührten, solle ich äußerst vorsichtig sein. „Sie dürfen auf keinen Fall weiter arbeiten gehen“, sagte sie. „Schonen Sie Ihre Seele, schonen Sie Ihr Kind. Wenn Sie weiter in diese Firma gehen, verlieren Sie es ganz sicher.“

Dennoch war ich noch immer nicht davon überzeugt, dass ich mich tatsächlich von Heute auf Morgen aus der Firma herausnehmen könnte.

„Ich kann doch die Leute dort nicht einfach so im Stich lassen“, sagte ich zu Attila, der mich für wahnsinnig erklärte und zum ersten und einzigen Mal in unserer Beziehung so richtig ausrastete.

„Ich will aber jetzt mein Kind!“, brüllte er.

Da habe ich endlich verstanden, dass es an der Zeit war, an mich und an meine Familie zu denken. Und so rief ich in der Firma an, um ihnen mitzuteilen, dass ich auf unbestimmte Zeit krankgeschrieben war.

Die gesamten Schlussabrechnungen übernahm übrigens die Kanzlei meines früheren Chefs Michael. Diese Vermittlung war meine letzte Amtshandlung, danach sollte ich nie wieder in diese Firma zurückkehren.

In den fünf Jahren als Personalleiterin habe ich viel gelernt. Fachlich bin ich enorm vorangekommen, wertvolle Erfahrungen haben mich geprägt. Allerdings habe ich auch lernen müssen, wie skrupel- und gewissenlos Menschen sein können, wenn es um Geschäfte geht. Ein Insolvenzverfahren vernichtet in einem Unternehmen alles, was vorher war: Vertrauen, gegenseitige Achtung und Respekt. Jeder, der so etwas miterleben musste, weiß davon ein Lied zu singen. Es herrschen nur noch die Angst und die Sorge um die eigene Zukunft. Wenn man dann noch zusehen muss, wie der Insolvenzverwalter versucht, herauszuholen, was nur möglich ist, das ist eine ungeheure Enttäuschung für jeden Mitarbeiter, der sich um Ehrlichkeit bemüht. Denn am Ende geht es nur noch ums Geld, nicht um Unternehmenskultur, nicht um Zusammenhalt, nicht um Fairness. Jeder schaut, wie er sich noch schnell ein Stück vom Kuchen abschneiden kann. Die Beschäftigten gehen dabei meist leer aus. Und wenn sich einer wehrt und nicht kündbar ist, dann wird er auf andere Weise fertiggemacht. Das musste ich am eigenen Leib erleben.

Damals lernte ich aber auch, dass man sich Ungerechtigkeiten nicht einfach gefallen lassen darf. Wäre ich damals nicht schwanger geworden, dann hätte ich mich mit allen Mitteln gewehrt. Ich wäre sogar so weit gegangen, gegen das Insolvenzbüro zu klagen. Sie wussten nur nicht, dass sie mit mir eine vor sich hatten, die „Nein“ sagt, eine, die sich in ihrem bisherigen Leben viel zu lange viel zu viel hatte gefallen lassen. Aber ich hatte mir geschworen, mich nie wieder kleinmachen zu lassen.

Ich bin der Meinung, dass jeder Mitarbeiter immer mehrmals nachfragen sollte, bevor er eine Kündigung akzeptiert. Er sollte sich beraten lassen, denn „die da oben“ kochen auch nur mit Wasser. Nachfragen – und wenn keine Antwort kommt, dann stimmt etwas nicht. Ich finde, jeder einzelne Mitarbeiter sollte ruhig Druck machen, und nicht nur über den Betriebsrat. Jeder Einzelne sollte sich auch selbst über seine Rechte und Pflichten informieren.

Mit dem Finanzleiter, dem ich damals die Kündigung überbringen musste, bin ich heute noch gut befreundet. Inzwischen können wir gemeinsam darüber lachen. Damals aber war es die Hölle.

Am Ziel meiner Wünsche

Und dann begann eine höchst ungewöhnliche Zeit: Ich hatte nichts weiter zu tun, als mich zu schonen und auf das Baby zu freuen. Es war die langweiligste Zeit meines Lebens, und doch lernte ich nach und nach, sie zu genießen. Es war eine Zeit des Innehaltens. Nie zuvor hatte ich dazu Zeit gehabt, von ein paar Urlauben abgesehen. Von klein auf war ich es gewohnt, rastlos immer etwas zu tun. Meine Mutter hatte mir nie Zeit zum Durchatmen gelassen, und in meiner Ehe war ich nicht zum Luftholen gekommen. Erst recht nicht nach dem versuchten Attentat auf mich und dem Freitod meines Ehemanns. Das alles lag nun fast zehn Jahre hinter mir, und seither hatte ich rast- und ruhelos dafür gekämpft, mein Leben auf die Beine zu stellen. So viel war mir gelungen, ich hatte den Schuldenberg abgetragen, hatte mich kontinuierlich weitergebildet und die Karriereleiter erklommen, hatte mich von dem hässlichen Entlein in eine attraktive Frau verwandelt und endlich meinen Traummann gefunden. Nun war ich wieder schwanger, und auch wenn es keine leichte Schwangerschaft war, war sie doch nicht zu vergleichen mit meiner ersten Schwangerschaft, bei der ich extremen körperlichen und seelischen Schmerzen ausgesetzt war. Ganz im Gegenteil – jetzt, da ich akzeptiert hatte, dass ich mich schonen musste, ging es mir blendend. Zwischendurch fürchtete ich zwar, dass ich in diesen Wochen und Monaten verblöden könnte, doch gleichzeitig wusste ich, dass ich diese Phase dringend nötig hatte. Ich verschlang ein Buch nach dem anderen, sah mir Filme an und traf mich mit Freundinnen. Zum ersten Mal in meinem Leben hatte ich Zeit für mich und mein Kind, und das tat mir unendlich gut.

Ich war noch immer in psychotherapeutischer Behandlung, und so wurde es eine äußerst intensive Zeit für mich, in der ich mich persönlich neu orientieren konnte. Und natürlich überlegte ich mir bereits während der Schwangerschaft, wie es mit meiner Karriere weitergehen würde. Als Freiberuflerin in meine alte Firma zurückkehren wollte ich nicht. Etwas Neues musste kommen, doch was, das würde sich erst noch zeigen. Zunächst wurde ich Mutter, und darauf freute ich mich sehr.

Dennoch fiel mir die Entscheidung, meine Karriere zugunsten meiner Familie zunächst auf Eis zu legen, richtig schwer. Als ich jedoch spürte, wie sich das Kind in meinem Bauch zu bewegen begann, war das für mich wie ein Wunder. Da war jemand, und der rührte sich in meinem Bauch! Und mit jeder Faser meines Körpers hieß ich dieses neue Leben willkommen. Dieses Mal wünschte ich mir einen Jungen, der genau so werden sollte wie sein Vater, denn von der Sorte Männer, dachte ich mir, könnte es durchaus noch mehr geben auf dieser Welt. Als der Geburtstermin errechnet wurde, fiel er ausgerechnet auf Attilas Geburtstag. Und einige Wochen später erfuhren wir, dass wir tatsächlich einen Jungen erwarteten.

Die Geburt verlief ohne Komplikationen. Attila war dabei und unterstützte mich fabelhaft. Er atmete mit mir und hielt mich fest. Einmal fiel ihm vor Schreck eine Tasse aus der Hand, als ich beim Einsetzen einer Wehe einen lauten Schrei ausstieß.

„Was schreist du denn so?“, fragte er mich. Und ich antwortete mit zusammengebissenen Zähnen: „Halt den Mund, das tut so weh!“

Und dann mussten wir beide wieder lachen, und weiter ging es mit Atmen und Pressen. Schließlich hielt Attila, auf den Tag genau dreißig Jahre nach seiner eigenen Geburt, seinen Sohn in den Händen.

„Diesmal muss ich kein Geburtstagsgeschenk mehr kaufen“, sagte ich erschöpft, „du hast es ja schon.“ Wir waren unendlich glücklich.

Doch dann musste ich an Berna denken. Mir wurde klar, dass ich für sie nie dieselben Gefühle empfunden hatte, wie in diesem Moment für meinen kleinen Sohn. Berna jedoch freute sich riesig über ihren Bruder und verstand sich vom ersten Augenblick prächtig mit ihm.

Dennoch. Früher hatte ich geglaubt, was ich mit Berna erlebt hatte, sei ganz normal. Nach der Geburt meines Sohnes musste ich unweigerlich wieder an die Umstände bei Bernas Geburt denken, und mir wurde bewusst, welch entsetzlicher Atmosphäre der Gewalt, der Angst und des Abscheus sie bereits im Mutterleib ausgesetzt gewesen war. Bei meinem Sohn konnte ich beobachten, wie empfindlich Kinder sind. Wenn jemand in seiner Gegenwart schreit oder er einfach nur ein lautes Geräusch hört, dann hält sich mein Sohn die Ohren zu oder fängt an zu weinen. Während Bernas früher Kindheit wurde tagtäglich geschrien, gebrüllt, geprügelt und geschlagen. Es tat mir in der Seele weh, dass es mir nicht möglich gewesen war, sie vor all dem zu bewahren.

Umso wohler tat es mir zu beobachten, welch große Liebe Berna und ihren Bruder verbindet. Und zu meinem eigenen großen Erstaunen lernte ich über die Mutterliebe zu meinem Jungen, Berna ebenfalls auf diese Weise zu lieben. Man kann sagen: Durch meine zweite Geburt habe ich erst richtig zu meiner Tochter gefunden.

Wir nannten unseren Sohn Deniz, das heißt „Meer“ auf Türkisch. Weil ich das Meer so liebe, und vielleicht auch, weil ich damals das Meeresrauschen so deutlich durch das Handy hörte, als Attila aus Antalya anrief, um mir zu sagen, dass er an mich denke. Im Grunde war es dieser Augenblick, in dem ich mich in ihn verliebte.

Während Attila den Namen Deniz favorisierte, beharrte ich anfangs darauf, meinen Sohn Michael zu nennen.

„Warum ausgerechnet Michael?“, wollte Attila wissen.

Und so erzählte ich ihm zum ersten Mal, dass ich ohne Michael längst nicht mehr auf der Welt wäre und wir heute unseren Sohn nicht auf dem Arm haben könnten. Als er das hörte, nahm er mich fest in seine Arme. Mit Tränen in den Augen sagte er: „Wenn das so ist, dann geben wir ihm eben einen Doppelnamen.“ Und so trägt unser Sohn den Namen Michael Deniz, wobei „Deniz“ zu seinem Rufnamen geworden ist.

Obwohl ich meine neu entdeckte Mutterrolle über alles genoss, wurde ich mit der Zeit rastlos und unglücklich. Es war mir einfach nicht genug, ein Kleinkind zu versorgen, mit ihm auf den Spielplatz zu gehen, dabeizusitzen und zuzusehen, wie es Sandburgen baut. Etwas musste geschehen, und ich überlegte mir, welche von den vielen Möglichkeiten, die ich mir während meiner Schwangerschaft ausgedacht hatte, die richtige für mich wäre.

Wieder als Personalleiterin in einer Firma zu arbeiten, das wollte ich nicht. Und so beschloss ich, mich nach all den Jahren wieder auf den neuesten Stand in Sachen Steuerberatung zu bringen, und mein eigenes Büro als Freiberuflerin aufzumachen. Kaum hatte ich diesen Entschluss gefasst, ging alles ganz schnell. Ich sehe mich, wie ich den Kinderwagen mit Deniz vom Park nach Hause schob, als ich direkt um die Ecke von unserem Zuhause ein leer stehendes Büro entdeckte.

„Das ist es“, dachte ich mir, „das wird mein neues, eigenes Büro.“

Ganz aufgeregt notierte ich mir die Telefonnummer der Hausverwaltung, und ging nach Hause. Dann erinnerte ich mich an die Anfrage eines Lohnsteuerhilfe-Vereins, ob ich für

Auf unserer Hochzeit

sie als Selbständige arbeiten wollte. Noch am selben Tag stellte ich einen Business-Plan auf und rief die Hausverwaltung an. Ich handelte noch rasch die Miete etwas herunter, das hatte ich ja in meinem Beruf inzwischen gut gelernt. Meine Unzufriedenheit war wie weggewischt. Ich belegte Fortbildungen, um wieder auf den neuesten Stand im Steuerwesen zu kommen. Ich war dabei, wieder ins Berufsleben einzusteigen und freute mich riesig darauf.

Als mich Attila fragte, ob ich mich inzwischen vielleicht doch trauen würde, seine Frau zu werden, da sagte ich aus vollem Herzen: „Ja." Meine alten Ängste hatten keine Macht mehr über mich, Attila hatte mir lange genug bewiesen, dass seine Liebe zu mir und unseren Kindern ohne Wenn und Aber und vor allem ohne Hintergedanken ist. Und so heirateten wir im November 2008 standesamtlich, und planten für den darauffolgenden Mai eine Traumhochzeit in Weiß. Schon davor, im Januar 2009, hatte sich mein beruflicher Traum erfüllt: Ein halbes Jahr nach jenem Spaziergang im Park eröffnete ich mein eigenes Steuerbüro.

Zu diesem Ereignis tat ich etwas, worauf ich mich schon viele Jahre lang gefreut hatte: Ich kaufte mir meinen ersten grauen Hosenanzug. Inzwischen besaß ich vier verschiedene Aktentaschen. Mein Leitstern, die Anwältin, wäre sicherlich stolz auf mich, hätte sie meinen langen und steinigen Weg verfolgen können, auf dem sie so viele Jahre lang meine heimliche Mentorin und mein stiller Rettungsanker in schlimmen Situationen war. Was die zwölfjährige Şengül nicht für möglich gehalten hätte, sich aber so sehr wünschte, das war nun fast Wirklichkeit geworden. So lange waren eine Aktentasche und ein grauer Hosenanzug für mich das Sinnbild für Glück gewesen, nun besaß ich beides und ein eigenes Steuerbüro obendrein.

Gleichzeitig begann ich meine Ausbildung zur Steuerberaterin, die eine der schwierigsten in Deutschland ist. 2012 werde ich die Prüfung ablegen. Und schon heute habe ich das Angebot, dann eine Kanzlei zu übernehmen. Wie damals in den ersten Schulklassen sitze ich nun also jeden Samstag in der ersten Reihe und nehme aktiv am Unterricht teil. Auch wenn ich die Woche über viel zu tun habe und manchmal nicht weiß, wo mir der Kopf steht, so kann ich es doch kaum erwarten, dass es Samstag wird und ich wieder zur Schule gehen darf.

Viele Jahre hatte ich gedacht, dass ich mit meinem Hauptschulabschluss niemals ein Jurastudium aufnehmen könnte. Ich habe schließlich kein Abitur, also geht das einfach nicht, dachte ich. Bis ich herausfand, dass Berufstätige mitunter auch ohne Abitur zum Studium zugelassen werden können.

Ich sah mich auf den Internetseiten der Uni Erlangen um und fand die passende Stelle. Dort stand, dass man einen zusätzlichen allgemeinen Universitätszugang erhalten kann – also dort studieren darf –, wenn man folgende Kriterien erfülle: Man muss eine abgeschlossene Ausbildung haben, drei Jahre Berufserfahrung vorweisen und eine Weiterbildung gemacht haben. Alle drei Voraussetzungen konnte ich erfüllen!

Als ich meinen Pulsschlag wieder unter Kontrolle hatte, rief ich bei der Universität Erlangen an und erzählte von meinem Werdegang und stellte mit zitternder Stimme jene Frage, die ich mich noch nie auszusprechen getraut hatte: „Kann ich auch Jura studieren?"

„Wenn Sie die Voraussetzungen erfüllen, warum nicht?", antwortete mir die nette Stimme. „Am Besten kommen Sie bei uns vorbei und bringen uns Ihre Zeugnisse mit. Dann können wir alles besprechen."

Also fuhr ich nach Erlangen. Als ich meinen Wagen abstellte, wurde mir bewusst, dass ich damals in den Jahren meiner Ehe hier ganz in der Nähe gewohnt hatte. Ich erkannte die Straßen wieder, und meine Gefühle begannen Achterbahn zu fahren. Einen Moment lang fühlte ich wieder die Verzweiflung von damals, als ich genau dieselben Straßen entlanggegangen war, Emotionen, die ich längst vergessen hatte, kamen wieder hoch.

In der Uni-Sprechstunde war alles wie in einem Traum: Meine Zugangsvoraussetzungen genügten, und ich erhielt eine schriftliche Zusage, dass ich die Möglichkeit habe, Jura zu studieren. Schwarz auf Weiß. Als ich mich wieder in mein Auto setzte und nach Hause fahren wollte, überfiel mich völlig unvermittelt ein Weinkrampf, sodass ich anhalten musste. Ich konnte gar nicht mehr aufhören zu schluchzen, und immer wieder dankte ich Gott und sagte mir: „Şengül, du hast es geschafft. Mit Gottes Hilfe hast du das tatsächlich erreicht."

So viele Jahre hatte ich davon geträumt, war davon überzeugt gewesen, dass es mir immer verwehrt bleiben würde. Und jetzt war es in den Bereich des Möglichen gerückt. Jetzt hing es nur noch von mir selbst ab, ob ich diese Möglichkeit ergreifen würde oder nicht. Niemand hinderte mich mehr daran, niemand stand mir im Weg. Ich starrte aus dem Autofenster und es war mir, als sähe ich mich selbst, damals vor dreizehn Jahren, mit einer Platzwunde am Kopf und einem Nasenbeinbruch vorübergehen, eingeschüchtert, verbittert und verzweifelt. Jetzt aber hatte ich meinen Universitätszugang in der Tasche. Und mir wurde klar: Alles, was früher nicht einmal denkbar gewesen wäre, war nun möglich.

„Alles ist möglich", sagte ich mir unter Tränen, „wenn man nur wirklich will."

Dann startete ich den Wagen und fuhr nach Hause zu meinen Lieben.

„Zuerst mache ich die Steuerberaterprüfung", sagte ich zu Attila. „Und sobald ich eine Kanzlei aufgebaut habe mit genügend guten Mitarbeitern, dann studiere ich Jura. Und dann …"

„… wirst du Anwältin, mein Schatz", vollendete Attila meinen Satz und nahm mich in seine Arme.

„Und dann", fuhr ich fort, „wenn ich meine Prüfung zur Steuerberaterin bestanden habe, werde ich in meiner Kanzlei gemeinsam mit einem Anwalt eine Sozietät gründen. Dann kann ich, wenn ich mein Jurastudium absolviert habe, die Referendarszeit in meiner eigenen Kanzlei machen."

„Das ist eine ausgezeichnete Idee", fand auch Attila, „ich bin sicher, dass du das schaffen wirst."

Oft werde ich gefragt, warum mir nicht reicht, was ich weiß, warum ich immer noch dazulernen möchte. Ich antworte dann, dass ich es liebe, zu lernen und neue Dinge zu erfahren. Außerdem habe ich mit zwölf Jahren erkannt, dass Wissen Macht bedeutet. Jene Anwältin schaffte es mit der Autorität ihres Wissens Männern wie meinem Vater und allen anderen im Gerichtssaal Respekt einzuflößen. Und auch wenn ich zu viele Jahre ohnmächtig gewesen bin, wusste ich doch die ganze Zeit über, wie selbst eine körperlich schwache, kranke Frau sich Macht und Respekt erwerben kann: durch die Aneignung von Wissen. Dabei geht es mir nicht darum, mehr zu wissen als andere. Ich will mehr wissen *für* mich und andere, denn je mehr ein Mensch weiß, desto reicher ist er.

Selbst meine Eltern haben das inzwischen begriffen. Ich hatte sie nicht zu unserer Hochzeit, die eine Traumfeier war, eingeladen, da ich zu diesem Zeitpunkt keinen Kontakt mit ihnen hatte und mir auch nicht vorstellen konnte, jemals wieder etwas mit ihnen zu tun zu haben. Zwei Jahre zuvor war es zu einem Eklat gekommen. Meine Mutter schrie damals ins Telefon, ich sei die größte Schlampe überhaupt und außerdem für den Tod eines Menschen verantwortlich. Das war der Moment, in dem ich einfach nicht mehr konnte. „Es reicht!", schrie ich ins Telefon und legte auf. Es ging nicht anders, ich musste den Kontakt zu meinen Eltern komplett abbrechen. Ich konnte mir nicht länger ihre Demütigungen anhören. Und auch dabei war ich sehr konsequent: Ich änderte auf der Stelle alle meine Telefonnummern, sodass mich meine Eltern nicht mehr erreichen konnten.

Diese Funkstille hat ihnen offenbar gutgetan. Meine Eltern hatten Zeit zum Nachdenken, Zeit, herauszufinden, wie es ist, wenn sich die eigenen Kinder von ihnen abwenden. Und das führte zu einer Wandlung.

Ich glaube, die Veränderung kam langsam. Meine Eltern zogen sich in ihr über Jahrzehnte hinweg gebautes Traumhaus in der anatolischen Heimat zurück, nur um festzustellen, dass sie völlig vereinsamt waren. Der problematische Charakter meiner Mutter hatte sie nach und nach mit der gesamten Familie entzweit. Nachbarn beneideten sie zwar um ihr schlossähnliches Anwesen, doch zu Besuch kam keiner. Und meine Eltern mussten auf ihre alten Tage erkennen, dass Bewunderung allein nicht glücklich macht. Hinzu kam die schwere Herzerkrankung meiner Mutter. Zunächst waren ich und meine Brüder sogar skeptisch gewesen, ob es auch wirklich so dramatisch war, wie es am Telefon klang. Meine Mutter war Zeit ihres Lebens kerngesund gewesen, hatte aber immer wieder Ärzte und Krankenschwestern mit ihren eingebildeten Beschwerden fast in den Wahnsinn getrieben – und uns ebenso. Doch dieses Mal stand es tatsächlich ernst um sie. Und so kam es, dass meine Eltern mich um Verzeihung baten für alles, was in der Vergangenheit geschehen war.

Und ich verzieh ihnen gerne. Ich glaube fest daran, dass es uns besser geht, wenn wir Frieden miteinander schließen, statt uns zu bekriegen, wenn wir uns lieben, statt uns zu quälen. Ich habe in den vergangenen Wochen und Monaten, in denen meine Mutter glücklicherweise ihre Herzoperation gut überstanden hat und auf dem Weg der Genesung ist, wohltuende Gespräche mit ihr geführt und viele Dinge zu hören bekommen, von denen ich mir nicht mehr hätte träumen lassen, dass sie je ausgesprochen werden würden.

Und es erfüllt mich mit Glück und Stolz, dass meine Eltern endlich erkennen, wer ich wirklich bin. Dass sie begreifen, worum es mir schon immer ging: dass ich mein Leben so führen darf, wie ich es mir vorstelle und wünsche. Meine Mutter kann endlich meine Leistungen anerkennen. Meine Eltern haben mir inzwischen versichert, dass sie heute nicht mehr so handeln würden wie damals, als sie mich zwangen, diesen schrecklichen Menschen zu heiraten.

„Wir waren dumm und ungebildet“, sagte meine Mutter, „und haben vieles falsch gemacht. Aber heute weiß ich, dass du eine gute Tochter bist, obwohl wir dich so schlecht behandelt haben. Wir haben umgedacht und sehen heute, dass wir im Unrecht waren.“

Auch sie haben dazugelernt. Mein größter Wunsch ist, dass auch andere dazulernen und ihren Töchtern von Anfang an mit Liebe begegnen, anstatt sie zu unterdrücken.

3 Was Deutschland dringend braucht

Das Schweigen brechen

> „Ich habe keine besondere Begabung, sondern ich bin leidenschaftlich neugierig." *Albert Einstein*

Als Gott den Menschen erschuf, dachte er an jedes noch so kleine Detail. Jedes Organ hat seine Aufgabe, so auch unser Gehirn, das uns die Fähigkeit gibt, das Unmögliche möglich zu machen. Mit Sicherheit hätte Gott uns diese Gabe nicht geschenkt, wenn er gewollt hätte, dass wir irgendwo stehen bleiben und uns nicht weiterentwickeln. Also sollten wir diese Chance nutzen – und zwar im besten Sinne.

Wonach ich mich in meiner Kindheit und Jugend am meisten gesehnt habe, war Freiheit. Damit meine ich nicht all das, wovor meine Mutter sich so sehr fürchtete: sexuelle Freizügigkeit und ein Laisser-faire um jeden Preis. Ich meine damit die Freiheit, mich entwickeln zu können, lernen zu dürfen und meine Neugierde zu befriedigen. Die Freiheit, sich entfalten zu können ist für Mädchen und Jungen gleichermaßen wichtig. Dennoch gibt es nach wie vor sehr viele Mädchen, die mitten in Deutschland aufwachsen und von ihren Familien unterdrückt werden. Diese Mädchen werden in ihrer Entwicklung gehemmt und in ihrer Freiheit beschnitten. Es reicht nicht, wenn diese Mädchen zwar ein Gymnasium besuchen und besser in die Berufswelt integriert werden können, aber in ihrem privaten Bereich daran gehindert werden, den familiären Kreis zu verlassen, sich mit Freunden und Freundinnen zu treffen und so die Welt kennenzulernen.

Nicht nur mir wurde als Heranwachsende regelrecht alles verboten und jede Freiheit genommen. Mein Schicksal ist nur eines unter zahllosen türkischer Frauen in Deutschland. Gefährlich wird es für ein Mädchen, wenn es mit seiner Intelligenz so weit vorangeschritten ist, dass es anfängt, sich gegen die Eingrenzungen und den Entzug grundsätzlicher Freiheiten zu wehren. Tatsächlich sind die meisten Opfer von sogenannten „Ehrenmorden“ besonders intelligente Mädchen, die eine Ahnung davon haben, wie das Leben sein könnte, wenn sie nur dürften, wie sie wollten.

Oftmals nehmen sich junge Frauen aus Verzweiflung selbst das Leben. Tragischerweise gelten diese Unglücklichen auch noch als Selbstmörderinnen, und ihr Tod wird nicht mit einem Ehrenmord in Zusammenhang gebracht. Ich habe selbst viele Jahr lang immer wieder mit dem Gedanken gespielt, mir das Leben zu nehmen, wenn meine Situation zu unerträglich wurde. Manchmal war es allein meine Tochter, die mich davon abhielt, solche Überlegungen in die Tat umzusetzen. Jedem Mädchen und jeder jungen Frau, die diese Zeilen lesen und aktuell mit solchen Gedanken spielen, möchte ich dringend sagen: Es ist keine Lösung, die von außen erlebte Gewalt gegen sich selbst zu richten, auch wenn es oft so erscheint, als gebe es keinen anderen Ausweg. Heute weiß ich: Es gibt immer einen Ausweg. Und ich weiß inzwischen auch, dass ich mir Hilfe von außen hätte holen können, wenn ich nur gewusst hätte, wie und woher.

Auch wenn es uns jungen Türkinnen so vorkommt, als lebten wir auf einer anatolischen Insel, wir sind doch mitten in Deutschland. Als ich in dieser Situation war, vor fünfzehn bis zwanzig Jahren, da waren die Themen Zwangsverheiratung und Ehrenmord noch wenig bekannt in Deutschland. Heute gibt es viele Möglichkeiten, sich gegen die eigene Familie zur Wehr zu setzen, ohne Ehre und Leben zu verlieren. Im Anhang nenne ich einige Institutionen, an die sich jede Frau wenden kann, die in einer solchen Situation lebt und Hilfe von außen benötigt.

Nach meiner Erfahrung sind arrangierte Ehen fast immer zum Scheitern verurteilt. Es werden zwei Menschen nur deshalb zusammengeführt, weil es den Interessen anderer nützt und die Ehepartner selbst werden behandelt wie Waren, die man beliebig verschieben kann. Nach einer Zwangsheirat wird erwartet, dass produziert wird – und zwar Kinder. Was innerhalb der eigenen vier Wände passiert, davon erfährt nicht einmal die eigene Familie etwas. Und wenn doch einmal etwas durchdringt, dann wird es totgeschwiegen. Alle verschließen die Augen und warten – ob bewusst oder unbewusst – auf den großen Knall. Ich möchte allen Frauen, die sich in solch schwierigen und oftmals menschenverachtenden Umständen befinden, raten, sofort und ohne Wenn und Aber auszubrechen, vor allem, wenn sie Kinder haben. Die leiden unendlich. Ich bereue heute jeden einzelnen Tag, den ich bei meinem ersten Ehemann ausgeharrt habe. Niemals hätte ich zulassen dürfen, dass meine Tochter von ihrem Vater so grausam misshandelt wird. Noch heute leide ich sehr darunter, dass ich nicht stark genug war, diese Situation früher zu beenden. Ich würde alles dafür geben, die Zeit zurückdrehen zu können. Aber ich war jung und unerfahren, ich war so ängstlich und hatte ungeheure Furcht davor, meine Familie zu verlieren – und dennoch: Nichts ist wichtiger als das eigene Kind. Jedes Mal, wenn ich meine Tochter ansehe, denke ich: „Hätte ich es damals geschafft, rechtzeitig zu gehen, wäre sie heute mit Sicherheit nicht behindert." Mein Herz blutet, wenn die Bilder vor meinen Augen hochsteigen, wie ihr Vater sie im Kinderzimmer verprügelte und ich ihr nicht helfen konnte. Und ich möchte alle Mütter, die in einer ähnlichen Lage sind, beschwören: Lasst es nicht zu, denkt an Eure Kinder, die es besser haben sollen, geht – geht solange Ihr noch könnt.

Heute weiß ich, noch einmal würde mir so etwas nicht passieren. Ein Mann, der sein Kind bis zur Besinnungslosigkeit prügelt, gehört hinter Gitter. Jeder sogenannte Vater, der sich derart barbarisch aufführt, muss angezeigt und verurteilt werden. Viele Frauen nähren in ihrer Verzweiflung die Hoffnung, dass sich eines Tages etwas ändert, dass der Mann ein Einsehen haben wird oder ein Wunder geschehen könnte. Aber solch ein Wunder gibt es nicht. Nichts wird sich ändern, wenn wir Frauen nicht etwas ändern. Auch ich dachte fünf Jahre lang, dass eines Tages alles besser würde. Heute weiß ich: Das war eine Illusion, eine Ausrede, um selbst nichts unternehmen zu müssen. Und mögen wir Frauen auch vielleicht die Schläge ertragen – für unsere Kinder ist jeder Tag voller Brutalität eine Minuslast auf ihrem Lebensglück, eine nicht wiedergutzumachende Attacke auf ihre Gesundheit, ob physisch oder psychisch. Solche Narben, in frühester Kindheit geschlagen, verheilen niemals. Und es ist unsere Pflicht als Mütter, unsere Kinder vor Gewalt zu schützen, egal, wer sie ausübt, selbst wenn es der eigene Ehemann ist.

Eine Kultur, die auf Gewalt setzt und ihren Untergang befürchtet, wenn Frauen Anspruch auf ein selbstbestimmtes Leben erheben, ist weder zeitgemäß noch passt sie in das herrschende deutsche Wertesystem. Die in unserem Grundgesetz festgeschriebenen Menschenrechte fordern ausdrücklich eine Gleichheit der Geschlechter und die Unantastbarkeit der Würde jedes Menschen. Daran kann man auch nicht mit Argumenten rütteln wie: „Wir wollen aber unsere angestammte Tradition nicht aufgeben." Hier geht es nicht um kulturelle Werte, sondern um den Machterhalt einer patriarchalisch geprägten Gesellschaft, die dem Mann sogar das Recht über Leben und Tod seiner weiblichen Verwandten zuspricht. Was wie Stärke wirken soll, dahinter verbergen sich Unsicherheit und Schwäche. Das Einzige, was ich meinem ersten Mann mildernd zusprechen kann ist, dass er ein unendlich schwacher Mensch war – natürlich nicht körperlich, aber geistig und mental. Denn nur derjenige glaubt zuschlagen zu müssen, dem die Argumente ausgehen, der sich nicht mit Worten ausdrücken und durchsetzen kann oder will.

So betrachtet sind gerade die Frauen, die unter häuslicher Gewalt zu leiden haben, meistens sehr starke Persönlichkeiten. Das Problem ist nur, sie erkennen ihre eigene Stärke häufig nicht, weil sie noch nicht herausgefunden haben, was sie der körperlichen Überlegenheit ihrer Männer oder männlichen Verwandten entgegensetzen können. Und auch hier möchte ich alle, die in so einer Situation stecken, ermutigen, sich ihrer Stärken bewusst zu werden und sie auszubauen. Nicht mehr zu schweigen, sondern sich auszutauschen, Fragen zu stellen, sich zu wehren. Und den Weg aus dem Ehegefängnis heraus gemeinsam mit anderen zu suchen und zu finden.

Auch wer zusieht, ohne zu helfen, macht sich schuldig. Es ist keine Tugend, schweigend darüber hinwegzusehen, wenn Frauen oder Kinder Spuren häuslicher Gewalt tragen. Es ist nicht höflich, wegzuhören, wenn in der Nachbarschaft regelmäßig Schreie ertönen und die eindeutigen Geräusche, die anzeigen, dass jemand verprügelt wird. Ich mische mich heute ein, wenn ich Zeugin von Gewalt werde. Neulich kam ich dazu, wie ein türkischer Vater auf offener Straße seinen vielleicht zweijährigen Sohn im Kinderwagen schlug, während seine Frau mit einem zweiten Kind an der Hand dabeistand. Ich hielt seine Hand fest, als er erneut ausholte.

„Warum schlägst du dein Kind?“, fragte ich ihn.

Um uns herum gafften die Passanten, aber keiner sagte ein Wort.

„Halt dich da raus“, sagte der Mann, „das geht dich nichts an.“

„Ich halte mich aber nicht raus“, entgegnete ich, „ein Kind musst du nicht schlagen. Siehst du nicht, wie alle dich angaffen? Schämst du dich nicht? Ein Kind kann jeder schlagen, das ist keine Kunst. Wenn du nicht aufhörst, ruf ich die Polizei.“

Ich zückte mein Handy, woraufhin die Familie eilig davonging. Vielleicht haben meine Worte diesem Mann ja zu denken gegeben? Denn wenn nie jemand Klartext zu reden wagt, wie soll sich dann jemals etwas ändern?

Ein anderes Mal, als ich gerade hochschwanger war mit Deniz, kam ich gerade dazu, wie vor einer Apotheke ein Türke seine Freundin schlug. Wieder ging ich hin und forderte den Mann auf, sofort aufzuhören. Und immer ist es das gleiche Lied:

„Misch dich nicht ein, das geht dich nichts an."

„Ich mische mich aber ein", entgegnete ich. „Hör sofort auf oder ich ruf die Polizei."

Und was tat die junge Frau? Sie ging mit dem Mann, der sie schlägt, auf und davon und verschwand mit ihm im Park. Ich sah ihr traurig nach und musste mir eingestehen: Früher hätte ich mich ganz genauso verhalten.

Oft werde ich aber auch angerufen, weil eine geschlagene Frau um Hilfe bittet. Es ist eine Selbstverständlichkeit für mich, diesen Frauen dann beizustehen, mit ihnen Lösungen zu finden, sie herauszuholen aus so einem Leben, wenn sie es wünschen. In der Verzweiflung dieser Frauen erkenne ich mich selbst wieder: immer am Weinen, nicht in der Lage, einen klaren Gedanken zu fassen, mit den Nerven am Ende. Wir Frauen müssen zusammenhalten, einander helfen, uns gegenseitig beraten – wenn wir es nicht schaffen, wer sollte es sonst tun?

Leider hinkt die Realität dem Anspruch der Gleichberechtigung zwischen Männern und Frauen auch in Deutschland allzu oft noch hinterher. Das zeigt sich auch im Umgang von Behörden mit Frauen, die häusliche Gewalt erleiden, der oftmals beschämend ist. Nicht selten gehen Ehemänner, die Frau und Kinder brutal prügeln, straffrei aus. Der Umgangston ist häufig so rüde, dass ich einem Polizeibeamten schon einmal sagen musste: „Diese Frau wurde neun Jahre lang immer wieder misshandelt. Jetzt gehen Sie doch mal ein bisschen feinfühliger mit ihr um!"

Doch die größte Hürde einer Frau, die in ihrer Ehe Gewalt erfährt, ist sie selbst: Die langen Jahre, in denen sie ihren Ehemann deckt, nicht glauben will, dass es immer so weiter gehen wird oder sich einfach nicht vorstellen kann, ihrem familiären Gefängnis jemals zu entkommen, sind das eigentliche Problem. Hat eine Frau einmal beschlossen, sich zu wehren, und stellt sie es klug an, wird ihr das in der Regel auch gelingen.

Wir brauchen eine echte Integration

Seit rund vierzig Jahren leben in Deutschland Türken. Viele von ihnen hielten auch hier in Deutschland an ihrer Kultur fest. Einige gewöhnten sich an die westliche Welt und ihre Gebräuche, integrierten sich, ohne ihre Kultur oder Sitten aufzugeben. Bei vielen funktioniert das ohne Probleme. Andere taten sich damit schwerer. Zum Beispiel meine Mutter. Ihre Tradition hatte für sie absoluten Vorrang. Zwar lernte sie Deutsch und konnte sich einigermaßen mit Nachbarn unterhalten, wurde die Unterhaltung aber spezifischer, dann musste ich übersetzen. Meine Eltern genossen die Vorteile dieses für sie fremden Landes, weigerten sich aber vehement, das Land und die Menschen besser kennenzulernen, in dem sie lebten. Wenn es darum ging, was die Deutschen alles erreicht hatten, waren meine Eltern voller Anerkennung. An ihren deutschen Mitbürgern aber hatten sie nur wenig Interesse. Ich habe nie erlebt, dass meine Eltern einmal die Nachbarn zu uns zum Essen einluden oder dass sie selbst eine Einladung erhielten. Obwohl wir ausschließlich deutsche Nachbarn hatten, lebte meine Familie sehr weit weg von dieser Welt da draußen. Ich denke, der Grund dafür war eine übergroße Angst davor, sich zu öffnen und sich richtig zu integrieren. Nach allem, was meine Mutter mir als Mädchen verbot oder unterstellte, vermute ich, dass sie fürchtete, wir könnten etwas Wertvolles verlieren, sollten wir uns zu sehr mit den Deutschen einlassen. Was genau das war, habe ich bis heute nicht verstanden. War meine Jungfräulichkeit ein Symbol für etwas Tieferes, Archaisches, etwas, was man in der Fremde hüten und bewahren musste? Das Problem war, dass in unserer Familie – und ich vermute, es ist in vielen anderen ebenso – gar nichts mehr da war an Tradition, was es verdient hätte, mit diesen drastischen Mitteln geschützt zu werden. Wahrscheinlich war es meinen Eltern selbst nicht bewusst, wie groß ihre Angst vor Assimilation oder Integration war. Dabei kann man sich durchaus öffnen, ohne seine eigenen Traditionen aufzugeben. Doch wahrscheinlich braucht es dazu ein starkes Selbstbewusstsein. Sollte dieses vielen türkischen Eltern, vor allem jenen, die darauf bestehen, ihre Töchter zu unterdrücken und an Ehemänner ihrer Wahl zu verheiraten, fehlen?

Mittlerweile sind wir also in der vierten Generation nach den ersten Gastarbeitern angekommen, und die Situation hat sich seit damals sehr verändert. Viele türkische Mitbürger sind längst integriert, ihre Kinder haben studiert oder einen guten Beruf erlernt und denken nicht mehr daran, zurückzukehren in ein Land, das sie kaum kennen. Andere dagegen wollen sich nicht integrieren oder können es vielleicht auch nicht. Denn in Deutschland wurde in den vergangenen vierzig Jahren keine konsequente Migrationspolitik betrieben. Die Folgen dieses Versäumnisses sind heute deutlich zu spüren. Was offenbar nicht automatisch und von alleine geschieht, sollte darum fest im Gesetz verankert werden.

Aber wie kann eine gelungene Integrationspolitik aussehen? Wie sollte Integration eigentlich aussehen? Ich habe das Gefühl, alle sprechen davon, doch wenige haben eine Vorstellung, was sie genau ist. Ist Integration, wenn die „Ausländer keinen Ärger machen"? Wenn sie fast schon die „besseren Deutschen" sind, wie man es an manchen älteren ehemaligen Gastarbeitern der ersten Generation mitunter beobachten kann? Wie sollte Integration im Idealfall aussehen und welche Aspekte beinhaltet sie?

Friedrich Heckmann von der Universität Bamberg hat vier Bereiche konkret benannt:

Strukturelle Integration: Der Erwerb von Rechten und Zugang zu Positionen von Menschen mit Migrationshintergrund, wie z. B. in der Wirtschaft, Bildung, Gesundheit und Politik etc.

Kulturelle Integration: Kulturelle Anpassung und Veränderung bei Menschen mit Migrationshintergrund und vor allem bei der aufnehmenden Gesellschaft. Dieser Prozess ist auf freiwilliger Basis auf der Grundlage von demokratischen Grundwerten und Spielregeln von beiden Seiten zu bewältigen. Das ist die

Garantie für die Entfaltung der kulturellen Vielfalt vor allem im Alltagsleben.

Soziale Integration: Die Entwicklung sozialer Kontakte, die Mitgliedschaft in multikulturellen Vereinen, die sozialen Bindungen am Arbeitsplatz. Gute Verbindungen zu Nachbarschaften und Freizeitaktivitäten, die beide Kulturen zusammenführen.

Identifikative Integration: Die Bereitschaft zur Identifikation mit Deutschland, die Entwicklung von Zugehörigkeit und Akzeptanz auf allen Ebenen.

Ich finde, dass Friedrich Heckmann das Schlagwort Integration hier sehr differenziert beschrieben hat.

Hier muss sich Deutschland zunächst die Frage stellen, was wollen wir eigentlich? Soll die Integration in allen Bereichen stattfinden, oder reicht die Integration in der Arbeitswelt aus? Was kann politisch überhaupt koordiniert werden? – Meine Eltern waren ohne Zweifel in der Arbeitswelt integriert, vor allem mein Vater. Alle anderen Bereiche haben sie nie interessiert.

Die erste und die zweite Generation hatte es hier nicht einfach. Sie musste sich zum einen gegen die restriktive Haltung ihrer Eltern behaupten und sich zum anderen den Zugang zu der Gastgesellschaft erkämpfen. In den wenigsten Fällen war das möglich. Heute müssen wir uns um die dritte und vierte Generation kümmern.

Was viele Jahre lang versäumt wurde, kann mit Sicherheit nicht in zwei bis drei Jahren aufgeholt werden. Wir sollten uns deshalb vor allem auf die jungen Menschen konzentrieren, die ohnehin das Bedürfnis haben, in dem Land, in dem sie geboren wurden und aufgewachsen sind, heimisch und ebenso anerkannt zu sein, wie ihre deutschstämmigen Freunde und Bekannten. Aber auch hier scheint es noch viel zu tun zu geben. Mich macht es richtig traurig, in Zeitungen zu lesen, dass die Bildung von Türkinnen und Türken in der Bundesrepublik im Vergleich mit ihren gleichaltrigen deutschen Mitschülern weit zurück liegt. Ich bin mir ziemlich sicher, dass hier sehr viel Potenzial verloren geht, das aus vielerlei Gründen nicht ausgelebt werden kann. Auf der anderen Seite gibt es sehr erfolgreiche Türkinnen und Türken in der Politik, in Film und Fernsehen, die als Beispiele für eine gelungene Integration taugen.

Ohne Zweifel ist die Sprache ein wichtiger Schlüssel zu Integration und Bildung. Wer nicht mit seinen Mitmenschen kommunizieren kann oder sie nur schlecht versteht, kann selbstverständlich nicht mithalten. Missverständnisse sind an der Tagesordnung. Mir hat es mit Sicherheit gutgetan, dass ich während meines Krankenhausaufenthalts zwischen meinem ersten und vierten Lebensjahr Deutsch lernte und später in meiner Familie Türkisch. Auf diese Weise war ich so etwas wie eine Brücke zwischen meinen Eltern, die sich nicht integrieren wollten, und der deutschen Außenwelt.

Viele der hier lebenden Türken beherrschen inzwischen aber weder die türkische noch die deutsche Sprache richtig. Die Folge ist ein Mischmasch aus beiden Sprachen, in der in einem Satz zwei Wörter auf Deutsch sind und der Rest auf Türkisch. Es ist erschreckend, welch schlechtes Deutsch türkische Schülerinnen und Schüler selbst auf dem Gymnasium sprechen und vor allem schreiben, ohne die türkische Sprache wirklich zu beherrschen.

Ich würde es herzlich begrüßen – und ich wäre sicherlich nicht alleine damit, wenn Deutschland und die Türkei ein gemeinsames Bildungspaket ins Leben rufen würden, damit endlich viele hier lebenden Jugendlichen eine Chance für sich sehen und Hoffnung schöpfen können. Die verlorene Jugend der Türken in Deutschland, ist auch die verlorene Zukunft der Türkei. Natürlich müssen auch die Eltern dieser Jugendlichen davon überzeugt werden, dass es für ihre Kinder – und zwar beiderlei Geschlechts – gut ist, wenn sie Bildung erfahren, sowohl deutsche als auch türkische.

Auch eine gewisse finanzielle Unterstützung von Seiten des türkischen Staates in Sachen Bildung könnte eine Maßnahme sein. Wie wäre es beispielsweise mit einem bezuschussten Auslandsaufenthalt für begabte türkische Jugendliche, damit sie die eigene Sprache in Wort und Schrift besser beherrschen lernen?

Ich finde, jeder türkischstämmige Jugendliche müsste ein Interesse daran haben, so gut wie möglich in die deutsche Gesellschaft integriert zu sein. Wer will nicht dazugehören? Außerdem ist es meiner Meinung nach nicht akzeptabel, die Vorteile der deutschen Gesellschaft in Anspruch zu nehmen, wenn man ansonsten nur verächtlich über sie spricht und sich selbst für etwas Besseres hält. Wer etwas gibt, der kann auch erwarten, etwas zurückzubekommen, zumindest Respekt und Achtung. Sich die Rosinen aus einer Gemeinschaft herauszupicken, sich aber sonst nicht an die Regeln zu halten, ist schäbig.

Auch in der Türkei wurde in den letzten Jahren so manches erreicht. Und dennoch gelangen zeitweise sehr schockierende Meldungen zu uns. Es wurde berichtet, dass in den letzten sieben Jahren die Rate der Frauenmorde in der Türkei um 1400 Prozent (!) gestiegen ist. Mir verschlug es den Atem, als ich das las. Wie kann es sein, dass in einem wirtschaftlich so erfolgreichen Land wie der Türkei diese patriarchalischen Morde noch immer möglich sind und gar noch derart drastisch zunehmen? Obwohl auch in der Türkei Ehrenmorde mit lebenslanger Haft bestraft werden, lässt die dortige Gesellschaft diese Verbrechen offensichtlich weiterhin zu. Und das ist ein Skandal.

Solange türkische Familien der Meinung sind, dass sie und ihr Ehrenkodex in Deutschland außerhalb der deutschen Gesetzgebung stehen und sie mit ihren Töchtern so umspringen können, wie sie es für richtig halten, sie zu Ehen zwingen und Verstöße gegen die sogenannte Ehre mit Gewalt bis hin zu Mord quittieren, solange wird es mit der Integration nicht funktionieren.

Vielleicht wäre es hilfreich, sowohl unter den türkischen Mitbürgern in Deutschland als auch unter den Deutschen eine Umfrage zu machen mit der Frage: „Was verstehen Sie unter Integration?“ Auch eine weitere Frage an meine Landsleute wäre wichtig, zu diskutieren: „Was fürchten Sie zu verlieren, wenn Sie sich in Deutschland integrieren?"

Auf diese Weise kämen endlich die verborgenen Ängste ans Licht, über die man dann diskutieren könnte. Vielleicht ließen sich auf diesem Weg tatsächlich viele dieser bislang nicht formulierten Ängste ausräumen, könnten Missverständnisse geklärt und auf beiden Seiten der Weg zu einer echten, sinnvollen Integration geebnet werden, auf dem niemand etwas verliert, sondern jeder dazugewinnt.

Jeder Mensch verdient eine Chance

> „Es gibt keine großen Entdeckungen und Fortschritte, solange es noch ein unglückliches Kind auf Erden gibt!"
>
> *Albert Einstein*

Es gibt einen weisen Satz, der lautet: „Veränderung beginnt bei uns selbst." Meine Geschichte beweist, wie richtig dies ist. Erst als ich in der Lage war, durch meine Ausbildung zu wachsen und zu reifen, mich von einem unwissenden Mädchen in eine Frau mit einem gewissen Bildungsstand zu verwandeln, gelang es mir, meine Situation zu verändern. Das war auch einer der Gründe, warum meine Eltern mit aller Macht verhinderten, dass ich als Schülerin eine gute Ausbildung genießen konnte: Sie wussten genau, dass sie mich dann nicht mehr derart hätten kontrollieren können, dass ich ihnen geistig über den Kopf gewachsen und stark genug gewesen wäre, um mich gegen sie durchzusetzen.

Heute sehen meine Eltern ein, dass sie vieles, wenn nicht alles falsch gemacht haben. Dass meine Eltern nach all den Jahren eine so wunderbare Wandlung vollziehen konnten, das schafften sie letztlich nur selbst. Dem voran ging der Kampf, den ich mit ihnen führte, meine Ablösung und das Beispiel, das ich ihnen bot. Zuerst mussten wir uns für lange Jahre vollkommen entzweien, ehe wir wieder zueinanderfanden. Ich hätte es nicht zu hoffen gewagt, mir erscheint es noch immer wie ein Wunder – und doch ist es geschehen.

Während meines langen, steinigen Weges in die Selbstbestimmtheit und Freiheit blieb ich in meinen Entscheidungen fest, auch wenn ich dabei Opfer bringen musste. Ich wehrte mich mit Händen und Füßen gegen diese patriarchalischen Denkweisen. Ich setze meinen Willen durch gegen massiven Widerstand und Druck und war am Ende erfolgreich. Und so kam es, dass meine Familie anfing, endlich nachzudenken.

Ich bin mir inzwischen sicher, dass meine Mutter heute anders handeln würde als damals. Durch mich hat sie gelernt, dass nicht alles, was sie nicht kennt, automatisch schlecht sein muss. Sie sieht inzwischen an meinem Beispiel, dass eine Frau beruflich erfolgreich sein *und* eine glückliche Ehe führen, eine gute Mutter und Hausfrau sein kann. Dass so etwas möglich ist, befand sich früher außerhalb ihrer Vorstellungskraft. Es an der eigenen Tochter jetzt miterleben zu können, ist für sie eine völlig neue Erfahrung. Es eröffnet ihr eine fremde Welt, der sie zunächst mit Ablehnung, dann mit Staunen und nun mit immer größerer Begeisterung begegnet.

Inzwischen sind die Telefonate mit meiner Mutter ruhig und gelassen. Kein Geschrei mehr, keine Anschuldigungen, wir hören einander zu. Heute kann ich meiner Mutter erzählen, dass ich alleine auf Geschäftsreisen gehe, viele männliche Kollegen habe, Partys besuche, ohne meinen Mann mit meinen Kindern in den Urlaub fahre. Wohl staunt sie noch immer über diese unerhörten Dinge, doch inzwischen vertraut sie mir, dass es mir nicht darum geht, mich unmoralisch zu verhalten. Sie begreift, dass in meinem Leben völlig andere Dinge zählen, als in ihrem, und kann das auch endlich akzeptieren.

So viele Jahre lang hatte ich versucht, meinen Eltern klarzumachen, dass die Welt da draußen nicht „schlimm“ ist oder „schlecht“. Dass sie sich nicht zu fürchten brauchen und vor allem mich nicht vor völlig irrationalen Gefahren bewahren müssen. Ich versuchte ihnen zu zeigen, wie wunderbar dieses Land ist, in dem wir leben.

Heute möchte ich Deutschland zeigen, dass nicht alle Immigranten schlecht und dumm sind. Ich bin der lebende Beweis dafür, dass ein Mensch das, was er bis zu seinem 18. Lebensjahr an Lernen versäumt hat, durchaus noch aufholen kann. Ich habe erst mit 21 wieder begonnen zu lernen, und zwar unter schwierigsten Umständen. Aber ich hatte das große Glück, dass es Menschen gab, die mir Chancen gaben und an mich glaubten. Denn eigentlich kommt es nicht oft vor in Deutschland, dass eine Türkin mit einem einfachen Hauptschulabschluss die Chance erhält, die Aufnahmeprüfung für die Ausbildung zur Steuerfachgehilfin zu machen. Für mich war das wie ein Wunder. Das zweite Wunder war, dass ich aufgenommen wurde, obwohl ich die Zugangsvoraussetzungen nicht erfüllte, sondern die Aufnahmeprüfung vermasselte. Hier hatten Menschen offene Augen, Ohren und vor allem offene Herzen und begriffen, dass eine junge Frau vor ihnen stand, die eine Chance verdiente, auch wenn ihre Noten und Prüfungsergebnisse dagegen sprachen.

Welcher Jugendliche erhält schon so eine Chance? Während meiner Tätigkeit als Personalleiterin habe ich immer wieder erleben müssen, wie verbohrt und engstirnig Bürokraten sich gegenüber jungen Menschen verhalten, wenn sie keinen stromlinienförmigen Ausbildungsweg hinter sich haben, sondern aus den unterschiedlichsten Gründen später als üblich in einen Beruf einsteigen wollen.

Ein schönes Beispiel dafür ist meine ehemalige Putzfrau. Sie stammt aus Tschechien, und bereits nach wenigen Besuchen in unserem Haushalt wurde mir klar, dass ich es mit einer intelligenten jungen Frau zu tun hatte. Sie war immer eine äußerst gepflegte Erscheinung, und schließlich kam ich mit ihr ins Gespräch.

Martina war sechs Jahre zuvor nach Deutschland gekommen und beherrschte die Sprache perfekt. Zu Hause in Tschechien hatte sie das Abitur gemacht, was in Deutschland aber nicht anerkannt wurde. In ihrer Heimat hatte sie in einem Büro im Bereich Buchhaltungswesen gearbeitet. Jetzt wollte sie gerne eine Ausbildung oder eine Umschulung machen, war aber bereits dreißig Jahre alt, und bei der Agentur für Arbeit sagte man ihr, dass man nichts für sie hätte. Sieben Monate kämpfte sie mit der Agentur für Arbeit – leider ohne Erfolg.

Ich begann, ihr kleinere Aufgaben zu übertragen und stellte fest, dass sie eine rasche Auffassungsgabe hatte. Warum, dachte ich mir, bekommt so eine aufgeweckte Frau keine Chance und muss putzen gehen?

„Okay", sagte ich zu ihr, „du machst jetzt einen Termin mit deiner Beraterin. Und ich komme mit."

Ich zog mir meinen grauen Hosenanzug an und bewaffnete mich mit meiner Aktentasche. So liefen wir gemeinsam bei der Agentur für Arbeit ein.

„Warum", fragte ich nach der Begrüßung, „bekommt diese Frau keine Umschulung?"

Wieder einmal wurde ich darin bestätigt, dass ein Hosenanzug und eine Aktentasche eine fast magische Wirkung auf deutsche Bürokraten ausüben, denn Martina erhielt durch meine Anwesenheit eine ganz andere Aufmerksamkeit.

„Auf dem Arbeitsmarkt", fuhr ich fort, „gibt es gerade deutliche Anzeichen, dass Steuerfachangestellte gebraucht werden. Warum können Sie das Potenzial nicht erkennen, das diese Frau mitbringt? Sie ist hoch motiviert und bringt mit Sicherheit bessere Ergebnisse, als so mancher, den Sie in dieses Programm stecken, der aber weder die Begabung noch die Motivation dazu hat."

Und auf einmal war alles möglich: Martina erhielt ihre Umschulung. Inzwischen macht sie in einer Kanzlei, für die ich tätig bin, ein Praktikum. Und bereits jetzt hat sie eine schriftliche Zusage, dass sie nach Abschluss ihrer Ausbildung dort eingestellt wird.

Martina konnte ihr Glück kaum fassen. Doch auf einmal trübte sich ihre Freude. „Aber", sagte sie mit sichtlich schlechtem Gewissen, „jetzt hast du doch gar keine Putzfrau mehr!"

Ich musste lachen. „Da finde ich schon wieder eine", sagte ich. „Aber du schaust, dass du aus deinem Leben etwas machst. Streng dich an! Ich und Deutschland brauchen dich, wenn du mit der Ausbildung fertig bist."

Ich bin stolz darauf, Martina eine Chance gegeben zu haben. Martina wird nie wieder arbeitslos werden. Und sie ist nicht die Einzige, der ich unter die Arme greife, denn es erfüllt mich mit großer Freude, wenn ich sehe, wie Menschen mit meiner Hilfe ihrem Leben beruflich eine neue Richtung geben können. Ich finde, jeder müsste so denken und anderen helfen, wo er eine Möglichkeit dazu sieht. Es ist dumm und kurzsichtig, nur an sich zu denken. Viele haben Angst davor, dass es, wenn es den Ausländern besser geht, automatisch den Deutschen schlechter geht. Nach dem Motto: „Nur nichts hergeben, nur nicht teilen, denn dann habe ich selbst ja weniger." In Wahrheit aber geht es uns allen besser, wenn wir gemeinsam an einem Strang ziehen.

Ich habe mir einmal die Zeit genommen, um in einigen Online-Foren durchzulesen, welche Probleme die Deutschen mit Ausländern umtreiben. Und habe herausgefunden, dass wir diese Probleme durchaus teilen. Zum Beispiel las ich, dass viele Deutsche in Nürnberg-Gostenhof ihre Kinder nicht zur Schule schicken wollen, weil der Anteil der ausländischen Schüler zu hoch ist und die Kriminalität an den Schulen stetig steigt. Tatsächlich geht es auch vielen türkischen Familien so, auch ich will nicht, dass mein Kind in einem gefährlichen und kriminellen Umfeld groß wird. Und das zeigt einmal mehr: Wir müssen diese Probleme gemeinsam anpacken.

Wenn in der Integrationspolitik in den nächsten Jahren nichts geschieht, dann werden wir die Folgen schmerzhaft zu spüren bekommen. Dann wird es möglicherweise zu spät sein, um korrigierend einzugreifen. Wir Menschen sind zu Lösungen fähig, wenn wir nur wollen. Wenn wir bis zum Mond fliegen können, dann sollte doch so ein bisschen Integrationspolitik nicht so schwer sein, oder?

Ich habe mir viele Gedanken gemacht und Ideen entwickelt, wie wir das Problem angehen können. Hier sind sie, meine Vorschläge für Integration und Bildung:

1) Zunächst brauchen wir dringend ein Integrationsamt und eine Ministerin oder einen Minister für Integration – am besten mit eigenem Migrationshintergrund. Die Probleme müssen aus einer Hand gelöst werden. Das Amt muss professionell geführt und die Aktionen koordiniert werden, damit nicht weiterhin jeder so vor sich hinwurschtelt, wie er es gerade für richtig findet. Nach exakt erhobenen Statistiken müssen gezielt Maßnahmen eingeleitet werden. Dazu braucht es Teams, die mit den Kultur- und Sportvereinen, den Schulen, Akademien usw. eng zusammenarbeiten. Denn solange das Ausmaß des Problems nicht erkannt ist, können auch keine halbherzig erarbeiteten Lösungen etwas bewirken.

2) Es muss die Möglichkeit geben, Kinder bereits ab dem fünfzehnten Lebensmonat in eine Kinderkrippe als Vorstufe zum Kindergarten zu geben, wo sie die Möglichkeit haben, Deutsch zu lernen bzw. auch eine Fremdsprache.

3) Dringend nötig ist ein Sonderspätförderprogramm mit Sprachenschule für Migranten, in dessen Rahmen sie die Möglichkeit haben, Abschlüsse nachzuholen und Ausbildungen oder Umschulungen zu machen. In diesem Rahmen könnten auch im Ausland abgelegte Abschlüsse durch eine aufgesattelte Anpassungsausbildung in Deutschland Anerkennung finden. Auf diese Weise könnte man durch zusätzliche Kurse die vorhandenen Potenziale besser ausbauen.

4) Intensive Kooperationen zwischen Deutschland und der Türkei über Doppelprogramme in der Bildung. Hierbei wäre eine finanzielle Beteiligung der Türkei wünschenswert.

5) Ehen von jungen türkischen Frauen sollten einer besonderen Beobachtung unterzogen werden, um Zwangsehen besser zu erkennen. Hierfür muss ein System erarbeitet werden, bei dem man sich an dem Greencardsystem in den USA orientieren könnte. Denn bereits vor der Eheschließung gibt es einige Indi-

zien, die auf eine Zwangsverheiratung schließen lassen: Zum Beispiel wäre ein erstes Alarmsignal, wenn ein Mädchen gleich nach Erreichen des achtzehnten Lebensjahres heiratet. Bei der Bestellung des Aufgebots beim Standesamt müsste nachgefragt und überprüft werden, ob der Bräutigam ein Cousin oder ein anderer Verwandter des Mädchens ist, und wie lange das Mädchen den Mann schon kennt.

6) Bei Frauen, die in der Türkei zwangsverheiratet wurden, sollte bei einer Trennung bzw. bei einer Flucht aus der Ehe in Deutschland nicht das übliche Aufenthaltsrecht angewandt werden. Das aktuelle Recht zwingt die Frauen, drei Jahre lang auszuharren – und das ist fatal. Außerdem können diese Frauen niemals in den elterlichen Haushalt zurückkehren, ihnen droht der Tod.

7) Frauen, die aus Angst vor einer Zwangsverheiratung oder einem Ehrenmord flüchten, muss unbedingt besser geholfen werden. Auch hier müssen Bildungsprogramme mit Wohn- und Arbeitsmöglichkeiten, eventuell auch mit Kinderbetreuung, geschaffen werden.

8) Lehrer, Pädagogen, Polizisten und Ärzte müssen die fremde Kultur zwingend besser kennenlernen, um diese Gefahren besser erkennen zu können. Außerdem brauchen sie eine Orientierung, wie sie sich in Fällen von drohender Zwangsverheiratung oder Ehrenmord auch gegenüber der türkischen Familie verhalten müssen.

9) Staatliche Sozialleistungen müssen in Form von Bildungsgutscheinen, Essensgutscheinen, Kleidergutscheinen usw. ausgegeben werden, damit Kinder auch nachweislich von den elterlichen Leistungen etwas haben. Ganz wichtig ist hierbei der notwendige Schulbedarf der Kinder, denn nach meiner Erfahrung halten die Eltern oftmals in diesem Bereich alles zurück, weil sie sparen wollen oder das Geld für Alkohol und Zigaretten ausgeben wollen. Ich musste als Kind drei Tage lang weinen, bis ich endlich einen Schulfüller bekam, und meinen Brüdern ging es nicht anders. Meine Eltern setzten das Geld zwar nicht in Al-

kohol und Zigaretten um, waren aber der Meinung, dass die Ausgabe für einen Füller eine Verschwendung sei. Darum müssen diese Sozialleistungen von einem Sozialarbeiter oder einer Sozialarbeiterin überwacht werden, damit sie bei den Kindern auch tatsächlich ankommen. Lehrer und Lehrerinnen müssen hierfür ebenfalls dringend geschult werden, denn oft sind sie die einzigen Bezugspersonen, die diese Kinder außerhalb ihres Elternhauses haben. Sollte es an elementaren Dingen fehlen und sollten die eigenen Eltern sich nicht um die nötigen Anträge kümmern, muss es jemand von der Schule tun. Viele dieser Kinder wissen gar nicht, wer ihnen bei solchen Fragen helfen kann. Nur Gutscheine zur Verfügung zu haben und auszugeben, das reicht noch nicht. Auch die Verteilung muss genau überwacht und dokumentiert werden. Es ist wichtig, dass die Gesellschaft dafür sorgt, dass selbst Kinder, deren Eltern sich überhaupt nicht darum scheren, was ihren Kindern zusteht, in den Genuss von solchen Hilfen kommen. Dafür muss die Anlaufstelle innerhalb der Schule sein, und nicht auf irgendeinem Amt, das Kinder gar nicht begreifen können und zu dem sie den Weg in der Regel nicht finden.

10) Die Teilnahme am Schwimm- und Sportunterricht darf für Mädchen nicht mehr frei gestellt sein. Denn meistens erlauben es die türkischen Eltern den Kindern – vor allem den Mädchen – nicht, an diesen Unterrichtsstunden teilzunehmen. Dies ist Schulverweigerung unter Zwang und sollte mit Hinblick auf das Grundgesetz, das gleiches Recht für alle vorschreibt, strafrechtlich verfolgt werden.

11) In Kindergärten und Schulen sollen Patenschaften initiiert werden. Lehrer, Eltern, Pädagogen und Psychologen müssen gemeinsame Programme entwickeln, um sich gegenseitig besser kennenzulernen.

12) Viel Aufklärungsarbeit muss in den Schulen, vor allem in sogenannten Problembezirken, stattfinden. Da wäre es z. B. eine gute Idee, wenn türkische Akademikerinnen und Akademiker in solchen Schulen Fachvorträge halten würden. Alle sechs

Monate sollten neue Themen behandelt werden wie z. B. Gewalt, Sprache, Familie, Arbeit, Unterdrückung, Ehe und Angst. Mit speziell ausgearbeiteten Fragebögen muss man sich ein konkreteres Bild der Probleme machen, um aussagekräftige Statistiken führen zu können. Alle Fragebögen müssen zentral verwaltet und ausgewertet werden.

13) Personalleiter in Firmen müssen geschult werden, damit sie einen besseren Blick für versteckte Potenziale bei sozial schwachen Jugendlichen entwickeln und sie besser fördern können. Dies sollte nicht mit Sanktionen geschehen, sondern mit speziellen Förderangeboten wie Nachhilfe, Gespräche und Programme innerhalb des Unternehmens.

14) Desweiteren halte ich es für unbedingt notwendig, straffällig gewordenen Jugendlichen bereits während ihrer Haftstrafe Ausbildungsmöglichkeiten anzubieten und sie in die Berufswelt zu integrieren. Mithilfe einer Zentraldatei ist es sinnvoll, straffällig gewordene Immigranten besser zu überwachen.

15) Um Kinder aus sozial schwachen Familien besser zu fördern, sollte ein Belohnsystem für erreichte Schulabschlüsse eingeführt werden. Denn für solche Kinder ist es viel schwieriger, das Klassenziel zu erreichen, als für Akademikerkinder. Außerdem würde ein solches Belohnsystem Anreize sowohl für die Kinder als auch für die Eltern schaffen.

16) Wir brauchen Ganztagsschulen für alle Kinder – mit kostenlosem Mittagessen für alle. Desweiteren sollten sozial schwache Kinder eine neu einzuführende „Rosa-Card“ bekommen, mit denen die Kinder die angebotenen Gutscheine selbst beantragen bzw. den Lehrer hierauf ansprechen können. Die Schule sollte die Brücke zwischen den angebotenen Sozialleistungen wie z. B. Bildungsgutscheine und dem Schüler bilden. Jede Grund- und Hauptschule sollte gemeinsam mit Lehrern, Sozialpädagogen, mit der Polizei und dem Jugendamt ein Krisenmanagement schaffen, das Kindern, wenn sich Probleme abzeichnen vorbeugend, noch bevor schwerwiegende Probleme entstehen, helfen kann.

Es gibt leider viel zu viele Kinder, die aus schwierigen familiären Verhältnissen kommen, und zwar unter der deutschen wie auch der türkischstämmigen Bevölkerung. Wenn man die Integrations-Debatte in der letzten Zeit verfolgt hat, gewinnt man leicht den Eindruck, der Lebensweg dieser Kinder und Jugendlichen sei von vornherein verbaut. Aber ist das wahr? Sollen wir diese Kinder von vorneherein abschreiben? Kann es sich unsere Gesellschaft leisten, sie von Anfang an als Sozialhilfeempfänger abzustempeln? Wollen wir wirklich einer beschränkten Theorie Glauben schenken, die uns weismachen will, dass dumme Eltern nur dumme Kinder und intelligente Eltern nur intelligente Kinder hervorbringen? Es gibt so unendlich viele Gegenbeispiele für diese Behauptungen, und ich bin nur eines davon.

Kinder, die in Haushalten aufwachsen, in denen Alkohol und andere Drogen, Gewalt und Unterdrückung an der Tagesordnung sind, brauchen unsere entschlossene Hilfe. Das Bedrückendste aber ist, wenn Kinder keine positiven Vorbilder haben. Sie leben vor sich hin, orientieren sich an ihren orientierungslosen Eltern und ohne sich selbst darüber klar zu sein, stecken sie in einem Teufelskreis, aus dem es kein Entrinnen zu geben scheint. Sie suchen nach Freiheit und Geborgenheit und finden – mitten in Deutschland – weder das eine noch das andere. So bald wie möglich verlassen sie ihr Zuhause und versuchen, sich ein Leben aufzubauen. Dann landen sie beim Jobcenter. Aber statt sie für den Rest ihres Lebens abzustempeln und zu Sozialhilfeempfängern zu degradieren, muss man an dieser Stelle genauer hinsehen.

Warum hat ein junger Mensch keine Ausbildung? Wie kam es dazu? Wo muss man ansetzen, um ihm zu helfen?

Die meisten der Betroffenen sind weder in der Lage noch dazu bereit, offen über die wahren Gründe ihrer bislang verkorksten Schul- und Bildungskarriere zu sprechen. Da ist viel Schamgefühl, viel verletzter Stolz. Die Wenigsten trauen sich, das Schweigen zu brechen und darüber zu sprechen, wie ihre Kindheit und Jugend verlief.

Wir können es uns nicht leisten, das Potenzial dieser Menschen brachliegen zu lassen. Wir dürfen nicht weiter von der falschen Prämisse ausgehen, dass wer keinen perfekten Lebenslauf vorweisen kann, nichts taugt. Wir müssen die Gründe für solche gebrochenen Lebensläufe ermitteln und dort ansetzen, wo der Betroffene Förderung braucht.

Darum muss bei der Agentur für Arbeit ein völlig neues Konzept entwickelt werden. Nur so können die Jugendlichen die Chance, die sie nie wirklich hatten, bekommen, um zu zeigen, was in ihnen steckt. Genauso, wie ich damals meine Chance erhielt und nutzte. Ich wurde halb tot geprügelt, weil ich mich weiterbildete, und dennoch ließ ich mich nicht daran hindern, meine Chance wahrzunehmen. Die Umschulung zur Steuerfachangestellten hätte ich niemals bekommen, wenn ich nicht so große gesundheitliche Probleme gehabt hätte. Damit die Kosten für meine Umschulung übernommen wurden, musste ich ein ärztliches Attest vorlegen. In einem Land wie Deutschland sollte das nicht so sein, ich empfinde das als Armutszeugnis. Allein der Wunsch und der unbedingte Wille müssen genügen, damit eine solche Ausbildung bezahlt wird.

Deutschland muss dringend umdenken. Jedem Jugendlichen und Erwachsenen muss eine Umschulung ohne Wenn und Aber möglich sein. Wenn ein Betroffener dann noch ganz laut sagt: „Ich will!", dann darf es kein „Nein!" als Antwort geben. Kindern und Jugendlichen, die von den eigenen Eltern massiv enttäuscht wurden, muss vom Staat eine helfende Hand gereicht werden – sie müssen die Möglichkeit erhalten, sich in das Arbeitsleben zu integrieren. Und dennoch weiß ich aus eigenen Erfahrungen, wie oft bei der Agentur für Arbeit vielen Menschen eine solche Umschulung aus banalsten Gründen verweigert wird. Dabei ist die beste Investition, die ein Staat unternehmen kann, die Bildung seiner Bürgerinnen und Bürger.

Meine feste Überzeugung, die sich aus langjähriger Erfahrung nährt, ist: Jeder Mensch ist lernfähig, und zwar weit über die Grenzen hinweg, die ihm oftmals von außen gesteckt werden. Dabei ist eine gute Bildung zentral für unser gesellschaftliches Fortkommen. Menschen, die gebildet sind, können der Menschheit dienen und vieles vorantreiben. Bildung ist die Grundvoraussetzung für einen guten Beruf, eine gute Anstellung und sorgt damit für ein glückliches, erfülltes und menschenwürdiges Dasein. Viele Probleme wie Arbeitslosigkeit, Armut und Kriminalität würden auf diese Weise gar nicht erst entstehen. Warum wird an dieser wichtigen Stelle so oft gespart?

Bildung beginnt sehr früh, nämlich bei den Kindern im Krippenalter, damit sie von Anfang an bessere Chancen für ihre Entwicklung erhalten. Dafür brauchen wir dringend mehr Krippenplätze und Ganztagsschulen. Vor allem brauchen wir spezielle Einrichtungen, in denen Kinder mit Migrationshintergrund rechtzeitig die deutsche Sprache lernen können. Das beginnt im Alter von eineinhalb Jahren und endet noch lange nicht im dritten Lebensjahr, wenn das Kindergartenalter erreicht ist. Denn die Kindheit ist die prägendste Zeit, die uns später als Mensch ausmacht.

Auch die Familien sollten sich gegenseitig mehr öffnen. Patenschaften zwischen Eltern zweier Nationen wären so ein Beispiel, damit nicht nur die Kinder wie selbstverständlich gemeinsam aufwachsen können, sondern auch die Eltern sich gegenseitig kennen- und schätzen lernen. Nur so ist es möglich, Vorurteile aufzuheben und voneinander zu lernen. Ein Miteinander statt ein Nebeneinanderher, wie wir es bislang hauptsächlich beobachten können. Natürlich braucht es dazu die Offenheit und Bereitschaft von beiden Seiten.

Ich glaube an eine bessere Welt, die wir erschaffen können, wenn wir über unsere Schatten springen, unsere Ängste besiegen und unseren Mitmenschen die Hand reichen. Wenn wir nicht trennen zwischen „wir Deutschen“ und „die Ausländer“ – oder auch umgekehrt –, sondern wenn wir uns alle in erster Linie als Menschen wahr- und annehmen.

Ich bin der Meinung, jeder Mensch gleicht einem Rohdiamanten. Haben Sie so einen schon einmal gesehen? Wer nicht weiß, was er vor sich hat, verwechselt ihn mit einem ganz gewöhnlichen Stück Fels. Erst wenn er geschliffen ist, enthüllt er nach und nach seine Schönheit. Auch ich war ein solcher Rohdiamant, der Jahre lang nicht glänzen durfte. Erst nachdem ich im Alter von dreiundzwanzig Jahren meine Freiheit erlangte, begann ich, an mir zu arbeiten und zu schleifen. Ich schritt voran und glänzte mehr, aber immer noch nicht so, wie es mir möglich war. Dann lernte ich meinen jetzigen Mann kennen, Attila. Durch seine rückhaltlose Unterstützung begann ich nach und nach, lupenrein zu werden.

Niemand, der mich im Alter von achtzehn Jahren kannte, hätte das für möglich gehalten. Und so ist es mit jedem anderen Menschen auch: In uns allen steckt ein Rohdiamant, auch wenn man es manchmal kaum glauben mag. Wir brauchen nur die Möglichkeit und Unterstützung, um nach und nach die gröberen Schichten abzulegen und zu entwickeln, was in uns bereits von Anfang an verborgen angelegt ist: ein wertvoller, leuchtender und unzerstörbarer Kern.

Mein Lieblingslied im Augenblick ist *Bitte hör nicht auf zu träumen von einer besseren Welt* von Xavier Naidoo. Und mit diesem wunderbaren Appell möchte ich dieses Buch beenden: *Alle, die Ihr noch Träume habt, hört nicht auf, sie zu träumen. Und Ihr, die sie verloren habt, fangt wieder damit an.* Mein Traum war viele Jahre lang eine Aktentasche und das dazugehörige Leben. Auch wenn er Lichtjahre von mir entfernt schien – inzwischen hat sich dieser Traum mehr als erfüllt.

Danke

Viele tolle Menschen begegneten mir in meinem Leben, die mir die Chance gaben, mich zu entwickeln und zu wachsen. Ich danke all denen, die immer an mich geglaubt haben, und zwar von ganzem Herzen.

Oft sage ich mir: Alles hat einen Sinn im Leben. Vor allem sage ich mir: Wenn etwas geschehen muss, dann passiert das auch. Und so ist es mit Begegnungen. Eine dieser Begegnungen war Michael, mein früherer Chef.

Ich danke Michael von ganzem Herzen, der mir ein Mal bewusst und drei Mal ohne es zu wissen das Leben gerettet hat. Ohne ihn wäre ich heute sicherlich gar nicht mehr am Leben. Ich danke ihm für alles, was er für mich getan hat. All meinen Kolleginnen und Kollegen, von denen einige heute noch meine Freunde sind: Danke, dass es euch gibt.

Meiner besten Freundin Claudia möchte ich auf diesem Weg noch einmal Danke sagen, dass sie in all den Jahren meine Seelengefährtin geworden ist und immer noch ist. Claudia, ich liebe dich. Bleib so wie du bist.

Auch meinen beiden Brüdern und Schwägerinnen möchte ich Danke sagen. Vor allem möchte ich Yusuf, meinem älteren Bruder danken, dass er in all den schwierigen Jahren immer zu mir hielt und mir als Einziger den Rücken stärkte. Meistens sagte er: „Lass dir nichts gefallen Schwesterchen, zieh dein Ding durch, die sind ja alle gestört.“ Er ist ein toller und einzigartiger Mensch und ich bin froh, so einen Bruder zu haben. Meiner Schwägerin Gülay möchte ich danken, dass sie mich in all den schweren Jahren, in denen ich schwer krank war, gepflegt hat. Sie kochte und putzte für mich. Sie duschte und pflegte mich wie ein kleines Kind, wenn ich selbst tagelang, ja manchmal sogar wochenlang selbst nicht in der Lage dazu war.

All meinen Freunden danke ich für die tolle Freundschaft. Schön, dass es euch gibt.

Ich danke meiner Therapeutin für die jahrelange Therapie und Unterstützung. Ohne die Behandlung wäre ich nie in der Lage gewesen, dieses Buch zu schreiben. Jedem Menschen, der misshandelt wurde, kann ich nur raten, sein Schweigen zu brechen und rechtzeitig Hilfe zu suchen. Eine Therapie ist immens wichtig. Sonst läuft man Gefahr, alles zu verlieren – sich selbst.

Auch meiner Agentin Christine Proske und ihrem Team von Ariadne Buch möchte ich ganz herzlich Danke sagen. Ohne ihre tatkräftige Unterstützung wäre dieses Buch wahrscheinlich erst viel später erschienen. Aber ohne die tolle und einfühlsame Arbeit von Beate Rygiert wäre dieses Buch nie so schön, da sie meine Seelenwelt so zu Papier brachte, wie ich es mir wünschte. Wir arbeiteten tagelang zusammen und ich genoss ihre Anwesenheit. Auch möchte ich Patrick Oelze vom Verlag Herder danken, der den letzen Schliff am Manuskript übernahm.

Einen besonderen Dank möchte ich an dieser Stelle an meinen Mann richten. Ich danke ihm für seine grenzenlose Liebe und Unterstützung. Ich danke ihm von ganzem Herzen, dass er mir in all den Jahren, in denen ich starke Depressionen hatte, dennoch seine bedingungslose Liebe erwies. Er ertrug meine Panikattacken, meine Gefühlsachterbahn, meinen Ordnungswahn und vor allem ertrug er meine Nervenzusammenbrüche. Unsere Liebe ist immer noch so grenzenlos schön und aufregend, wie sie es vom ersten Tag an war. Er ist einzigartig und wahrhaftig ein Prinz auf Erden. Der liebe Gott weiß, dass nur Attila in der Lage ist, mir das zu geben, was mir viele Jahre lang vorenthalten wurde, und dafür bin ich sehr dankbar. Manchmal tut es mir in der Seele weh, dass ich ihn in den Anfängen unserer Bekanntschaft monatelang vollkommen ignoriert habe.

Ich danke meinen beiden Kindern, die mich immer auf Trab halten und mein Leben erfüllen. Ich bin sehr stolz auf meine Kinder und überglücklich, sie zu haben.

Schließlich möchte ich meinen Eltern danken, dass bei ihnen das langersehnte Umdenken stattgefunden hat. Ich bin ihnen sehr dankbar, dass sie mir heute das Gefühl geben, dass ich wirklich Eltern habe.

Und es gibt noch zwei Menschen, ohne die ich nicht die wäre, die ich heute bin: Schwester Marlies, die ich so gerne kennenlernen würde und von der ich nicht weiß, ob sie noch am Leben ist; und die Anwältin, deren Name ich nicht kenne. Beide prägten mich und waren mir immer Vorbild und Ansporn. Auch ihnen möchte ich von ganzem Herzen danken.

Als ich noch ein kleines Mädchen war, erzählte mein Vater mir tolle religiöse Geschichten, vor allem eine ist mir bis heute in Erinnerung geblieben. Er erzählte mir, dass bei jedem Menschen zwei Engel auf der Schulter sitzen, einer auf der rechten, einer auf der linken Schulter. Sie notieren deine Sünden und auch deine guten Taten. Und immer wenn du Gott um Hilfe bittest, dann berichten diese Engel zu Gott. Überwiegen deine guten Taten, dann wird dir Gott durch seinen Hilfsengel immer helfen. Damals wusste ich nicht, wie die Engel heißen. Heute weiß ich, dass der Hilfsengel nur der Erzengel Michael sein kann.

Hilfe für Betroffene

Für Frauen (mit Kindern) in Notsituationen gibt es Hilfe an folgenden Stellen:

- **TERRE DES FEMMES** – Menschenrechte für die Frau e.V.
www.frauenrechte.de
Auf der Homepage dieser gemeinnützigen Menschenrechtsorganisation für Frauen und Mädchen sind ausführlich Informationen zu Hilfe und Beratung für Opfer häuslicher Gewalt sowie Opfer von Gewalt im Namen der Ehre, aber auch speziell zu Zwangsheirat zusammengestellt. Zudem hat TDF eine eigene Beratungsstelle, bei der sich Mädchen und Frauen online oder telefonisch Hilfe holen können. Sie delegiert in geeignete Anlaufstelle vor Ort, unterstützt bei Kontaktaufnahmen zu Behören und hilft bei der Suche nach Schutzeinrichtungen bundesweit.

Die Beratungsstelle von TDF erreichen Sie unter:
Tel.: 030–40504699–0 (Zentrale)
E-Mail: beratung@frauenrechte.de

- **SOLWODI** – Solidarity with women in distress – Solidarität mit Frauen in Not
www.solwodi.de
Die Hilfsorganisation bietet Beratung und Schutzwohnungen für ausländische Mädchen und Frauen, die in Not geraten sind. Dazu gehören auch von Zwangsehen bedrohte oder in Zwangsehen leidende Frauen und Mädchen, die sich aus dieser Situation befreien wollen. Sie können von SOLWODI in Schutzwohnungen untergebracht werden. Beraterinnen helfen bei weiteren

notwendigen Schritten, d. h. bei juristischen Problemen, aber auch bei der Suche nach Ausbildungs- und Arbeitsstellen, nach geeigneten Wohnungen u. a.

Auskunft zu den bundesweiten Beratungsstellen von SOLWODI und zur Kontaktaufnahme erhalten Sie über SOLWODI Deutschland e. V. (Hauptsitz des Vereins):
Postanschrift: Propsteistraße 2, D-56154 Boppard-Hirzenach
Tel.: (0 67 41) 22 32
E-Mail: info@solwodi.de

- **agisra e. V. Köln** – Informations- und Beratungsstelle für Migrantinnen und Flüchtlingsfrauen

www.agisra.org
Die autonome, feministische Informations- und Beratungsstelle von und für Migrantinnen, und Flüchtlingsfrauen bietet psychosoziale Unterstützung, Begleitung und Therapie an. Insbesondere Frauen in Gewaltverhältnissen, sei es in häuslicher Gewalt, Zwangsverheiratung, Rassismus etc. finden bei agisra anonyme und kostenlose Beratung und Unterstützung. Außerdem bietet agisra e.V. Vermittlung von Unterkünften, ÄrztInnen und RechtsanwältInnen an. Das Team besteht aus fast ausschließlich Frauen mit Migrationshintergrund.

Tel.: 0221–124019 und 0221–1390392
E-Mail: info@agisra.org

- **YASEMIN** – Beratungsstelle für junge Migrantinnen in Konfliktsituationen

www.eva-stuttgart.de/yasemin0.html
Die Beratungsstelle berät Migrantinnen zwischen 12 und 27 Jahren, die von Gewalt im Namen der Ehre und / oder einer Zwangsheirat bedroht sind oder bereits in einer Zwangsehe

leben. Die Beratung ist anonym und kostenlos, auf Wunsch auch in türkischer Sprache.

Die Beratungsstelle erreichen Sie unter:
Tel.: 0711–658695–26 / -27
E-Mail: info@eva-stuttgart.de

- **ROSA** – Wohnprojekt für in Not geratene junge Migrantinnen
www.eva-stuttgart.de/rosa.html
Das Wohnprojekt Rosa bietet jungen Migrantinnen, die in Not geraten sind (unter häuslicher Gewalt, Zwangsehen u. a. leiden) eine sozialpädagogisch betreute und beschützte Lebens- und Wohnmöglichkeit an. Hier finden sie Gehör und erhalten Rat in allen Lebensbereichen: zum Beispiel Hilfe bei der Organisation des Haushalts, Unterstützung bei der Suche nach einer Schule oder Ausbildungsstelle und Hilfe beim Umgang mit Ämtern.

ROSA erreichen Sie unter:
Tel.: 0711–53 98 25
E-Mail: Kontaktformular auf www.eva-stuttgart.de/rosa.html

- **i.bera** – Interkulturelle Beratungsstelle für Opfer von häuslicher Gewalt und Zwangsheirat
www.verikom.de
Die Beratungsstelle berät Frauen, Männer und Jugendliche mit Migrationshintergrund, die als Opfer von angedrohter oder vollzogener häuslicher Gewalt oder Zwangsheirat Hilfe suchen.

i.bera erreichen Sie unter:
Postanschrift: Norderreihe 61, 22767 Hamburg
Tel.: 040–350 17 72 26
E-Mail: i.bera@verikom.de

- **IMMA e.V.** – Initiative für Münchner Mädchen

www.imma.de

Die Beratungsstelle bietet Unterstützung für Mädchen und junge Frauen bis 27. Pädagogische und psychosoziale Fachkräfte beraten u. a. Opfer von sexuellem Missbrauch und häuslicher Gewalt. Zudem gibt es eine Zufluchtsstelle für 13- bis 20-jährige Mädchen und junge Frauen in München. Hier wird von Gewalt/Zwangsheirat bedrohten oder unter Gewalt/Zwangsehe leidenden jungen Frauen Schutz, eine vorübergehende Wohnmöglichkeit und Betreuung rund um die Uhr angeboten.

Kontakt zur Beratungsstelle:
Postanschrift: Beratungsstelle für Mädchen und junge Frauen IMMA e.V., An der Hauptfeuerwache 4, 80331 München
Tel.: 089–260 75 31
E-Mail: beratungsstelle@imma.de
online: www.onlineberatung.imma.de

Die Zufluchtsstelle erreichen Sie unter:
Postanschrift: Jahnstr. 38, 80469 München
Tel.: 089–18 36 09
E-Mail: zufluchtsstelle@imma.de

- **papatya** – anonyme Kriseneinrichtung für Mädchen und junge Frauen mit Migrationshintergrund

www.papatya.org

Ein interkulturelles Team von türkischen, kurdischen und deutschen Sozialpädagoginnen und einer Psychologin bietet Schutz und Hilfe für Mädchen und junge Frauen mit Migrationshintergrund, die aufgrund kultureller und familiärer Konflikte von zu Hause geflohen sind und von ihren Familien bedroht werden. Mädchen im Alter von 13 bis 21 Jahren können für eine Übergangszeit von bis zu 2 Monaten, in Ausnahmefällen auch länger, in der Einrichtung wohnen.

Kontakt über: Jugendnotdienst, Mindener Straße 14, 10589 Berlin-Charlottenburg
Tel.: 030–610062 (Jugendnotdienst) oder
030–610063 (Mädchennotdienst)
E-Mail: info@papatya.org oder beratung@papatya.org
Onlineberatung (anonym) unter: www.sibel-papatya.org

- **kargah e. V.** – Verein für interkulturelle Kommunikation, Migrations- und Flüchtlingsarbeit
www.kargah.de
Der Verein bietet Frauen und Mädchen folgende Beratungsmöglichkeiten:
„Das Niedersächsiche Krisentelefon GEGEN Zwangsheirat“: Mädchen und Frauen, die von einer Zwangsheirat bedroht sind oder in einer Zwangsehe leben, können sich hier Rat und Information holen. Auf Wunsch auch anonym. Kostenloses Telefon, Sprechzeiten: Montag – Donnerstag 9 bis 16 Uhr, Freitag 9 bis 13 Uhr; Sprachen: deutsch und türkisch, bei Bedarf auch persisch, arabisch und kirmanci (kurdisch).
„SUANA Beratungsstelle für von MännerGewalt betroffene Migrantinnen“: Auch hier gibt es kostenlose Beratung für Frauen ab 16 Jahren, wobei insbesondere der kulturspezifische Kontext der von Gewalt bedrohten Frauen berücksichtigt wird.

Tel.: 0511–12607814/18
Postanschriftt: Zur Bettfedernfabrik 3, 30451 Hannover
Krisentelefon: 0800 0667 888